Michèle Didou-Manent
Tran Ky
Hervé Robert

Dick oder dünn?

Körperkult im Wandel der Zeit

Aus dem Französischen
von Eliane Hagedorn
und Barbara Reitz,
Kollektiv Druck-Reif

KNESEBECK

Inhalt

Der »ideale« Körper zwischen Schlankheitswahn und Leibesfülle

Zu allen Zeiten und auf allen Kontinenten strebten die Menschen nach Schönheit, versuchten, etwas von diesem strahlenden, vergänglichen und unbeschreiblichen Glanz einzufangen. Vergeblich ... Keine universelle Norm vermochte sie jemals einer Gesetzmäßigkeit zu unterwerfen, geschweige denn, sie festzuhalten. Das Schöne ist ebenso vergänglich wie die Zeit.

Ein Zauber, der nicht greifbar ist ... Sobald man versucht, ihn zu fassen, entzieht oder verflüchtigt er sich. Der Dichter, der sich damit abfindet, das Schöne nicht eindeutig definieren zu können, sagt, es sei das, was den Menschen »zur Verzweiflung treibt« (Paul Valery). Doch mangels einer goldenen Regel existiert eine intuitive, universelle Vorstellung von dem, was »schön« ist. Sie wandelt sich im Laufe der Zeit und entsteht immer wieder neu im Bewußtsein der Menschen. Seit der Mensch über das Stadium des Tiers hinausgewachsen ist, hat er nicht aufgehört, die Vorstellung von Schönheit zu formen, ja ihr sogar eine regelrechte Diktatur aufzubürden!

Die Schönheit aber ist frei und strahlend in ihren unendlich vielen Ausdrucksformen und läßt sich nicht auf irgendeine Norm reduzieren. Jeder Versuch, diese Vielfalt auf ein einziges allgemeingültiges »Ideal« zurechtzustutzen, droht, ihr den Glanz zu nehmen, wenn nicht gar sie für immer zu ersticken. Also Schluß mit dem Dogmatismus ...

Heutzutage sind üppige Rundungen aus der Mode gekommen und der Schlankheitswahn beherrscht unsere Gedanken, unser Spiegelbild und unsere Zeitschriften. Der Dicke bleibt nicht unbemerkt (Die Begriffe »dick« und »fettleibig« sind nicht abwertend, sondern in ihrem ursprünglichen Sinn zu verstehen). Korpulenz ebensowenig: Auf ihre Entstehung, ihre Geschichte, ihre Risiken und ihre Behandlungsmethoden stürzen sich Diätspezialisten, Ärzte, Ernährungswissenschaftler, Journalisten, Werbefachleute, Geschäftemacher und Scharlatane! Denn während weltweit der Hunger immer mehr um sich greift, ist in den wohlhabenderen Ländern ein Paradoxon zu beobachten: Die Armen sind dick, die Reichen eher schlank.

Über Fettleibigkeit ist alles gesagt worden. Man hat zu Recht die Bevölkerung für dieses Problem sensibilisiert; durch die einander oftmals widersprechenden Theorien hat man sie freilich auch verunsichert und ratlos gemacht, schließlich ausgebeutet und sogar gequält, ohne ihr jedoch eine wirklich akzeptable Lösung anzubieten. Ein unerschöpfliches Thema, und sei es nur aufgrund seiner Ambivalenz: Ist Fettleibigkeit nun monströse Selbstzerstörung oder heitere Opulenz? Der Standpunkt variiert je nach Epoche.

Diese Tragikomödie ist es wert, endlich erzählt zu werden. Sie ist ein getreues Abbild der Menschheitsgeschichte, das man allerdings zu häufig aus den Augen verloren hat. Die Leibesfülle und ihr Gegenstück, die Magerkeit, sind untrennbar mit der Veränderung der Geisteshaltung verknüpft, die – je nach Epoche – mal das eine, mal das andere Ideal favorisierte. Das belegen die Variationen des Schönheitskanons.

Diese interdisziplinäre Rückschau erhebt keinen Anspruch auf Vollständigkeit. Die ausgewählten Anekdoten, vornehmlich die »pikanten«, sollen lediglich die Entwicklung der Anschauungen und Strömungen im Laufe der Jahrhunderte beleuchten. Denn je nach Epoche und Kultur hat die Auffassung vom idealen Körper zwischen Extremen geschwankt. Nichts hat sich derart unvorhersehbar gewandelt wie das Bild von einem schönen Körper. Wurden bestimmte Formen an einem Ort abgelehnt, so wurden sie an einem anderen angestrebt; wurden sie zu einer Zeit verabscheut, so wurden sie zu einer anderen verehrt.

Standardisierung ist tödlich: Unser Reichtum besteht in einer unglaublichen Vielfalt unendlicher Kombinationsmöglichkeiten der Natur. Der Mensch kann sich dieser Dynamik der Formen, Möglichkeiten und Verlockungen nicht entziehen. Wer heute darunter leidet, daß er nicht dem Ideal seiner Epoche entspricht, wird erstaunt entdecken, daß er auf dem Schachbrett der Vergangenheit mit Sicherheit seinen Platz findet. Und da ihm sein Schuldgefühl genommen ist, wird er seine Andersartigkeit relativieren und sie neu sehen, ja sogar höher bewerten. Eine Gelegenheit, die es zu ergreifen gilt, um die eigene Persönlichkeit mehr schätzen und mit sich selbst und seiner Umgebung im Einklang leben zu können.

Möge sich durch diesen Rückblick jeder Dicke und jeder Dünne ein wenig bestärkt fühlen. Sie werden in diesem Buch sicherlich nicht die Patentlösung für ihr Problem finden. Doch sie werden vielleicht kein so hartes Urteil mehr über ihr Äußeres fällen, das zwar real, aber auch dem Schema unserer Idealisierungen unterworfen ist, auf das ungeahnte Kräfte aus der Vergangenheit einwirken.

Wir müssen aufhören, den idealen, ätherischen Körper zum Gesetz zu erheben, und uns statt dessen mit den Wünschen und der Persönlichkeit des Individuums identifizieren. So werden die Dicken, die sich derzeit noch quälen, zu einem größeren Wohlbefinden kommen, das ausschlaggebend und richtungsweisend auf dem Weg zum angestrebten Glück ist - ob nun mit oder ohne Therapie.

Von den Anfängen der Ästhetik

Die Kulturrevolution im Schatten der Höhlen

In den unzähligen Jahrtausenden der Frühgeschichte erfaßten unsere Vorfahren bereits recht genau ihr tägliches Leben und nahmen ihre Gefährten und Gefährtinnen bewußt wahr. Sie beobachteten, wie jene jagten, tanzten, kämpften, sich liebten und Kinder gebaren ... So bezeugen es die Ritzzeichnungen und Malereien, die auf wundersame Weise an den Wänden einiger Höhlen erhalten geblieben sind.

Wenn diese bildlichen und plastischen Darstellungen auch erst in der jüngeren Altsteinzeit auftauchen, so können wir doch annehmen, daß bereits früher ein Sinn für Ästhetik existierte, der aus einer weit zurückliegenden, entscheidenden Entwicklung resultiert – und zwar aus dem Erwachen des menschlichen Bewußtseins und der Fähigkeit zur Abstraktion. Man kann hier zu Recht von einer intellektuellen Revolution sprechen. Denn die eindringliche Manifestation des Ich in der Darstellung der eigenen Person war etwas bisher Unbekanntes. Erstmals sind die Menschen geistig in der Lage, der Vorstellung von ihrem Körper bildlichen oder plastischen Ausdruck zu verleihen. Dadurch wird etwas grundsätzlich Neues, nie Dagewesenes geschaffen.

Obwohl es viele Jahrhunderte tastender Versuche bedurfte, um das Ich und die Welt zu begreifen, überrascht uns die ausgearbeitete und hochentwickelte Form, in der diese Darstellung zutage tritt. Welches Zusammenspiel bestand zwischen der Idee, der handwerklichen Umsetzung und dem Druck der Umwelt, um einen solch grundlegenden Wandel zu bewirken? Die Frage ist von großer Bedeutung, doch sie bleibt vorerst ohne Antwort. Dennoch geht es dabei um den Kern der psychophysischen Zusammenhänge unserer Entwicklungsgeschichte.

Wenn man die ältesten Figurinen betrachtet, stellt man fest, daß die Entwicklung des Bewußtseins bereits so weit fortgeschritten ist, daß es möglich ist, das Konkrete symbolisch darzustellen, und umgekehrt der geistigen Vorstellung eine geschmackvolle und raffinierte, ja sogar stilisierte materielle Form zu verleihen.
Die Darstellungen von Weiblichkeit aus rund zwanzig Jahrtausenden, die an zahlreichen prähistorischen Fundstätten in Eurasien entdeckt wurden, bestechen, was die Ausführung des Kunstwerks betrifft – ob es nun gezeichnet, graviert, modelliert oder in Stein gehauen, ob es nun aus Stein oder Elfenbein geformt ist –, vor allem durch ihre Detailgenauigkeit und durch ihre Ausstrahlung. Sie haben stets üppige Brüste, breite Hüften, einen prächtigen Bauch und stämmige Oberschenkel, die mit den zierlichen Armen kontrastieren. Der gleiche Schönheitskanon drückt sich in der »Venus der Höhlen« von Laussel (im französischen Departement Dordogne) aus: Es handelt sich um die Darstellung einer stehenden Frauengestalt, die in der rechten Hand ein Horn hält. Ebenso beeindruckend sind die Figurinen aus Mähren, Zypern und dem Irak.

Schönheitswettbewerb zur Zeit der behauenen Steine

In Lespugne im Departement Haut-Garonne wurde bei Ausgrabungen eine weibliche Figur aus Elfenbein gefunden. Sie fällt durch ihr kräftiges, ausladendes Gesäß und die besonders dicken Schenkel auf. Ihre angewinkelten Arme, dünn und anmutig, ruhen auf den üppigen Brüsten, deren Formen erahnen lassen, daß der Künstler sie für den Betrachter besonders anziehend gestalten wollte. War diese Statue ein Kultobjekt, das bei rituellen Zeremonien Fruchtbarkeit und Überfluß schenkte? Oder ist sie das Abbild einer Frau, die tatsächlich gelebt hat und nun von einer matriarchalischen

Linie als Ahnin verehrt wurde? Es ist uns nicht möglich, die wahre Bedeutung dieser »Venus« in Erfahrung zu bringen, da kulturelle Anschauungen bedauerlicherweise nicht versteinern.
Die gleichen üppigen Formen zieren die Statuette der Venus von Willendorf, die man in der Wachau in Niederösterreich fand. Sie ist aus Kalkgestein gefertigt und hat das respektable Alter von siebenundzwanzigtausend Jahren. Spuren roter Farbe prangen noch auf ihrer beachtlichen Büste. Durch die Üppigkeit soll offenbar die nährende Funktion dieser Organe betont werden. Oder aber unsere Vorfahren hatten eine Vorliebe für sehr große, bis zum Bauchnabel hängende Brüste. Nicht weiter verwunderlich, daß Jahrtausende später Ingres noch sagt: »Schöne Formen, das sind gerade Flächen mit Rundungen.«
Obwohl diese Urmutter von eindrucksvoller Fettleibigkeit ist, hat sie etwas Anziehendes an sich. Schenkel und Gesäß sind in Relation zum großen Bauchumfang harmonisch proportioniert. Die Bearbeitung des rundlich geformten Kopfes erweckt den Eindruck einer sorgfältig frisierten Haarpracht. Der stark hervortretende Schamberg zeichnet sich deutlich im Schatten des dicken Bauches ab. Seine dreieckige Form enthüllt ein klar erkennbares Geschlecht. Weit davon entfernt zu schockieren, betont es im Gegenteil das Geheimnis der Zeugung.
Aus einem uns unerklärlichen Grund existieren so gut wie keine männlichen Statuetten. Offensichtlich verehrten unsere urgeschichtlichen Vorfahren ihre Frauen. Sie nutzten jede Gelegenheit, um die Schönheit und Üppigkeit jener Körper zur Geltung zu bringen. Damit huldigten sie vermutlich der Urkraft der Fruchtbarkeit, die Frauen als Gebärende verkörpern.
Das »Fräulein von Brassempouy«, das man in Frankreich bei Ausgrabungen im Departement Landes gefunden hat, zeigt ein breites Gesicht, das anmutig von langen Locken um-

rahmt wird. Dieser bezaubernde Kopf ist aus dem Stoßzahn eines Mammuts gearbeitet. Man hat den Eindruck, den Anflug eines Lächelns zu erkennen, was die Dargestellte zur »Mona Lisa« der Altsteinzeit macht. Reste anderer Statuetten – ebenfalls alle aus Elfenbein und am gleichen Ort gefunden – stellen nackte, dicke Frauenkörper dar. Das läßt vermuten, daß das Fräulein von Brassempouy ursprünglich auch von einer beachtlichen Korpulenz gewesen sein muß, Ausdruck ihrer geheiligten Funktion.

Es verwundert, daß der unbekannte Künstler zuweilen sein weibliches Motiv in stark stilisierter Form abbildet. Der Grad der Abstraktion erreicht eine Perfektion, die überraschend modern wirkt. Die Brüste der Nackten von Unter-Wisternitz (Mähren) sind eiförmig und erinnern an zwei riesige hängende Früchte, während ein einfacher Elfenbeinstab den Körper symbolisiert, an dessen oberem Ende man die Umrisse von Augen und Nase ausmachen kann.

Eine andere Statuette wurde offensichtlich als Amulett getragen. Man nimmt an, daß sie Fruchtbarkeit gewähren sollte. Sie zeigt eine Frau, die in Gebärhaltung die Beine spreizt und das Becken anhebt, so daß in der Mitte ein Schlitz zu sehen ist, der ihr Geschlechtsteil symbolisiert. Dieses Kunstwerk erinnert an eine Skulptur von Brancusi. Gebärszenen sind immer wieder dargestellt. Auf einer Elfenbein-Tafel aus Laugerie-Basse in der Dordogne erkennt man eine hochschwangere Frau. Sie liegt mit erhobenen Armen neben einem Rentier. Betet sie? Hatte das Tier eine rituelle Funktion und besaß magische Kräfte, die die Geburt beschleunigten?

Eine Höhlenmalerei skizziert ebenfalls eine Gebärende in verschiedenen Stellungen. Mal kniend, auf dem Rücken oder auf der Seite liegend – mal sitzend oder auf allen Vieren mit gespreizten Beinen dargestellt, scheint sie die verschiedenen Phasen während der Geburt zu zeigen. Der Schmerz wird dabei mit den Händen ausgedrückt, die gegen den Kopf, das Gesicht, auf den Mund gepreßt oder flehentlich in die Höhe gehoben sind. Der Künstler, Zeuge der Szene, hat diese ergreifende Darstellung neben ein Mammut an die Wand der Höhle in Trois-Frères (Ariège) graviert, um uns die bewegende Geschichte von der Geburt der Menschheit zu erzählen.

Der beträchtliche Leibesumfang unserer vorgeschichtlichen Urmütter überrascht uns. Doch nicht nur die Niederkunft ist ein gefahrvoller Augenblick, und so muß der Organismus über ausreichende Fettreserven verfügen. Das Stillen kostet ebenfalls sehr viel Energie, denn dabei werden dem Körper der Mutter biologische Substanzen entzogen. Ohne Übertreibung kann man sagen, daß unsere Spezies alle nur erdenklichen Unbilden (Eiszeiten, Hungersnöte, Entbehrungen und Krankheiten) überlebt hat, weil unser Fettgewebe so phantastisch funktioniert. Man kann gar nicht oft genug betonen, wieviel wir ihm zu verdanken haben. In Zeiten, als es noch keine Sparkassen gab, legten Frauen wie Männer instinktiv lebensnotwendige, bedeutende Fettreserven an. Sie verfügten jedoch auch über Muskelgewebe, um den Unwägbarkeiten zu trotzen.

Wir sind alle Allesfresser

Was haben unsere Vorfahren aus der Altsteinzeit denn gegessen, um Fett anzusetzen? Praktisch alles, was sie in ihrer Umgebung fanden. Sie verhielten sich wie ihre Vorgänger, die Australopitheken, und verspeisten Insekten, Raupen, Regenwürmer ..., um ihren kargen Speiseplan, der aus Blättern, Wurzeln, Beeren und Eicheln bestand, anzureichern. Rund zwei Millionen Jahre und länger aß man alles roh. So lange sollte es dauern, bis entdeckt wurde, wie man Feuer macht.

Unsere Ahnen verschmähten auch nicht die Gerippe, die die Raubtiere übrigließen, doch die mußten erbittert gegen Schakale, Hyänen und andere Aasfresser verteidigt werden. Da Steine und Stöcke die einzigen Waffen unserer Vorfahren waren, ließen sie es nur selten auf eine Auseinandersetzung ankommen. Klammheimlich bemächtigten sie sich der Reste. Da war es doch wesentlich einfacher, an einen Haufen mit knusprigen Ameisen zu kommen. Und an Glückstagen stieß man gar auf einen Bienenstock und hatte auf diese Weise gleichzeitig Honig und Larven. Ein unvergleichlicher Festschmaus!

Die Cro-Magnon-Menschen hatten es da schon besser. Hin und wieder bekamen sie die Keule eines Steinbocks, eines Pferds oder eines Bisons zu essen. Diese Tiere, die sie so gekonnt auf die Höhlenwände gemalt haben, waren nicht leicht zu jagen. Gab es kein Wild, begnügte man sich mit dem Üblichen. Man nahm mit Fröschen, Kröten, kleinen Schlangen, Eidechsen, Schnecken, Muscheln, Heuschrekken, Fischen und Seeigeln vorlieb. Dazu gab es Knospen, Samenkörner, Kastanien, herbe Früchte... An glücklichen Tagen sorgte ein kleiner Nager, ein Stachelschwein, ein verirrtes Rehkitz oder eine kranke Gazelle für Abwechslung. Es handelte sich also um wenig wählerische Fleischfresser!

Eine glückliche Zeit, in der ihnen der Schenkel eines alten Mammuts für eine Woche die Nahrung sicherte – aber auch eine schreckliche Zeit, während der die letzten großen Kälteeinbrüche des Quartärs dafür sorgten, daß ihnen das Feuer wie ein Schutzgott erschien. Sie saßen im Kreis um die Flammen und fröstelten unter den Tierfellen.

Der Speiseplan der Menschen aus der mittleren Steinzeit, die vor rund zehntausend Jahren lebten, ähnelte schon eher dem von Vegetariern. Da das Klima nun wesentlich milder war, sammelten unsere Vorfahren vor allem fleischige Wurzeln, zarte Triebe, genießbare Ähren, Pilze, Moos und anderes mehr. Dazu gab es Kleinwild. Allem Anschein nach waren sie anfänglich nicht sehr gewitzt, doch nach und nach lernten sie alle nur erdenklichen Kniffe. Sie stellten Fallen für das Großwild auf, fingen Hasen mit Schlingen und fischten Lachs mit dem Knüppel ...

Dann mußten sie lernen, ohne das Mammut auszukommen. Da das Klima sich wieder erwärmt hatte, wich die Tundra riesigen Laubwäldern. Die Dickhäuter waren ausgestorben; statt dessen gab es kleine Säugetiere und Geflügel. Als besonderer Leckerbissen galten damals junge, zwischen zwei erhitzten Steinen gebratene Vögel. Unsere Vorfahren jagten mit Pfeil und Bogen Enten und Auerhähne, wenn nicht zufällig gefundene Vogeleier ihr Menü bereicherten.

An ihrer Seite war ein gelehriger Gefährte, der sie nie mehr verlassen sollte: der Hund. Früher hatten sie ihn gern gejagt und gegessen. Mit seiner Domestizierung begann das Zeitalter der Viehhaltung. Es kamen Ziegen, Schafe, Mufflons und Geflügel dazu.

Die Menschen der Vorgeschichte zögerten auch nicht, ihresgleichen zu verspeisen – sei es aus Notwendigkeit, sei es als Bestandteil eines Rituals. Wer hätte gedacht, daß unsere fernen Vorfahren Kannibalen waren? Und das über Jahrtausende hinweg bis weit in die Jungsteinzeit. Die respektlosen Anthropologen, die sie dieses abscheulichen Verbrechens beschuldigen, haben jedoch unwiderlegbare Beweise dafür.

Unsere Vorfahren, die Kannibalen

Die ältesten und glaubwürdigsten Zeugnisse stammen von zwei französischen Prähistorikern: J. Courtin vom Centre national de recherche scientifique (CNRS), dem französischen Forschungszentrum in Paris, und J. L. Voruz von der Universität Grenoble. Courtin hat Ausgrabungen in der Höhle von Fontbrégoua im Departement Var vorgenommen, Voruz grub in der Höhle von Gardon im Departement Ain.

Diese Forscher sind dabei auf menschliche Knochen gestoßen, die die gleichen Rillen, Einschnitte und Schnittspuren aufwiesen wie die Tierknochen, zwischen denen sie gelegen hatten. Die Analyse mit radioaktivem Kohlenstoff ergab, daß die barbarischen Praktiken, auf die diese Funde schließen lassen, sich gegen Ende der Jungsteinzeit, also rund viertausend Jahre vor unserer Zeitrechnung, zugetragen haben! Unsere Vorfahren aus Südfrankreich haben diese Sitte also offenbar recht lang beibehalten.
Was die Forscher überrascht, ist die Tatsache, daß es sich bei diesen menschlichen Knochenresten – die häufig zu kleinen separaten Haufen zusammengelegt, ja sogar ordentlich vergraben wurden – anscheinend jeweils um das Skelett einer einzigen Person handelt. Die Zahl der verspeisten Opfer ist jedoch relativ gering, allerhöchstens ein Dutzend – wohingegen man in unmittelbarer Nähe Hunderte von Tierskeletten fand. Dies deutet darauf hin, daß es sich möglicherweise um rituelle Tötungen handelt. Die »Menschenfresser« räumten die Abfälle ordentlich zusammen, wobei sie einem genauen System folgten, was uns heute die Rekonstruktion ihrer Vorgehensweise ermöglicht.
Die Untersuchungen, die Paola Villa von der Universität in Colorado vorgenommen hat, zeigten, daß die zerbrochenen Knochen wieder zusammengesetzt werden können. Anhand der Bruchstellen kann man sogar die damals verwendeten Techniken nachvollziehen. Um das Mark herauszukratzen, schlug man lange Knochen mit einem Stein schräg durch.
Sogar das Alter der Opfer konnte bestimmt werden. Die achtundzwanzig Reste menschlicher Knochen, die man in der Höhle von Gardon gefunden hatte, stammen von drei Personen: von einem kräftigen, rund vierzig Jahre alten Mann, einem etwa Dreißigjährigen und – das war der grausigste Fund – von einem zehnjährigen Kind! Handelte es sich um Verstorbene, Gefangene oder Menschenopfer?
Alle Knochenstücke weisen Schnittspuren und Rillen vom

Enthäuten, Ablösen des Fleisches und Auseinanderbrechen der Gelenke auf. Einige besonders große Knochen sind der Länge nach gespalten. Hier wurde eindeutig das gleiche Verfahren angewendet wie bei den Knochen der verspeisten Tiere.
Solche Funde hat man auch an anderen Orten gemacht, vor allem in Baden-Württemberg, aber z. B. auch im Departement Agris... Hat man also überall Menschenfleisch gegessen? Je mehr wir über die vorgeschichtliche Zeit erfahren, desto mehr Beweise gibt es dafür. Es scheint, daß der primitive Kannibalismus im Laufe der Zeit, allerdings nur ganz allmählich, in immer komplexere Beerdigungsrituale umgewandelt wurde. Das ist zumindest das Ergebnis der Ausgrabungen in der Höhle von Perrats im Departement Agris. Diese berühmte Stätte bot den Menschen bis ins Mittelalter Schutz. Ein goldener keltischer Helm aus dem 4. Jahrhundert vor Christus wurde 1981 dort gefunden. Er kann nun im Museum von Angoulême bestaunt werden.
Die Untersuchungen, die unter der Leitung von J. Gomez de Soto vom CNRS durchgeführt wurden, haben bei zahlreichen der Fragmente menschlicher Knochen ein Alter von mehr als sechstausend Jahren ergeben. Die detaillierte Analyse beweist unwiderlegbar, daß Kannibalismus praktiziert wurde. Mindestens zwei Männern, einer Frau und zwei Kindern ist dieses Schicksal widerfahren. Später, etwa 1700 Jahre vor unserer Zeitrechnung, hat man dort Grabstätten in Muldenform errichtet.
In einer fand man, auf einem Haufen kleinerer Knochen, zwei Beckenknochen und zwei Schulterblätter. Eine andere enthielt zwei Rippen und zwei Schlüsselbeine, die in Form eines Schnurrbarts angeordnet waren. An einem Schlüsselbein sind Schnittspuren zu sehen. Es ist eindeutig von einem Körper abgetrennt worden.
Das alles deutet eher auf Beerdigungsrituale als auf Menschenfresserei hin. Vom Kannibalismus aus Notwendigkeit

zum rituellen Kannibalismus: Hat der Totenkult möglicherweise sogar unsere Vorfahren aus der Tierhaftigkeit herausgerissen, haben sie sich durch immer ausgefeiltere Rituale zivilisiert?
Indem man den anderen verspeiste, egal, ob es ein Feind oder ein Verwandter war, hat der Ritus des Kannibalismus möglicherweise dafür gesorgt, daß der Stamm sich als soziale Gruppe verstand, die sich von anderen Stämmen unterschied. In jenen Sippen, in denen es noch keine genealogische Erinnerung oder eindeutige Verwandtschaftsbeziehungen gibt, integriert man durch diese Praktik die Toten in die körperliche Realität der Lebenden, also in ihr Bewußtsein. Wie schon Claude Levi-Strauss betont: Die kannibalistischen Riten machen nur für diejenigen Sinn, die sie praktizieren.

Geschichtsträchtige Ausscheidungen

Die chemische Analyse versteinerter Exkremente unserer Vorfahren gibt uns aufschlußreiche Hinweise auf deren Eßverhalten. Daneben ist nicht nur die Untersuchung der Gebisse jener Menschen aus ferner Zeit aufschlußreich; es sind uns auch einige ihrer archaischen Werkzeuge in relativ gutem Zustand erhalten geblieben, da diese im allgemeinen aus Stein oder aus Knochen gefertigt waren. Auf Kratzern, Mahlsteinen, Feuersteinen, Mörsern, Töpfen, Stößeln, aber auch in Feuerstellen und auf Müllplätzen aus der neolithischen Epoche finden sich tief in den Poren noch Spuren organischer Stoffe. Indem sie die Zusammensetzung dieser unsichtbaren Moleküle rekonstruieren, können die Forscher sagen, mit welchem der Werkzeuge die Samenkörner zerstoßen, die Eicheln zerrieben oder das Fleisch zubereitet wurde.
Im Sudan, in der viertausend Jahre alten Gräberstadt von

Kerma, wurden in Resten von Opfergaben Blut und Fette (Lipide) nachgewiesen. Andere Lipidspuren fanden sich auch in Lampen und Fackeln im Innern der Höhlen. In sechstausend Jahre alten Amphoren aus der Zeit der Sumerer sind außerdem Lipidmoleküle entdeckt worden, die von Olivenöl, Gerb- und Weinsäure stammen.

Darüber hinaus sind verkohlte Samenkörner in den Feuerstellen ausgegraben und mit einem Infrarot-Spektrometer untersucht worden. Man verglich sie anschließend mit heutigem Saatgut, um Aufschlüsse über die verschiedenen Arten zu bekommen, die damals in jener Landschaft wuchsen. Es handelte sich in vielen Fällen um wilden Hafer und wilde Hirse. Weiter im Norden gedieh vor allem eine widerstandsfähige Roggensorte. Diese Getreidearten gehörten erst seit der Jungsteinzeit zu den gebräuchlichen Lebensmitteln. Vorher hatten Eicheln und Kastanien den Hauptbestandteil der täglichen Mahlzeiten gebildet. Kiefernkerne und die zarte Rinde der Birke standen offensichtlich auch regelmäßig auf dem Speiseplan. Man hat unter anderem Harzsäure auf den Müllplätzen entdeckt. Dieses Molekül sammelt sich überwiegend in der Kiefer und in der Birke. Die mikroskopische Untersuchung des Kots zeigt auch verschiedene Pollen und kleine versteinerte Kerne. Auf diese Weise konnten mehrere Pflanzen, die damals als Nahrung dienten, anhand ihrer Blätter, ihrer Blüten, ihrer Früchte identifiziert werden.

Insgesamt scheinen die stofflichen Spuren, die uns diese Jäger und Sammler hinterlassen haben, eher spärlich und wenig aussagekräftig: Pollen, Knochenreste, Holzkohle, Tonscherben, Pflanzenfarbstoffe, archaische Werkzeuge ... Und dennoch belegen die Informationen, die sie uns durch die Zeit übermittelt haben, eindrucksvoll den bewundernswerten Einfallsreichtum, mit dem unsere Vorfahren aus ihrer natürlichen Umgebung das Maximum herausgeholt haben.

Am Tisch der Götter sitzen

Vor der Entwicklung der Landwirtschaft waren Sammeln, Jagen und Fischen die einzigen Möglichkeiten, um den Lebensunterhalt zu bestreiten. Doch während der Eiszeiten und der klimatischen Wärmeeinbrüche ergab sich in einigen Gebieten für unsere Vorfahren die Gelegenheit, nach und nach diese sehr vom Zufall bestimmte Lebensform aufzugeben; ihre Abhängigkeit von der so gefährlich unbeständigen Natur zu vermindern und damit zu beginnen, diese zu bändigen.

Bis es soweit war, mußte man einfach alles Verfügbare essen. Nur so konnte man sich anpassen, sich verteidigen, sich fortpflanzen. Es war eine Frage von Leben und Tod, eine beständige Sorge, ob die Fettreserven auch ausreichend groß genug waren. Pech für den, der nichts ansetzte! Er würde von Krankheit, Kälte, Nahrungsmangel, Feinden oder Raubtieren dahingerafft werden. Er würde auch von jeder Gefährtin verschmäht werden, die einen dicken Mann bevorzugte, da dieser für stärker, männlicher und wesentlich geeigneter gehalten wurde, seine Nachkommen zu beschützen. Glückliche Zeiten, in denen die Fettleibigkeit verführte!

Im Paradies hatte es nie an Nahrung gefehlt – genauso wie in unseren Supermärkten. Die Menschen konnten immer und ausreichend essen. Das stellte sie nicht nur sehr zufrieden, sondern war auch gut für ihre Gesundheit. Alle Mythen und Sagen erinnern immer wieder an diese universelle Sehnsucht. Die Götter sorgten mit verschwenderischer Fülle für die Menschheit. Isis, Demeter, Persephone, Triptolemos und andere hatten nacheinander der Menschheit den Weizen und den Weinstock zukommen lassen.

Coyolxauhqui, Göttin der Sonne, ließ sich, ohne zu zögern, verstümmeln. Sie wurde zum Geist der Hirse und des Mais. Durch das Blut, das bei dem kosmischen Mord vergossen wurde, entstanden diese beiden nahrhaften Pflanzen.

Der heute noch verwendete Begriff »Cerealien« leitet sich vom Namen der Göttin der Feldfrucht, Ceres, ab. Wenn die Götter von der gigantischen Aufgabe erschöpft waren, die Menschheit zu ernähren, dann betraten Helden und Heldinnen die Bühne, um ihnen zur Seite zu stehen. Lauschen wir der Geschichte des massaischen Erzählers:

»Zu einer schon lange vergangenen und vergessenen Zeit schuf Gott den Mann. Er hieß ›Mwuetsi‹, was soviel wie ›Mond‹ bedeutet. Und Massassi, die Frau, die Er ihm gab, war schön, stark und fruchtbar. Sie hatten viele Kinder, doch ständig litten sie Hunger. Eines Tages drang Mwuetsi in die Höhle des Geistes der Ameisen ein. Und ebenso in die Höhle des Kilimandscharo, wo ein riesiger Gott neben einem Berg Mohrenhirse schlief. Mit einer Ähre in der linken Hand kroch Mwuetsi aus der geheiligten Stätte. Mit einem Mal erwachte der Geist. Er verfolgte Mwuetsi bis ins Tal und prügelte ihn zu Tode. Zu spät, die Hirse verschwand unter der Erde und nahm die Gestalt der Göttin Akua-mma an. Fortan mußte jede Nacht der Geist der Antilope Tyiwara auf der Ähre tanzen, um ihr Wachstum zu verhindern. Die Hexenmeister beteten jedoch zum geheiligten Schmetterling und baten ihn um Regen. So würden die Menschen niemals mehr Hunger leiden. Doch indem der Mensch das Geheimnis Gottes stahl, sollte er neben dem Genuß auch den Tod kennenlernen.«

An einem anderen Ort lebte einst eine Prinzessin, die von Tataren entführt wurde. Sie flehte die Götter an, sie zu befreien. Diese verwandelten sie in Hafer. Seit jener Zeit weigert sich die Prinzessin, wieder Menschengestalt anzunehmen. Sie schenkt viel Saatgut, um ihr Volk zu ernähren, heißt es in einem Märchen aus der Ukraine.

Auf ähnliche Weise wird der Mythos vom verlorenen Paradies in Südostasien heraufbeschworen. Hier eine kambodschanische Version der Reislegende:

»Vor langer, langer Zeit wuchs der Reis überall. Der Mensch

mußte ihn weder anbauen noch kochen. Und er schmeckte köstlich. Es herrschte Überfluß im Lande Khmer. Eines Tages kam eine böse Frau und beschimpfte den Reis. Die Pflanze fühlte sich gedemütigt und wurde zornig. Sie beschloß, die Menschen zu verlassen. In einer mondlosen Nacht ging sie davon und versteckte sich auf dem Grund eines Sees. Die hungrigen Menschen wußten sich nicht mehr zu helfen und baten einen kleinen Fisch, den ›slat‹, ihnen dabei behilflich zu sein, den Reis wieder auf die Erde zu holen. Der Fisch hatte Mitleid mit ihnen und er tauchte hinab, um den Reis zu bitten, wieder zu den Menschen zurückzukehren. Schließlich war der Reis bereit, ihnen ihre Beleidigung zu verzeihen. Doch seit jener Zeit müssen sich die Menschen bei seinem Anbau plagen und mit den Füßen im Wasser stehen …«

Im Goldenen Zeitalter der Menschheit war Dickleibigkeit gleichbedeutend mit Wohlstand, zeitloses Symbol für Glück und Schönheit, die dem Menschen von natürlichen und übernatürlichen Kräften freigebig gewährt wurde. Und das Jahrtausende lang – bis man das Cholesterin und obendrein viele verteufelte Lipide entdeckte, und sich der drohende Schatten von Herzinfarkt und verstopften Arterien über alles legen sollte.

> Die Weiblichkeit zu preisen ist wichtiger, als Tonwaren anzufertigen

Vor rund dreißigtausend Jahren lebten bereits Künstler an den Ufern der Vézère, die durch den fruchtbaren Wald der Dordogne fließt. Die Menschen hatten dort von allem etwas. Es gab Wasser, Fische, Weichtiere, Schnecken, eßbare Pflanzen, Beeren, Eicheln, Wild, Holz – und vor allem ziemlich viel Ton und Stein. Nicht weit entfernt dienten ihnen die Unterschlüpfe im Fels als Behausung. Das bezeugen die Feuerstellen und die Ritzzeichnungen, die mit der Speer-

spitze ausgeführt wurden. Dieser unschätzbare Fund wurde Anfang des Jahrhunderts von Marcel Castagnet, einem Landwirt aus Sergeac, der sich für die Prähistorie begeisterte, zutage gefördert.
Aus der Vielzahl der Zeichnungen, die das weibliche Geschlecht darstellen, geht deutlich hervor, daß diese Künstler vom Thema Fruchtbarkeit und damit natürlich auch von den Themen Geburt und Leben fasziniert waren. In einer späteren Epoche gewinnen Statuetten von Frauen mit rundlichen oder eher zylindrisch geformten Körpern immer größere Bedeutung. Das Motiv sitzender Frauen während der Niederkunft findet sich in der gesamten prähistorischen Kunst: in Zypern, Anatolien, Spanien oder Zentraleuropa.
Von der Mittelsteinzeit bis zur Jungsteinzeit haben sich die bevorzugten Themen, die die ersten Künstler der Menschheit inspirierten, nicht verändert. Diese feierten gleichbleibend die Jagd, die Tiere und vor allen Dingen die Frauen, deren Geschlechtsteil das bevorzugte Sujet war. Das wirkt, als seien diese unvollständigen, verkürzten Verklärungen, *pars pro toto*, für den Aurignac-Mann zum Verständnis ausreichend. »Wenn Nahrungsbeschaffung und Fortpflanzung die größten Sorgen einer Gesellschaft sind, ist es nur normal, diesen so Ausdruck zu verleihen« (Leroi-Gourhan).
Was die Prähistoriker stutzig macht, ist die beträchtliche Zahl von zerbrochenen Statuetten. Es sieht nicht so aus, als seien diese zufällig beschädigt worden. Man kann sie aber auch nicht als mißglückte Werke abtun, die der Künstler selbst zerstört hat. Denn bei vielen dieser Figurinen, die aus weit voneinander entfernten Fundstätten innerhalb Europas und des Mittleren Ostens stammen, sieht man deutlich, mit welcher Sorgfalt und Genauigkeit sie gearbeitet wurden. Noch rätselhafter ist folgendes: Fast alle Statuetten zeigen ungefähr die gleichen Bruchstellen.
Daraus läßt sich eigentlich nur schließen, daß sie willentlich zerbrochen wurden – aus einem Grund, der uns nicht be-

kannt ist. Warum wurden diese ebenso schönen wie dicken Frauen-Figurinen geschaffen, wenn man sie anschließend einfach zerstörte?
Allem Anschein nach dienten diese Venus-Figurinen nicht als Götzenbild, Spielzeug, Amulett oder Totenbeigabe. Eine Analyse mit Röntgenstrahlen und eine elekronenmikroskopische Untersuchung, die P. Vandiver in den Labors des Smithsonian Institute durchgeführt hat, ergab, daß diese Statuetten aus Ton bei großer Hitze zerplatzt sind. Unsere Vorfahren haben sie kunstvoll modelliert, dann in eine Flüssigkeit getaucht und in die Flammen geworfen, um sie zerspringen zu lassen! War das ein Wahrsage-Ritual, mit dem man das Orakel befragte? Wollten unsere Vorfahren die übernatürlichen Kräfte gnädig stimmen oder sie versöhnen, indem sie ihnen den Zauber ihrer fruchtbaren Frauen anboten?
»Vermutlich wurde dieses Prinzip der Komplementarität dazu angewandt, gleichzeitig die Welt zu ordnen und dem Geheimnis ihrer Erschaffung und der Fortpflanzung auf die Spur zu kommen« (Mircea Eliade).

Götter und Menschen

Die Körper der Göttinnen

In den Anfängen der Zivilisation verbinden sich die Gottheiten nicht nur mit den Menschen, sondern ähneln ihnen auch erheblich in Körperbau, Gefühlen, Verhalten und Sprache – abgesehen davon, daß sie über den Vorteil verfügen, unsterblich und allmächtig zu sein. Im Verlauf der Frühgeschichte stellen sich die Menschen die Göttinnen der Fruchtbarkeit mit übertriebenen Rundungen vor, was für sie gleichbedeutend ist mit unendlicher Macht. Ein gerundeter Bauch und übermäßig ausladende Hüften versinnbildlichen für Jäger und Sammler, die nun seßhafte Bauern geworden sind, eine lebensspendende Quelle, die in jedem Frühling die Natur neu aufleben läßt.

In Mesopotamien werden erste Städte gegründet. Deren Bewohner übernehmen die technischen und künstlerischen Fähigkeiten der prähistorischen Bevölkerung, der sie entscheidende Errungenschaften zu verdanken haben. So bedeutet das Züchten von Tieren und das Kultivieren von Pflanzen einen echten Fortschritt, ebenso wie die matriarchalische Familienstruktur, die Spezialisierung auf bestimmte Aufgaben, die Bewässerungssysteme in der Landwirtschaft und die Entdekkung der Metalle. Von jetzt an drückt der Mensch der Umwelt unwiderruflich seinen Stempel auf – ein in ökologischer Hinsicht vollständig neuer Faktor. Er schafft sich einen seinen wachsenden Bedürfnissen entprechenden Rahmen: Es entstehen Lichtungen, Felder, Weiden, Wegenetze …

Doch bedeutsamer als die materiellen Entdeckungen sind psychologische Denkmuster und das soziale Verhalten, aus dem ein Beziehungsgeflecht und ein Austausch inner- und außerhalb der Gemeinschaften entsteht. Aus dieser Organisationsform entwickelt sich nach und nach in bestimmten Gebieten eine kollektive Erinnerung, auf deren Basis sich Gewohnheiten, Gebräuche und spezifische kulturelle Züge herausbilden. Selbstverständlich nehmen die bereits in den vorhergehenden Epochen äußerst komplexen ästhetischen und mystischen Vorstellungen im Rahmen dieser Agrargemeinschaften eine wesentlich verfeinerte Form an.

Und natürlich wachen die mesopotamischen Göttinnen der Fruchtbarkeit, die üppig, prächtig und gebärfreudig sind, auch in den Anfängen der Geschichte noch über diese Gesellschaft. Als mächtiger und unveränderlicher Archetypus der Mutter wirken sie wie ein Zentrum, ein einender Faktor. Zu Beginn hat also die Weiblichkeit vor allem einen mütterlichen Aspekt. Sie steht in Verbindung mit dem Wesentlichen, mit dem Fortbestand der Menschheit.

Somit ist es nicht weiter verwunderlich, daß sowohl Männer als auch Frauen versuchen, ihrer Gottheit zu gleichen und mit allen erdenklichen Mitteln an Gewicht zunehmen möchten. Ideologie und Maßgaben für dieses vorherrschende Schönheitsideal sind von Dauer. Diese Anatomie der Fettleibigkeit steht für ein uraltes Konzept, für Begriffe wie Überfluß und Fruchtbarkeit. Die ersten Bauern und Hirten der Jungsteinzeit verehren die weiblichen Gottheiten, die ihre Vorfahren, die Jäger und Sammler, geschaffen haben, und diese Tradition wird bis in die Frühgeschichte andauern. Davon zeugen die antropomorphen Menhire, die jene Göttinnen von üppiger Korpulenz darstellen. Sie wurden in der Nähe der Wohnstätten und der Gemeinschaftsgräber – es handelt sich um eindrucksvolle Hügelanlagen – aufgestellt. Über die Totenriten des Stammes hinaus zeugen diese Gemeinschaftsgrabstätten von einer dauerhaften Besitznahme eines bestimmten Gebiets, die unter dem Schutz der monumentalen Idole steht. Die Venus der Höhlen hat sich also der neuen Situation angepaßt und wird in der Megalithkultur in Riesengröße dargestellt.

Natürlich wirkt der menschenähnliche Menhir von Cazarils in Viols-le-Fort mit den kleinen, über dem riesigen Bauch verschlungenen Ärmchen und seinen achtzig Zentimetern Höhe bescheiden gegenüber denen von Maurel und Saint-Germain-sur-Rance (Aveyron), die aus ihrer gewaltigen Höhe auf die profane Welt hinabsehen. In Anbetracht ihrer imposanten Körperfülle reihen sie sich eindeutig in die Tradition der Altsteinzeit ein, die dem Körperumfang eine fast metaphysische Bedeutung zumaß.

Neben der Intensität des steinernen Blicks, dem nichts entgeht, ist Korpulenz das wichtigste Merkmal bei der Darstellung der Gottheiten. Es scheint ganz so, als hätten die Schöpfer bewußt erheblichen Wert auf Größe und Umfang ihrer Figuren gelegt, um deren unvergleichliche Vitalität zu unterstreichen.

Wahrscheinlich sollten Größe und Ausmaße der Statuen auch Angreifer und böse Geister fernhalten. Die Gegenwart dieser beeindruckenden Steine verleiht dem Ort die Aura eines Heiligtums. Unter dem unbeweglichen Blick dieser Urmütter werden Zeremonien abgehalten; entweder zu ihren Füßen oder etwas weiter entfernt im Inneren der Hügelgräber, wo sich bemalte Steinblöcke finden, Töpferware und Verbrennungsrückstände seltener Pflanzen. Alles deutet darauf hin, daß die Statuen und die Toten, die an diesen rituellen Orten ruhen, eine Mittlerfunktion haben. Mit ihrer Hilfe wird der Dialog zwischen den Lebenden und dem Übernatürlichen hergestellt.

Hochzeitsputz und heilige Eheschließung

An jenem Neujahrsmorgen – nach dem mesopotamischen Kalender fällt er mit dem ersten Tag des Hochwassers von Euphrat und Tigris im Vollmond des siebten Monats (etwa 19. Juli) zusammen – beginnen die heiligen Dienerinnen des Uruk-Tempels mit dem nicht enden wollenden Putz der Großpriesterin. Sie reiben ihren Körper mit Zedernöl ein, parfümieren das Haar mit Rosenblättern und färben ihre vollen Lippen mit Henna. Die Brauen und die Augen werden mit Khol, einer Tusche aus Antimon, geschminkt.

Von Kopf bis Fuß in ein wollenes Kleid gehüllt, betet die gewaltige, erhabene Priesterin auf ihrem Thron. In königlicher Haltung, ganz so, wie es uns die Statue im Musée du Louvre zeigt, fleht sie den Geist der Göttin Inanna an, die in ihren üppigen Körper hinabsteigen wird. Inanna, die Göttin der Liebe, des Krieges und des Pflanzenwuchses, wird in Babylon auch Ischtar, hebräisch Aschtoret genannt; in der Bibel kommt sie unter dem Namen Astarte vor. Die Juden fürchten sie, sowohl wegen ihres strategischen Genies als auch wegen des Wohlstands, den sie ihrem Volk schenkt.

Im Königspalast von Ur wird unterdessen der König Schulgi auf dieselbe Art vorbereitet. Schon seit Monaten mästen ihn Pagen und Sklaven mit Milch, Sahne, Honig, Zuckerrüben, Lammleber und Ziegenbockhoden, um ihn auf die heilige Vereinigung vorzubereiten.

Doch überlassen wir die Feder – oder besser gesagt das gespitzte Rohr – den sumerischen Schreibern. Ihre in Tontafeln geritzten Erzählungen beschreiben diese rituelle Hochzeit zwischen dem König und der wohlbeleibten Priesterin mit Poesie und Genauigkeit. Das ganze Land erwartet voller Vorfreude die »Segnung des Schulgi«. Denn die ausgetrocknete Erde wird unter der fruchtbaren Woge, die Inanna senden wird, wieder erblühen. Kurz, es geht um eine

Zeremonie, die der Erde Fruchtbarkeit schenken und die Trockenheit und Hungersnot bannen wird.

Die Reise von der Hauptstadt zum Heiligtum der Göttin dauert einen Tag. Der König betet den ganzen Weg über. Seine gesamte Armee und die Frauen des Harems wachen über einen erfolgreichen Verlauf der Hochzeit, denn von ihr hängt der Wohlstand des Landes ab. Ein in Keilschriftzeichen abgefaßter Text erklärt, daß der König, der zahlreiche Opfertiere mit sich führt, bei seiner Ankunft ein rituelles Gewand, das dem der Priesterin gleicht, anlegt. Er trägt eine »gekrönte Perücke« und hält die königlichen Insignien und das Schwert, Zeichen seiner Macht, in der Hand.

Umgeben von der jubelnden Menge betritt er, prächtig und stolz, den Tempel. Sobald die Priesterin mit ihren riesigen, glänzenden Brüsten seiner ansichtig wird, stimmt sie leidenschaftlich ihre Beschwörung an: »Inanna liebt dich!«

Nun geraten die Dienerinnen in Bewegung. In dem von Weihrauch erfüllten Tempel bereiten sie den Herrscher für das Lager vor, das den Beginn des neuen Jahrs symbolisiert:

Man reinigte ihn mit Binsen und duftenden Zedern;
Dann wurde meine Königin gebadet,
Wurde Seite an Seite mit dem König gebadet …
Und sobald die heilige Inanna mit »Seife« gewaschen war,
Wurde der Boden mit duftendem Zedernöl besprengt,
Dann näherte sich der König stolz dem heiligen Schoß,
Ruhmreich drang er in den Schoß Inannas
Und liebkoste zärtlich ihre schönen Brüste.

Nun erzählt die Göttin und rühmt die Taten des Königs:

Nachdem der Herr meine weißen, köstlichen Brüste berührt hatte,
Nachdem er die Hand auf meine heilige Vulva gelegt hatte,
Nachdem er ihr wie mit einer schlanken Barke Leben geschenkt hatte,

Nachdem er mich auf dem Bett liebkost hatte,
Liebkoste auch ich ihn und bestimmte ihm ein glückliches Schicksal,
Und während ich seinen Lenden schmeichelte, bestimmte ich ihm als Schicksal:
Universelle Fruchtbarkeit.

Natürlich wird diese heilige Vereinigung nicht zum Vergnügen der Priesterin und des Königs vollzogen. Alljährlich zelebrieren die Sumerer, die in ständiger Furcht vor der Wüste und verspätet einsetzenden Regenfällen leben, dieses Ritual – auf daß Inanna verkünde:

Mögen sich die Speicher füllen!
Und die Scheunen waren im Überfluß gefüllt …

In den sumerischen Texten ist immer wieder von trächtigen Schafen und fruchtbaren Kühen die Rede, von Korn im Überfluß. Sobald die Umarmung des heiligen Paares beendet ist, fällt der Regen und läßt die Natur erschaudern:

Kaum war das »Wasser des Herzens« aus dem königlichen Schoß gesprudelt,
Sprossen neben ihm Pflanzen, sproß neben ihm Korn,
Alle Steppen und Gärten in seiner Nähe wuchsen üppig.

Daß dieses »Wassers des Herzens« – gemeint ist das königliche Sperma – sprudelt, ist das Werk der Göttin. Ihre Macht und außergewöhnliche Korpulenz symbolisieren hier die feuchte, fruchtbare Erde, die nach Bearbeitung verlangt.
So wird auch verständlich, warum die Priesterin, sobald ihre Aufgabe erfüllt ist, den König um »viel Sahne und fette Milch« bittet, die einzig würdige Nahrung, um den Körper wieder in all seiner Pracht herzustellen, ihm die geheimnis-

volle, einende Kraft zu verleihen, die die Menschheit versöhnt und dem kosmischen Rhythmus anpaßt. Ansonsten würde die Magerkeit über sie kommen und das Land entvölkern:

Kein Esel würde mehr die Eselin befruchten,
Kein Mann ein Weib schwängern...

In Babylon, ebenso wie in Ninive, bringt Leibesfülle die Gunst der Götter ein. Mageren Frauen droht Unglück, denn nie werden sie ein Kind gebären. So flehen sie Inanna an, ihnen ihre göttlichen Reize zu gewähren.

Schlankheit kam am Nil in Mode

Wie wir den Grabmalereien im Tal der Königinnen und den Papyrusrollen entnehmen, mangelt es im alten Ägypten nicht an Schönheitsprodukten und Mitteln, die für eine schlanke Taille sorgen. Die Töchter des Nils halten nichts von Fettleibigkeit. Eigenartigerweise steht die Mode der schlanken Taille bei den Gottheiten und Prinzessinnen ebenso hoch im Kurs wie bei den Frauen aus dem Volk.
Nephthys bedeutet »Schloßherrin«. Sie ist die Schutzgöttin für Schönheit und Gesundheit des weiblichen Geschlechts. Die ägyptischen Künstler stellen sie mit einer einfachen Tunika bekleidet dar, die die anmutige Form ihrer Taille und ihrer Hüften unterstreicht. Die Tänzerinnen, die in das Grabmal des Haremheb in Sakkara gemeißelt sind, fallen alle durch ihre ranke Gestalt auf. Auf dem rechten Bein stehend, führen sie Arabesken aus, wobei ihre Körperhaltung an die Blüte einer Seerose erinnert. Der Körper scheint leicht zu erzittern, ganz so, wie das Spiegelbild der Pflanze auf der Wasseroberfläche.
Ein Liebesgedicht aus der Papyrusrolle Chester Beaty I

besingt ein außergewöhnliches Beispiel solch weiblicher Schönheit:

Die Einzige, die Geliebte, die Unvergleichliche …
Die, deren Anmut erstrahlt
Die, deren Haut zart glänzt
Die, deren Hals lang ist, deren Brust schimmert
Hat Haar wie polierter Lapislazuli
Ihre Taille ist zart, die Hüften sind schmal
Ihre Beine sind der Inbegriff der Schönheit
Ihr Kuß erobert mein Herz!

Nach solch ästhetischer Perfektion streben alle Frauen im Reich der Pharaonen, wo es im übrigen unzählige kosmetische Erfindungen und Anwendungen gibt, die diesen Traum verwirklichen sollen. Einige davon kommen sogar aus fernen Ländern, mitgebracht von Prinzessinnen und Sklavinnen, die sich dann auch der ägyptischen Mode anschließen. Auch die jungen Hausfrauen sind eitel. Sie folgen allen Launen der jeweiligen Mode. Königinnen, Prinzessinnen, Konkubinen und Prostituierte sind noch mehr auf ihre Linie bedacht. Tag für Tag statten ihnen zahlreiche Händler mit ihren Schönheitsmitteln einen Besuch ab. Sie bieten ihnen die letzten Neuheiten an, deren unvergleichliche Vorzüge sie rühmen.
In verschiedenen Abhandlungen wird die sachkundige Herstellung einer äußerst begehrten Salbe beschrieben, die den Körper bis ins hohe Alter schlank erhalten soll. Man behauptet, sie könne »einen Greis in einen jungen Mann verwandeln«. Unseren Archäologen ist es gelungen, das Geheimnis dieses Wundermittels zu erhellen: es handelt sich um ein aus dem Bockshornklee gewonnenes Öl.
Unter den Toilettenartikeln, die die Archäologen in den Totenkammern der Königinnen gefunden haben, befanden sich unter anderem Töpfchen aus Lavaglas, die Alabaster-

puder, Soda (Natriumkarbonat), Spuren von Honig und Rizinusöl enthielten. Die Inschriften weisen darauf hin, daß daraus Mischungen hergestellt wurden, die das Gewebe festigen und Fettpolster verschwinden lassen sollten. Eselsmilch sollte Sommersprossen bleichen und den Wuchs lästiger Härchen verhindern.

Andere Phiolen enthielten verschiedene Arten von Schminke: grünen Puder auf Malachitbasis, schwarzen Puder aus Bleiglanz, und vor allem das wertvolle Antimon. Diese Farben betonten die Lider, hoben die Augenbrauen hervor; sie machten den Blick strahlender und verliehen ihm einen unwiderstehlichen Charme.

Auch ziselierte Schatullen aus nubischem Holz oder Elfenbein mit ordentlich darin aufgereihten Schmuckstücken, Flakons und Näpfchen aus buntem Hebron-Glas wurden gefunden. Ein Flachrelief zeigt eine Dienerin, die ihrer Herrin eine solche Schatulle präsentiert, damit diese daraus Parfum und Geschmeide wählen kann. Wie uns Plinius der Ältere berichtet, wurden Schönheitscremes und balsamische Essenzen aus Alraunwurzel, Jasmin und Lilien, die Beine und Leib schlanker machen sollten, in Alabastergefäßen aufbewahrt. Man könnte sich allerdings fragen, wie der Historiker bis in die Intimsphäre der Damen vordringen konnte ...

Die Männer widmen, zumindest in den wohlhabenden Schichten, der Körperpflege mehr Zeit als die Frauen. Wegen der Hitze müssen sich die Menschen – ob reich oder arm – so oft wie möglich abkühlen. Eine Grabbemalung in einem der Beamtengräber von Theben zeigt, wie die Diener das Bad des Wesirs Harkuf vorbereiten. Sie verdünnen zunächst den Hesmen (Salz und Soda) in einer Schüssel. Andere Krüge enthalten feinen Sand aus Assuan, Papyrusasche und Tonerde. Damit wird die Haut gereinigt und gleichzeitig mit dem schäumenden Saft einer Wüstenpflanze (Saikar) entfettet.

Nach der ersten Waschung ist die Reihe an den Masseuren. Sie reiben den Körper mit verschiedenen Arten von Balsam ein, die aus Terpentin, Weihrauch und Granatapfel hergestellt wurden. Sie lockern die Muskulatur der Glieder, des Rückens und des Halses. Dann massieren sie das Fett an Leib und Schenkeln. Der Hausherr legt großen Wert auf einen schlanken Körper und eine grazile Silhouette. Das unterscheidet ihn von der stämmigen Korpulenz seines gewichtigen Schreibers, der neben ihm sitzt und für die Buchführung zuständig ist.

Der Tradition zufolge erlangt man einen schönen Körper vor allem durch äußere Behandlung. Massagen, Hydrotherapie und Toilettenartikeln wird große Bedeutung beigemessen. Der Raum, in dem die Körperreinigung vorgenommen wird, ist mit einer Kanalisationsvorrichtung aus Ton ausgestattet. Dort verrichten die Bewohner ihre Notdurft im Sitzen und nicht im Stehen, wie es später bei den Griechen und Römern üblich sein wird. Die Ägypter nehmen fast täglich ein Abführmittel aus Öl und Honig zu sich, denn die Darmreinigung leitet auch die »Winde« ab. Sie ist ihrer Auffassung nach das sicherste Mittel gegen Blähungen und Fettleibigkeit.

Honig, Dattelsaft und Milch stehen in dem Ruf, die Gelenke geschmeidig zu machen, Husten zu bekämpfen und »Darmleiden« zu mildern. Aus einer alten Schrift erfahren wir, daß »die Milch einer Frau, die gerade ein Kind geboren hat«, als bestes Stärkungsmittel gilt. Dieses, sowie zahlreiche andere Rezepte, übernahm der große Hippokrates ohne Zögern.

Familienplanung um der schlanken Linie willen

Papyrusrollen mit medizinischen Texten sind äußerst verbreitet. Sie befinden sich im Besitz fast aller wohlhabenden ägyptischen Familien und werden wie ein medizinisches Nachschlagewerk in Rollenform benutzt. Darin wird jungen Frauen empfohlen, auf eine regelmäßige Periode zu achten, um schlank und schön zu bleiben. Ist sie schmerzhaft, sind Vaginalspülungen mit Hilfe eines perforierten Kalbshorns vorzunehmen.

Noch überraschender ist es, daß den Frauen Verhütungs- und Abtreibungsmittel nicht unbekannt sind. Das häusliche Arzneibuch rät auch von allzu schnell aufeinanderfolgenden Entbindungen ab, da diese zu Fettleibigkeit führen können. Um Schwangerschaften für eine gewisse Zeit zu verhüten, bieten sie erstaunlich ausgefeilte Techniken an. »Um für ein, zwei oder drei Jahre zu verhindern, daß eine Frau schwanger wird: Akazienschoten, Koloquinten und Datteln in einem halben Liter Honig zerstoßen. Einen Tampon mit der Flüssigkeit tränken. In die Vagina einführen.« Auch der Gebrauch des Pessars ist bekannt. Krokodilkot, der in die Genitalorgane geschoben wird, löst eine sofortige Abtreibung aus.

Doch die heilkundigen Priester von Edfu sind auch für die Behandlung unfruchtbarer Frauen bekannt. Der Beweis dafür ist ein Brief des Hethiterkönigs, der Ramses II. um ein Heilmittel gegen die Unfruchtbarkeit seiner Schwester bittet, die sechzig Lenze zählt!

Doch die Ägyterinnen versäumen es auch nicht, während der Schwangerschaft zu Aha und Bes zu beten, zwei abscheulichen Gottheiten mit monströsem Penis, die »das Ei der schwangeren Frau« schützen. Von zahlreichen magischen Formeln umgeben, werden Horus, der Falke, und Thueris, das Nilpferd, häufig auf Amuletten und Talismanen dargestellt. Wer zu ihnen betet, entbindet schneller, beugt

dem Dammriß vor und erhält die Schönheit des Körpers. Die Gebärenden sitzen, knien oder hocken auf Ziegelsteinen. Trotz des Eingreifens übernatürlicher Kräfte bleibt die Entbindung gefährlich – wie man in den Gräberstädten feststellen kann, kostet sie viele junge Mütter das Leben.
Die Plazenta wird wegen ihrer flachen Form mit der Mutter Erde gleichgesetzt. Man bewahrt sie, zu Puder zerstoßen, ehrfürchtig in einer Urne auf. Sie wird den Heilmitteln zugefügt, die der Mutter Schönheit schenken sollen. Bisweilen werden der Mutter auch Schilfrohrinfusionen verabreicht, die harntreibend und somit gegen Wasserstau wirken.
Es ist interessant festzustellen, daß hier erstmals der Archetypus des Fettsteißes verschwunden ist. Die durch ihre Fettmassen beeindruckende Korpulenz zieht in der feinsinnigen ägyptischen Gesellschaft niemanden mehr an. Entsprach früher ein übertrieben fettleibiger Körper einem mythischen Ideal, so ist er jetzt von dieser Funktion entbunden. Der Leib steht nicht mehr im Dienste der Gottheiten, sondern der Menschen. Durch diese grundlegende Veränderung werden ihm von nun an ästhetische Werte zugeordnet. Schlankheit kam am Nil in Mode, und selbst die Gottheiten übernahmen diese profane Eitelkeit. Die elegante, feine Linie sollte mehr als zweitausend Jahre aktuell bleiben, bis die Römer Ägypten eroberten, und die Frauen versuchten zuzunehmen, um Cäsars Zenturionen zu gefallen: Eine Kriegslist, auf die sicherlich auch Cleopatra zurückgegriffen hat.

Salome steigt aus dem Bad

Der Grund dafür, daß es kaum bildliche und plastische Darstellungen von den Reizen der Töchter Israels gibt, liegt darin, daß das Judentum als spirituelle Religion solche Ausdrucksformen ablehnt. Doch die Bibel erweist ihnen reichlich Ehre. Dort findet man eine erstaunliche Vielzahl von Textstellen, die genauestens das tägliche Leben beschreiben und oft sogar eine fast erotische Tendenz haben, wie hier im *Hohenlied der Liebe.*

Er: *Wie Honig ist dein Mund, mein Schatz, wenn du mich küßt, und unter deiner Zunge ist süße Honigmilch.*
Sie: *Seinen Schatten hab ich gern, um mich darin auszuruhen,*
Seine Frucht ist süß für mich,
Ins Festhaus hat mein Liebster mich geführt;
Girlanden zeigen an, daß wir uns lieben.

Dieser sinnliche Dialog zweier Liebender stammt weder von Verlaine noch von Apollinaire, es handelt sich vielmehr um ein gesungenes Liebesgedicht aus dem Hohenlied. Auch nachdem das Volk Israel das Rote Meer durchquert hatte, sind ihm sicherlich diese Verse in Erinnerung geblieben, die überschwenglich die Stimmung jener Hochzeitsnächte der Kinder des Nils ausdrücken.
In diesen erstaunlichen Gesängen zeichnet sich die Gestalt der jungen jüdischen Sklavin ab, die sicherlich die unzähligen Ziererereien ihrer ägyptischen Herrin nachgeahmt hat. Mit Khol geschwärzte Augenbrauen, Wangen und Lippen mit Liguster gerötet, Handflächen und Nägel mit Fuchsrot aus Antiochia gefärbt, mit Nardenöl parfümiert; so wirkt ein rassiger Körper noch raffinierter. Ob ein junges Mädchen oder die alte Königin Isebel, ob Aristokratin oder Prostituierte, alle schminken sich gerne, sobald sie Gelegenheit dazu haben – ausgenommen natürlich am Sabbat. »So kann man sich auch Magdalena vorstellen, ehe der Blick des Herrn auf sie fiel und sie der Sünde entriß« (Daniel-Rops).
Die Dienerinnen, die Salome baden, verwenden vermutlich, wie allgemein üblich, Asche von sodahaltigen Pflanzen und eine Fettsubstanz. Die Nägel werden mit einem Bimsstein gereinigt. Dann wird der Körper abgespült und mit einem in Kräuteressenzen (Rosmarin, Oregano, Anis, duftende Pfef-

ferpflanzen...) getränkten Schwamm abgerieben. Diese Mischung steht in dem Ruf, die Taille schlanker zu machen und die Brüste zu straffen. Die Toilette nimmt Stunden in Anspruch. Doch König Herodes, der sich in der Dämmerung verbirgt, zeigt Geduld.

Diät im Land der Propheten

Die Heilige Schrift überliefert zahlreiche Beispiele für die hygienischen und medizinischen Bräuche der Juden. Selbst der römische Historiker Tacitus muß – obwohl er die Israeliten nicht sonderlich liebt – zugeben, daß die Bevölkerung Palästinas ihm widerstandsfähiger und kräftiger erscheint als die eigenen Landsleute. Und das ist »auf die Vorzüge eines gesunden Klimas, weniger reichhaltige Nahrung und ein einfaches Leben« zurückzuführen.
Die im Talmud festgelegten Verbote bestimmter Nahrungsmittel sind zweifellos rein hygienischen Ursprungs. Der Levitikus, das 3. Buch Mose, befiehlt im 11. und 12. Kapitel den Gläubigen, kein unreines Fleisch zu essen, das von einem Tier stammt, das krank, nicht geschlachtet oder nicht ausgeblutet wurde. Es heißt, das Blut führe zu einem schnelleren Gärungsprozeß, schlechter Verdauung und schwäche den Körper. Dieses trifft sicherlich auf kranke Tiere zu.
Ganz allgemein scheint es vernünftig, vor dem Fleisch von Aasfressern (Geiern, Schakalen, Raben, Milanen) zu warnen, aber auch vor Schlangen, Kröten, Fröschen, Schnekken, vor allem aber vor Schweinen, die sich von Unrat ernähren. Eine Passage des Evangeliums erzählt, daß die Apostel Christus davon abrieten, ein Feld, auf dem Schweine wühlten, zu überqueren. Daraufhin antwortete ihnen der Herr, zu fürchten sei nicht die Beschmutzung des Körpers, sondern die der Seele. Heuschrecken hingegen, die Johan-

nes der Täufer für sein Leben gern aß, gelten als Spezialität. Dieser Teil der Eßkultur ist vermutlich auf den langen Aufenthalt im Sinai zurückzuführen. Nach der Geburt eines Kindes schenkt man mit Heuschreckenmehl gebackene Kuchen. Es wird behauptet, daß sie das Einschießen der Milch beschleunigen und die Brüste festigen. Vom übermäßigen Essen hingegen wird abgeraten.

Die Archäologen haben in der ägyptischen und der hethitischen Küche die ausgefallensten Gerichte gefunden, bei den Juden hingegen kein uns außergewöhnlich erscheinendes Rezept. Denn das Gesetz hält dieses Volk zur Mäßigkeit an und schreibt bis ins geringste Detail die Zusammensetzung der Mahlzeiten vor. Die Nahrung ist einfach, gesund und basiert auf Olivenöl, Gemüse, Obst, magerem und koscher zubereitetem Fleisch. Fett und Eingeweide der Opfertiere im Tempel sind Jahve vorbehalten. Sie werden neben dem Altar verbrannt.

Der in der Apokalypse erwähnte Sennesstrauch oder auch »duftende Kassie« ist nichts anderes als Zimt. Dieses kostspielige, aus Indien importierte Gewürz steht in dem Ruf, verdauungsfördernd zu wirken und den Körper schlank zu machen. Das einfache Volk ersetzt ihn durch Senf, Koriander, Dill, Rosmarin *(jeezer)*, Raute, Kapern …

Im Buch Samuel werden genau die Kopfschmerzen und wiederholten Anfälle beschrieben, die Nabal lähmen. Der Prophet beschreibt zum Beispiel die Durchblutungsstörungen der alten Könige David und Assa, die einem Leben der Völlerei gefrönt haben. An »Darmärzten« mangelt es nicht. Sie heilen mit zahlreichen einheimischen oder aus den Nachbarländern importierten medizinischen Pflanzen.

Im allgemeinen haben die Mahlzeiten bei den Juden einen bedeutenden Stellenwert und werden streng nach den Vorschriften der Priester zubereitet. Fettleibigkeit gilt nicht nur als schädlich. Es besteht auch die erhebliche Gefahr, als Geizhals oder Profitjäger angesehen zu werden: »Ja, Jeschurun (Israel) nahm zu und wurde fett. Ihr Wohlstand machte sie rebellisch.« (5. Moses) In dieser ständig bedrohten Gesellschaft ist das ein sehr harter Vorwurf. Denn es schickt sich für alle, zumindest zum Schein, zusammenzuhalten.

Die Mißgeschicke der schönen Helena

> Allein die Harmonie durchdringt das Sein

Hätte Paris Helena, die schöne Troerin, entführen können, wenn sie hundertdreißig Kilo gewogen hätte? Leider hatte die bezaubernde Prinzessin kein Gramm zuviel auf den Hüften, und so kam es zum Trojanischen Krieg.
Das ausgewogene Verhältnis der Proportionen ist das Kennzeichen der griechischen Ästhetik. Den Philosophen zufolge basiert die Wahrnehmung des Schönen auf dem, was klar und verständlich ist. Es ist wichtig, daß diese Vorstellung sich an der Natur orientiert, die allein in der Lage ist, dem Betrachter zuverlässige Hinweise zu liefern.
Weibliche Grazie ist ihrer Natur nach ein Fluidum, singt uns der Dichter Hesiod. Ihr Funkeln verstärkt den Glanz in seiner Ganzheit und Unmittelbarkeit. Vor ihren leuchtenden Wogen flieht die sichtbare Schönheit, verbirgt sich, um eine versteckte, innere, metaphysische Schönheit zu werden, die an der Dunkelheit oder an der Helligkeit des Ursprungs rührt.

Sie ist diese verborgene Harmonie, die alles, was ist, bestimmt.

Lauschen wir für einen Augenblick Homer: Der Gesang der Sirenen, beschwört er damit nicht die Sphärenklänge herauf? Diese strahlende, faszinierende, begehrte Schönheit, ist nicht sie es, die in der Tiefe die Uneinigkeiten harmonisiert? Das ist die Harmonie des Einen und des Vielfachen, der Struktur und der Substruktur, des Ichs, das im anderen widerhallt.
Andeutung oder Illusion? Das ist nicht wichtig. Es zählen einzig und allein die Interpretation und die erlebte Fülle.

Der Körper bleibt banal, wenn er sich nicht mit dem Verlangen deckt; und das Verlangen bleibt nicht bestehen, wenn der Körper nicht reagiert. Von diesem Ideal inspiriert, schufen die griechischen Künstler junge Mädchen (*Kore*) voller Frische und mit einem sinnlichen Lächeln. Trotz ihrer Schamhaftigkeit verkörpern sie Lebensfreude. Wie gelangten die Künstler zu dieser Perfektion, wie vermochten sie diese blühende Jugend, diese hinreißende Vitalität wiederzugeben?

Zunächst aufgrund der Proportionslehre. Auf ihr basiert alles. Sie ist – bis zur Renaissance – der Schlüssel zur Schönheit. Die Grundregeln dieses Geheimnisses hat der Bildhauer Polyklet schon im 5. Jahrhundert vor Christus in seiner Lehrschrift über den Kanon formuliert. Damit schuf er ein Beziehungssystem, das die verschiedenen Partien des menschlichen Körpers harmonisch miteinander in Einklang brachte. Es sollte mehr als zweitausend Jahre als Grundlage dienen. Fünfundzwanzig Jahrhunderte später wird Anna de Noailles gleichsam als Beweis dazu schreiben:

Der Körper, dieser einzigartige Ort des Wunschtraums und der Vernunft,
Zufluchtsort des Sehnens, der Vorstellung und der Sinne.

Doch der Künstler begnügt sich nicht damit, die Natur nachzuahmen, die äußere Erscheinung zu wiederholen. Er muß das Form annehmen lassen, was sich tief in seinem Innern und in dem seines Modells verbirgt, muß dem Werk seinen Odem einhauchen.

Das Wesen der Schönheit besteht in dieser spannenden Dynamik des Lebens. Sie strahlt von innen, um das Licht mit dieser vibrierenden Intensität zum Leben zu erwecken, die allein die Statik und das Maß mildert. Die Passion für die Ästhetik wird immer wieder die Ausdrucksformen erneuern. Das Schönheitsideal, das bislang unterschiedslos das

Menschliche und das Göttliche repräsentierte, erlangt nun eine eindeutig menschliche Dimension.
Indem er seine bildhauerische Einsamkeit überwindet, erwacht der gedachte Körper zum Leben, nimmt er den Raum ein, den er um sich herum geschaffen hat. Er kommuniziert mit sich selbst, gewinnt an Menschlichkeit, was er an göttlicher Perfektion verliert. Ein solches Selbstverständnis verändert grundlegend die Ganzheit des Seins. Die Ästhetik wird zu einer rein persönlichen Auffassung. Sie führt geradewegs zur Individualisierung des zu erreichenden Ideals.

Zwischen Apollo und Dionysos

Die Griechen glauben, daß die Regeln der Schönheit auf dem subtilen Zusammenspiel von Zahlen und Proportionen beruhen. Aus ihren Beziehungen untereinander ergeben sich einfache und klare Formen, Symmetrien, harmonische Perspektiven, deren kleinste Fläche, deren kleinstes Detail die dionysische Magie der Schönheit entfaltet.
Paradoxerweise ist der »goldene Schnitt«, der sich aus der rein mathematischen Berechnung der Proportionen ergibt, die Grundlage dafür, daß das Erhabene schließlich seine Lebenskraft erlangt – zur Freude der Augen und Hände.
Das Schönheitsideal ist in Griechenland sicherlich aus dem Kampf zweier komplementärer und antagonistischer, aber doch untrennbarer Elemente entstanden: aus dem Apollinischen und dem Dionysischen. Das eine macht die bildhauerische Virtuosität möglich, setzt die Grenzen, die nicht überschritten werden dürfen. Das andere steuert dieses zarte, anbetungswürdige Licht bei, das die menschliche Seele durchdringt. Der Körper definiert sich über die emotionalen Bindungen, die ihn mit seiner Umgebung verknüpfen. Die Griechen sind davon überzeugt, daß sie die universelle,

mathematische Essenz dieser magischen Symbolik, der Schönheit, entdeckt haben.
Zweifellos haben die Griechen in ihrem Versuch, Schönheit systematisch zu erfassen, starke Anleihen bei der ägyptischen Kunst gemacht. Das älteste Maß für die künstlerische Anatomie stammt in der Tat von der Bildhauerkunst des Nildeltas.
Die dort ansässigen Bildhauer empfehlen, ein Netz aus vertikalen und horizontalen Linien zu ziehen – ähnlich wie bei unserem Millimeterpapier. Anschließend zeichnen sie – je nach Größe der zu errichtenden Statue – einen Entwurf im Maßstab von achtzehn oder zweiundzwanzig Kästchen im Quadrat. Dadurch werden bestimmte anatomische Punkte ermittelt, und anschließend legt man die Form und die Bezugspunkte fest.
Das ist das allgemein übliche Verfahren. Je nach Epoche und Schule kann man insgesamt zehn Varianten unterscheiden. Wenn also nun jede Seite des Quadrats zwanzig Zentimeter groß ist, entspricht die Breite der Schultern und der Hüften der Strecke von zwei Quadraten sprich vierzig Zentimetern, die der Taille anderthalb (30 Zentimeter) und die Länge der unteren Gliedmaßen fünf Quadraten (100 Zentimeter).
Keinesfalls würden die Griechen zugeben, daß sie den von den Ägyptern eingeschlagenen Weg weiterverfolgen. Die stolzen Hellenen behaupten natürlich, daß der goldene Schnitt, der das Maß der Ästhetik ist, ihnen von einem göttlichen Botschafter übermittelt wurde. Folglich werden alle Proportionsvorlagen, ob sie nun den Bildhauern oder den Architekten dienen, systematisch in Beziehung zur Mythologie gesetzt.
Für die männliche Schönheit orientiert man sich an den Körpern von Zeus, Apollo oder Herkules. Daher ist es nur folgerichtig, daß Aphrodite, die Göttin der Liebe, oder zur Not noch Artemis oder Hera als würdig erachtet werden, die zeitlosen Vorbilder für Charme und Weiblichkeit zu sein.

Die griechischen Künstler haben sicher alle nur denkbaren Wege beschritten, die diese Vision von Ästhetik bot. In ihren Augen ist dieser Körper, dessen geheimnisvolle Ausstrahlung allein auf einem genau berechneten Zusammenspiel von Zahlen basiert, in der Tat fleischgeworden. Ihre Anatomen und ihre Mathematiker definieren zunächst als Maßeinheit die Länge einer Hand, und zwar von der Spitze des Mittelfingers bis zum Handgelenk. Die oberen Gliedmaßen dürfen demnach 4 solche Einheiten messen und die unteren Gliedmaßen 5,5. Kopf, Hals und Rumpf weisen jeweils eine Höhe von 1,5, von 0,5 und von 3,5 Einheiten auf. Die Breite darf nur 2 Einheiten betragen. Diese Proportionen verlängern den Körper und lassen ihn schmaler wirken.

Die Griechinnen haben kleine Becken und spitze Brüste. Sie sind schön, strahlend, elegant, manchmal muskulös, ja athletisch wie die Figuren von Artemis und Athene. Außer natürlich Gaja, Göttin der Erdmutter, die aus archaischen Zeiten stammt. Sie ist stets lächelnd dargestellt und hat noch immer ihre ursprünglichen üppigen, rundlichen Formen.

Doch den Griechen mangelt es auch nicht an Humor. Die erhabene Aphrodite flirtet nicht nur mit dem schönen Adonis. Sie hat ebenso eine Schwäche für den Gott des Weines, für den dickbäuchigen Dionysos mit seinem Dreifachkinn. Die Göttin zögert auch nicht, ihr Bett mit dem gestrengen Äskulap zu teilen, den man nicht gerade als romantisch bezeichnen kann. Ein Hoffnungsschimmer für all die Dicken und Griesgrämigen der Stadt! Auch ihnen kann Aphrodites Gunst zuteil werden.

Dieses Kunstverständnis macht es möglich, daß die Griechen wundervolle Werke schaffen. Schönheit und Zauber dieser Statuen, die in den Stadien stehen, werden allgemein anerkannt und bewundert.

Galenus, großer Arzt und Anatom aus Pergamon (2. Jh. v. Chr.), erklärt uns mit begeisterten Worten, deren Gehalt bis

in die Renaissance hinein Gültigkeit hatte, wie Schönheit entsteht: »Schönheit besteht aus dem harmonischen Verhältnis der verschiedenen Teile zueinander, aus dem eines Fingers zum anderen, dem aller Finger zum Rest der Hand, dem der Hand zum Handgelenk, dem des Handgelenks zum Unterarm, dem des Unterarms zum ganzen Arm, letztendlich dem aller Teile zu den anderen Teilen, wie es schon in Polyklets Kanon geschrieben steht.«
Offensichtlich weiß Galenus nicht, daß Polyklet selbst noch weiter gegangen ist. »Das Schöne«, so meint er, »wird durch verschwindend kleine Abstufungen mit Hilfe vieler Zahlen erzeugt.« Da spricht das Genie.
Im Laufe der folgenden Jahrhunderte scheinen seine begeisterten Anhänger das Raunen der Muse überhört zu haben.

Thermen im Dienste des Körpers

In dieser glanzvollen Gesellschaft hat die Hygiene traditionell einen besonders großen Stellenwert. Ihre Regeln werden von der Göttin der Gesundheit, Hygieia, gelehrt, der ältesten Tochter von Äskulap, dem Gott der Heilkunde. Ärzte und Philosophen sind davon überzeugt, daß nur durch die Pflege des Körpers und körperliche Ertüchtigung der Weg geebnet wird zu »einem gesunden Geist in einem gesunden Körper«.
Selbst der alte Sokrates schwimmt und läuft jeden Morgen in seinem Garten. Und das sommers wie winters, »um seinen Bauch zu vermindern, der das richtige Maß überschritten hat«. Der Weise sagt uns, daß er dieses Geheimnis zur Bewahrung der Jugend von seiner Mutter, einer Hebamme, übernommen habe.
Die Gymnasien verfügen häufig über eine Vorrichtung für Dampfbäder und über ein *loutra* genanntes Schwimmbad. Die Sporttreibenden duschen sich als erstes in den Wannen, die unter den Brunnen aufgestellt sind. Bevor sie in das

Becken steigen, entfernen sie alte Hautreste mit einem sichelförmigen Schaber, und indem sie sich mit Öl und Sand, der mit Asche, Pottasche oder Tonerde vermischt ist, abreiben.

Im allgemeinen schätzen die jungen Athener die heißen Bäder nicht sonderlich, da sie die Haut weich machen. Ganz im Gegensatz zu kalten Bädern, die in dem Ruf stehen, die Muskeln zu kräftigen und vor allem gegen einen vorstehenden Bauch helfen sollen.

Die Begeisterung der Hellenen für den Sport ist genauso ausgeprägt wie ihre Liebe zur Kunst. Die *Ilias* (Gesang VIII) und die *Odyssee* (Gesang XXI) preisen die grandiosen Spiele, die an großen religiösen Feiertagen abgehalten werden.

Schon mit zwölf Jahren werden die Kinder gründlich in den verschiedensten Sportarten unterrichtet. Sie sind einem Sportlehrer unterstellt, der keinen Spaß versteht – weder mit Zimperliesen noch mit Faulpelzen.

Während die vollkommen nackten Schüler trainieren, bewegen sie sich im Rhythmus zur Musik eines Oboespielers. Dann treten sie paarweise gegeneinander an. Doch der Kampf beginnt erst, wenn der Boden mit einer Hacke aufgelockert wurde. Die lästige Arbeit bereitet sie auf den Kampf und die Stürze vor. Außerdem werden dadurch die Gelenke geschmeidig gemacht und die Muskeln gleichzeitig gestählt.

Bei allen Sportarten, die unterrichtet werden (Diskus- und Speerwerfen, Laufen, Bogenschießen u. a.), achten die Lehrer darauf, daß jede Form von Maßlosigkeit vermieden wird und halten sich an die weisen Empfehlungen des Aristoteles. Nach der Ansicht dieses Philosophen besteht das Ziel nicht darin, Athleten heranzuziehen, die in der Lage sind, im Stadion Siege davonzutragen, sondern der Jugend möglichst viele Sportarten beizubringen, so daß eine ausgewogene Mischung herrscht.

Die wohlhabenden Bürger folgen dem gleichen Grundsatz, damit Kraft und Harmonie Körper und Geist beherrschen, denn »ein Dummkopf ist der, der weder lesen noch schwimmen kann.« Dieses griechische Sprichwort belegt das ständige Trachten der Hellenen nach einem ausgewogenen Verhältnis von intellektuellen und physischen Aktivitäten.
Anders als die Mädchen aus Sparta, die nur leicht bekleidet sind, »ihre Oberschenkel zeigen«, und die Euripides uns in diesen beiden Verszeilen beschreibt: »Außerhalb des Hauses spazieren die jungen Leute mit nackten Beinen und fließenden Gewändern umher«, werden die jungen Athenerinnen ins Gynäkeion, das Frauengemach, verbannt. In der Antike (5. Jahrhundert v. Chr.) gesteht der Stadtstaat den Frauen keine politischen oder juristischen Rechte zu. Sie haben den gleichen Status wie die Sklaven.
Was die Frauen jedoch nicht daran hindert, in ihrem Heim die Herrin (*despoina*) zu sein. Die zugleich hübschen und klugen Athenerinnen gehen mit der Mode. Am meisten wünschen sie sich einen schlanken Wuchs und einen leichtfüßigen Gang. Kleine Frauen benutzen häufig Einlagen in ihren Schuhen, um größer zu wirken.
Zu Zeiten des Perikles wissen die Frauen durchaus einen Büstenhalter zu schätzen, um damit die Reize ihres Busens zu betonen. Sie enthaaren sich mit Wachs oder rasieren unerwünschte Haare, benutzen alle möglichen Schönheitscremes, Parfums und Schminke, die sie auf der Agora, dem Marktplatz, kaufen. Ein eifersüchtiger Ehemann, der von der aufwendigen Toilette seiner verschwenderischen Frau berichtet, beschreibt es folgendermaßen: »Eines Tages sah ich sie vollkommen geschminkt mit Bleiweiß, damit sie einen helleren Teint als sonst hatte. Außerdem hatte sie Schminkwurz verwendet, damit ihr Teint rosiger aussah als er in Wirklichkeit war, und sie trug hohe Schuhe, damit sie größer wirkte.«
Kurz, den eleganten Damen des Stadtstaates mangelt es

nicht an Mitteln, um dem Schönheitsideal, das die Künstler jener Epoche verklären, nachzueifern.

Schmalhans nach dem Bankett

Die für die Griechen übliche Enthaltsamkeit bedarf keines weiteren Kommentars. Nur die Leute aus Böotien sind als wenig zivilisierte Vielfraße verschrien.
Wegen ihres unmöglichen Benehmens, wegen ihrer plumpen Gestalt und auch wegen ihrer sprichwörtlichen Dummheit sind sie häufig Zielscheibe des Spotts.
Bei Tagesanbruch ein paar Scheiben Brot, die in Dickmilch oder in mit Wasser vermischten Wein getunkt werden – das ist das Frühstück der Griechen. Trockenobst (Feigen und Rosinen) und Oliven sind ebenfalls fester Bestandteil dieser ersten Mahlzeit. Gegen Mittag ißt man rasch etwas Brot, Saubohnen und Käse. Nicht zu vergessen die Oliven, die zu jeder Mahlzeit gehören. Abgesehen von Zwiebeln und Knoblauch ist frisches Gemüse eher selten.
Lediglich das Abendessen fällt etwas reichlicher aus. Sardinen, Anchovis, Thunfisch und gelegentlich ein Stück Fleisch gibt es zum üblichen Linsenpüree oder Weizenbrot. Tintenfisch oder Kalamari, geräuchert oder gesalzen, findet man auf jeder Tafel. Diese Gerichte sind derart populär, daß Abbildungen dieser Tiere sogar auf den Geldstücken zu finden sind. Außerdem gibt es Milchprodukte, Trockenobst, Oliven, Leckereien mit Honig… Die Athener, egal ob arm oder reich, sind felsenfest davon überzeugt, daß dieses nahrhafte Essen aufgrund seiner Qualität und seiner Einfachheit nicht dick macht.
Auf dem Land gibt es außerdem frisches Obst, Gemüse und Fleisch. Der Transport frischer Lebensmittel in die Stadt bringt jedoch häufig Probleme mit sich. Vor allem in den glühendheißen Sommern gestaltet er sich besonders schwierig.

Herakles, laut Aristophanes ein großer Esser, ißt alles in allem nicht mehr als einen bescheidenen Spanferkelbraten, dazu einen Teller Püree (*etnos*) aus Saubohnen, das mit Salz und Olivenöl abgeschmeckt ist. Zu seinem Gerstenpfannkuchen verspeist er zum Abschluß noch drei oder vier Zwiebeln und eine Knoblauchzehe.

In seiner Abhandlung *Der Staat* mißt Plato den verschiedenen Getreidesorten große Bedeutung bei. Er ist der Ansicht, daß nur eine gesunde, frische und einfache Nahrung Körper und Seele in Einklang bringt: »Nähren werden sie sich dadurch, daß sie aus Gerste und Weizen Mehl zubereiten, woraus sie teils Brei kochen, teils Kuchen und Brot backen, welche man entweder in Körben von geflochtenem Rohr oder auf sauberen Blättern austrägt.«

Es gilt als gesund zu baden, bevor man sich abends zu Tisch setzt. Das gewährleiste eine gute Verdauung und wirke einer zu großen Leibesfülle entgegen, die als Zeichen eines dekadenten Lebensstils gilt. Eines Tages beklagt sich ein König aus Pontus, das Bankett sei ihm nicht bekommen, berichtet uns Plutarch. Der Sklave entgegnet daraufhin: »König, diese unappetitlich aussehende Speise sollte man nur essen, wenn man zuvor ein Bad im Eurotas genommen hat.« Die unappetitlich aussehende Speise ist ein Schweineragout, dem man das Blut des Tieres und Weinessig beimengt, wodurch es sich schwarz färbt.

Diese Anekdoten veranschaulichen die zahlreichen Vorsichtsmaßnahmen, die die Griechen sich zu Herzen nahmen, um nicht unmäßig zu essen. Eine andere Vorsichtsmaßregel besteht darin, einem Gerstentrank (dem *kykeon*), der mit Thymian, Minze und Poleiminze gewürzt ist, zuzusprechen. Man schreibt diesem rituellen Gebräu der Eleusinischen Mysterien die Kraft zu, alle Krankheiten des Darms zu heilen – in den Augen der Hellenen der Grund für Stimmungseinbrüche.

Angeblich soll Gott Hermes dieses wunderbare Mittel ersonnen haben, der gestraft worden war, weil er große Mengen Obst gegessen hatte. Sein Darm fing an, sich aufzublähen und verursachte ihm entsetzliche Schmerzen. Man kann sich sicher die komische Seite dieser Szene vorstellen, die Aristophanes in einem seiner Stücke, *Der Friede*, eingebaut hat.

Obwohl sie in einer Weinanbaugegend leben, trinken die Hellenen vorwiegend Wasser und Ziegenmilch. Die geringen Mengen Wein, die sie konsumieren, verdünnen sie üblicherweise mit Wasser. Es handelt sich dabei um einen jungen, lieblichen Wein mit wenig Alkohol. Dafür tragen die Gesetze von Thasos Sorge und sanktionieren Betrügereien auf das Schärfste. Der gebildete Mann trinkt wenig, selbst bei Banketten, wo Tänzerinnen, Musikantinnen und Kurtisanen ihn dazu verleiten wollen, im Übermaß dem Alkohol zuzusprechen.

Trunkenheit ist häufig Gegenstand von Spott. Dieser Zustand gilt als höchst verachtenswert. Die großen Bankette enden nicht selten in einem einzigen Saufgelage. Manchmal entschließen sich die Gäste, über ein interessantes Thema zu diskutieren, um nicht den ganzen Abend lang zu trinken. Den Wein verwendet man vor allem für Trankopfer zu Ehren der Götter. Die Schar der Gläubigen wird während der Zeremonien für Dionysos mit Wein besprengt. Doch es gibt auch Götter, die allergisch gegen Wein sind! Der Artemis- und der Hera-Kult verlangen Trankopfer mit Ziegenmilch.

Kraft und Magie der heiligen Kräuter

Die Götter, die das wunderbare Universum der Griechen bevölkern, sind sich aber auch nicht zu schade dafür, sich um ihre Kinder zu kümmern. Ja, es kommt sogar häufig vor, daß sie sich für das Glück der Menschen opfern und sich in Heilpflanzen verwandeln, die zugleich eine kosmetische und kräftigende Wirkung haben.

Einer griechischen Sage zufolge wurden die Tränen der schönen Helena, die ihr verwüstetes Heimatland beweinte, zu Thymian, als sie den Boden berührten. Eine andere Erzählung berichtet uns vom Kampf der Titanen gegen die usurpatorischen Götter des Olymp. Dieser Mythos symbolisiert, wie die alte kosmische Ordnung durch die hellenische Religion ersetzt wird. Im Laufe dieser chaotischen Wirren erschlägt die Göttin Athene den Giganten Enceladus durch einen Blitzschlag und verwandelt ihn in Thymian. Seit jener Zeit wächst diese Pflanze rund ums Mittelmeer – im Dienste der Schönheit der Frauen und der Kraft der Männer. Griechen und Römer verbrennen auf ihren Altären Thymian, dessen Duft die Götter gnädig stimmt. Und bereits die Ägypter verwendeten ihn zum Einbalsamieren ihrer Toten.

Lange Zeit stellt man Salben und Duftwässer auf der Basis zerstoßener Thymianblätter her. Diese Pflanze steht in dem Ruf, die Schönheit zu bewahren und den Körper zu erfrischen.

Bevor sich Achilles zur Schlacht vor den Toren Trojas aufmacht, läßt er sich da nicht am ganzen Körper mit Thymianöl einreiben? So wird er unbezwingbar. Thymian bedeutet auf griechisch auch »Mut«. Diese aromatische Pflanze stärkt die Muskeln, vertreibt Fett und macht steifgewordene Gliedmaßen geschmeidig. Sie hält den Körper schlank und weckt gleichzeitig seine Glut.

Theophrast unterscheidet im 3. Jahrhundert v. Chr. bereits zwei Arten Thymian: den weißen und den schwarzen. Für Hippokrates und später Dioskurides ist diese Pflanze ein wirksames Heilmittel »gegen die Feuer der Leber und des Darms«. Galenus sagt, daß »Thymian geeignet ist, um Wasser zu lassen und um den Monatsfluß auszulösen. Als Trank zu sich genommen, reinigt er die edlen und inneren Organe des Körpers, läßt alles Überflüssige abgehen ...«

Plinius der Ältere empfiehlt, dieses Kraut während der Blüte zu pflücken und es im Schatten zu trocknen. Die bezaubernde Cenide, die freigelassene Römerin, die zur bevorzugten Mätresse des Kaisers Vespasian wird, reibt sich ihre Büste mit einem Aufguß aus weißem Thymian ein, um die Festigkeit und die Pracht ihrer Brüste zu erhalten.

Man hält die medizinische Bedeutung dieser Pflanze für so groß, daß sogar Karl der Große später anordnen wird, sie auf seinen Landgütern anzubauen. Unseren Vorfahren mangelt es bei der unvergleichlichen Wirkungskraft dieser Pflanze nicht an Phantasie.

Was wissen wir eigentlich über diese früher so gepriesene Pflanze? Zunächst einmal ist sie unglaublich widerstandsfähig. Man findet sie auch noch in einer Höhe von dreitausend Metern und in unmittelbarer Nähe arktischer Regionen.

In ihren zarten Blättern ebenso wie in ihren zweigeschlechtlichen Blüten sind zahlreiche Substanzen wirksam. Thymol, Carvacrol, Linalool und andere phenolische Moleküle wirken stimulierend. Sie aktivieren die Kapillardurchblutung und erhöhen die Umwandlung von Fett in Energie (die Lipolyse) dank ihrer stimulierenden Wirkung auf das sympathische Nervensystem. Andererseits enthält der Thymian komplexe Zuckermoleküle, als da wären Apigenin und Luteolin, daneben die Gruppe der Flavone. Diese Alkaloide beschützen unsere Zellen vor der Verbrennung, die in Verbindung mit Sauerstoff abläuft. Es handelt sich dabei um die Antioxidantien, die für die Innenwände der Gefäße unentbehrlich sind.

Offensichtlich verbirgt sich hinter dieser Medizin aus der Antike in Wahrheit ein auf Erfahrung basierendes Wissen, das in Form von Sagen weitergegeben wurde. Auf diese Weise bereichert es die kollektive Erinnerung der Menschheit.

Die Minze, die die Griechen pfleglich behandeln, hat angeblich einen übernatürlichen Ursprung. Pluto, der Gott der Unterwelt, begegnet eines Tages der schönen Nymphe Mintha und verliebt sich unsterblich in sie. Während ihrer zärtlichen Tändelei erscheint unvermittelt Persephone, die Gemahlin des Gottes. Wütend schlägt sie ihre Rivalin und verwandelt sie in eine Pflanze, die fortan den Namen Minze trägt. Diese Eifersuchtsszene hat Ovid in seinen *Metamorphosen* verewigt.

Sicher hätte diese Geschichte die ägyptischen Priester, die zugleich auch Ärzte waren, zum Lachen gebracht. Aus dem einfachen Grund, weil die Minze bereits in Hieroglyphen an den Wänden des Tempels von Edfu zu finden ist. Sie wurde zur Herstellung verschiedener liturgisch notwendiger Düfte zu Ehren Horus' verwendet. Von Hippokrates bis Dioskurides sind die Mediziner im antiken Griechenland voll des Lobes über die wohltuende Wirkung dieser Pflanze, die zum Beispiel bei Ödemen, Wassersucht und Schwellungen hilft.

Plinius, der als guter Schüler das Urteil seiner griechischen Lehrmeister übernimmt, versichert, daß die Minze »die Fortpflanzung unterbindet, da sie die Gerinnung des Spermas verhindert…« Deshalb glauben die Frauen, daß Pfefferminztee ungewünschte Schwangerschaften, die der Jugendlichkeit des Körpers abträglich sind, vermeiden hilft.

Wahrscheinlich in Erinnerung an die Bestrafung der Nymphe Mintha stellt Columella, der berühmte Agronom zu Zeiten Neros, in seiner Abhandlung *De re rustica* fest, der Mißbrauch dieses aromatischen Krautes führe dazu, daß die Leidenschaft abkühle und die Glut der Liebe erlösche.

Apulejus behauptet, eher das Gegenteil sei zu beobachten. Für ihn ist die Minze eine diabolische Pflanze, die die Lust weckt. Das führt sogar dazu, daß man den Soldaten verbietet, Minzwein zu trinken. Die Pflanze verleite so sehr zu Ausschweifungen, daß dadurch der Kampfesmut der Soldaten geschwächt würde.

In Athen und in Rom stellt man aus ihr ein verführerisches Parfum her. Die Juden tun desgleichen. Das ist auch der Grund für die Vorhaltungen, die Jesus den Pharisäern macht, welche bereit sind, für diesen Duft viel Geld auszugeben und darüber die Barmherzigkeit vergessen. Der Streit über die aphrodisische Wirkung der Minze und der Poleiminze wird bis zum Beginn des 19. Jahrhunderts anhalten – das Zeitalter, in dem die Phytochemie entdeckt wird.

Wieviele Minzsorten gibt es? Niemand weiß es. Im großen und ganzen kennt man rund vierzig Arten, darunter auch die Poleiminze. Durch Bestäubung entstehen zahlreiche Kreuzungen, die für die beträchtliche Zahl von Hybriden verantwortlich sind. Doch alle enthalten die gleichen ätherischen Öle. Die Minze ebenso wie der Thymian und der Rosmarin gehören zur Familie der Lippenblütler. Ihre dunkelgrünen, gezackten Blätter werden von Juni bis September geerntet. Man trocknet sie im Schatten, um ihre flüchtigen Substanzen zu erhalten, deren lösende Eigenschaften erklären, warum die Minze früher als Salbenverband bei verstopften Brustwarzen verwendet wurde. Als Tee lindert sie die schmerzhaften Krämpfe vor der Monatsblutung. Das war das einzig wirksame Mittel, das die Frauen damals für solche Fälle kannten.

Wenn man sie unter dem Mikroskop betrachtet, entdeckt man, daß die Blätter der Minze, je nach Art, mit Drüsenhaaren versehen sind. Jedes von ihnen besteht aus Zellen, die eine mit ätherischem Öl angefüllte Tasche bilden.

Unter den nachgewiesenen organischen Molekülen spielt das Menthol eine besonders wichtige Rolle, denn es stellt mehr als die Hälfte des Alkaloidgehalts der Pflanze. Die Enzyme der Blätter synthetisieren es auf der Basis von Glukose. Dabei entsteht zunächst Limonen. Dann erfolgt eine ganze Reihe chemischer Reaktionen, die es auf kleiner Flamme mit Sauerstoff und Wasser kochen lassen. Das Limonen durchläuft mehrere Stufen, bevor es schließlich zu Menthol, Neomenthol und Isomenthol wird.

Die Griechen hatten vielleicht nicht unrecht, wenn sie glaubten, daß dieses geheiligte Kraut sie von ihrer überflüssigen Leibesfülle befreie. Denn wenn die Menthole sich mit

den Flavanoiden und den Terpenen verbinden, verstärkt sich ihre synergetische Reaktion auf die Gallensäuren. Ergebnis: Die Sekretion der Galle wird angeregt. Der Fettabbau wird deutlich verbessert, ebenso der Übergang in den Darm. Bei der Leber bewirkt ein gut funktionierender Gallenkreislauf, daß die Zellen mehr Cholesterin in Gallensäure umwandeln, was zu einem deutlichen Rückgang der Fette (der Lipide) führt, die durch den Blutkreislauf befördert werden.
Sicher, die Bedeutung der griechischen Medizin und ihr Einfluß auf die nachfolgenden Zivilisationen läßt sich nur im kulturellen Kontext jener Epoche erfassen. Damals nahm die Wissenschaft ihren Anfang. Beobachtungen, die ursprünglich allein auf Erfahrung oder Einfallsreichtum beruhten, wurden von Tag zu Tag zahlreicher. Aus diesem Reichtum entstanden Abhandlungen, von denen die späteren Generationen profitieren sollten.

Gynäkologie am Fuße der Akropolis

Die Historiker verfügen über verschiedene archäologische Quellen, mit deren Hilfe sie die Heilkunst der Griechen erforschen können. Texte, Skulpturen, Tonwaren, Gestein, Schmuck, Geldstücke, Weihgaben und vieles mehr liefern Teilinformationen, die uns einiges über die Medizin in der Antike verraten.
Drei lange Werke mit dem Titel *Gynaikeia* (Probleme der Frauen) sind wundersamerweise auf Pergamentrollen erhalten geblieben. Das Verfassen einer derart umfangreichen Abhandlung war mit Sicherheit das Werk mehrerer Autoren. Die enthaltenen Beobachtungen sind offenbar nicht von einer einzigen Person zusammengetragen worden, sondern stützen sich vielmehr auf mündlich Überliefertes, das seit Generationen von Müttern an ihre Töchter weitergegeben wurde. Es handelt sich also nicht um einen wissenschaft-

lichen Text in unserem Sinne, sondern um seine frühgeschichtliche Form – ein Zeugnis, dessen Wert für uns unschätzbar ist.
Wie in Ägypten stellt die Verhütung die griechischen Frauen, die so lange wie möglich die Schönheit ihres Körpers erhalten wollen, vor zahlreiche Probleme. So erkundigen sie sich bei Heilkundigen und Zauberern nach Mitteln, die eine Schwangerschaft verhindern helfen.
Das Überraschendste ist, daß sogar die Philosophen die Frauen unterstützen, anstatt diesem Vorhaben entgegenzuwirken. Plato ist der Ansicht, daß man »Überbevölkerung und Unterbevölkerung vermeiden« muß. Das läßt darauf schließen, daß verhütet und abgetrieben wird.
Aristoteles sagt dazu nichts anderes als sein Lehrmeister. Seneca findet eine Abtreibung dann unmoralisch, wenn sie allein aus dem Grund vorgenommen wird, um die Jugendlichkeit der Frau zu erhalten. Doch auch er verdammt sie nicht. Epikur rät, überhaupt keine Kinder zu bekommen, aber nicht, enthaltsam zu leben.
Soranus von Ephesus ist mit Sicherheit der populärste Gynäkologe der Antike. In einem seiner Werke mit dem Titel *Über die Krankheiten der Frauen* erläutert er verschiedene Verhütungsmethoden, die weit über die uns heute bekannten hinausgehen.
Die mechanischen, chemischen und magischen Methoden belegen, wie fruchtbar die Phantasie der Vorfahren auf diesem Gebiet war. All das geschah mit dem Ziel, die Schönheit des weiblichen Körpers zu erhalten. Es fällt einem schwer zu glauben, daß die Griechen eine stark ausgeprägte Neigung zur Homosexualität gehabt haben sollen.
Soranus rät den Athenerinnen zu Diaphragmen und Kappen, die sie in die Vagina einführen können. Er empfiehlt ihnen Salben zur örtlichen Anwendung und braut einen abtreibenden Trank aus Wein, Nelken, Honig, Myrrhe und Myrte und anderen Dingen, den die Frauen über drei Tage

trinken sollen. Jedoch betont er zu Recht, daß nur durch eine sorgfältige Verhütung Abtreibungen vermieden werden können.

Aspasia, die Geliebte des Perikles, erklärt der Jugend Athens ganz offen die verschiedenen Techniken, mit denen man den Abgang von Sperma oder eines Fötus hervorrufen kann. Gymnastikübungen, akrobatische Bewegungen, mehr oder weniger magische Mittelchen, intra- oder extravaginale Methoden finden bei den Frauen großen Anklang. Wiederholt empfiehlt sie ihren Zeitgenossinnen, nach jedem Geschlechtsverkehr zu springen, zu niesen und zu pressen. Diese Anstrengungen führten dazu, daß der Samen des Mannes ausgestoßen würde. Somit könne es zu keiner Befruchtung kommen.

Plinius der Ältere erwähnt ein Säckchen mit zwei Würmern, das die Frau bei Tagesanbruch tragen soll, um eine Schwangerschaft zu verhindern. Man vermeide auch den Geschlechtsverkehr während der fruchtbaren Phase des Zyklus, die angeblich gleich nach der Menstruation sein soll. Doch das gebräuchlichste Mittel ist der Koitus interruptus – eine Praxis, die in der Bibel mehrfach verurteilt wird.

Sind diese Verhütungsmethoden denn wirklich wirksam? Aufgrund der Häufigkeit, mit der Abtreibungen erwähnt werden, sind Zweifel berechtigt. Das bringt Tacitus dazu, seinen Landsleuten die Weisheit der Germanen vor Augen zu halten, die von den Griechen ja gern als »Barbaren« bezeichnet werden, bei denen es jedoch solche Sitten und Gebräuche nicht gibt.

Die griechischen Ärzte glauben, daß »die Frau ein weicheres Fleisch hat als der Mann«. Deshalb kommt es »bei jedem Vollmond« zur Menstruation. Ihr Ausbleiben führt dazu, daß die Frau launisch und krank wird. Daher rührt die ständige Sorge, jede Verzögerung der Regel sofort zu behandeln.

Die Kehrseite dieser »physiologischen« Doktrin ist die weitverbreitete Meinung, die Frau sei ein zerbrechliches Wesen und somit dem Manne unterlegen. Man behauptet sogar, das männliche Glied bringe das Blut in ihrem Körper in Wallung und helfe, es besser zirkulieren zu lassen! Folglich sei die Frau von Natur aus auf den Mann angewiesen ...

Wenn die Heilkundigen nicht weiter wissen, wenden sie sich an die Götter und das Orakel. Weihgaben, die die zu schützenden oder zu heilenden Körper darstellen, werden in der Hoffnung auf übernatürliche Hilfe in die Tempel gebracht.

Die Vorstellung, daß im Uterus krankmachende Gemütszustände eingesperrt sein können, die der Schönheit des Körpers schaden, führt zur Entwicklung von Behandlungsmethoden, die Krampfadern, dicken Beinen, stark gewölbten Becken und der Entstellung des Unterleibs durch Fett und Schwangerschaftsstreifen vorbeugen. So werden Ausräucherungen vorgenommen, bei denen heilkräftige Substanzen wie Myrrhe, Narzissenöl, Tierleber, Frauenmilch und vor allem Robbentran verbrannt werden. Dann leitet man mit Hilfe eines Schilfrohrs den aufsteigenden Rauch in den Uterus.

Die Beschäftigung mit dem körperlichen Wohlbefinden, die mal rational, mal irrational anmutet, und das daraus hervorgegangene Wissen sind nicht das Ergebnis von Erfahrung und Logik, sondern Ausdruck einer bestimmten Vorstellung von der Welt und von dem Platz, den der Mensch darin einnimmt.

Rom – Paradies der Fettleibigen

Unersättliche Vielfraße

Die Römer sind Schlemmer, Genußmenschen und Faulpelze, die sich zum Essen nicht einmal hinsetzen. Sie liegen, auf einen Ellenbogen gestützt, auf der Seite und lassen sich von hübschen, drallen Sklavinnen aller Hautfarben bedienen.

Ihre Frauen hingegen müssen auf einem Schemel am Fuß des Ruhebettes hocken und nur gelegentlich – Phallokratie verpflichtet – wird ihnen erlaubt, sich neben ihrem Gemahl und Gebieter auszustrecken. Danke Liebling! Doch die Gattin muß sich, wie uns Ovid erklärt, »zurückhaltend benehmen« und dem Mann die besten, das heißt die größten und fettesten Stücke, überlassen. Öl und Schweineschmalz, die *sagina*, fließen in Strömen. Gegen den Gebrauch von Butter in der Küche haben die Römer nichts einzuwenden, ganz im Gegenteil. Allerdings wissen sie nicht, wie man sie herstellt. Das Geheimnis kennen nur die Landsleute in den Provinzen Galliens, wo sie die Herstellung von den Einheimischen erlernen.

Normalerweise bringt jeder Gast sein Handtuch mit und breitet es aus – angeblich um das Bett nicht zu beschmutzen. Doch tatsächlich wickelt er am Ende der *cena* einige Hühnerbeine oder andere Speisen darin ein und geht dann mit seinem kleinen Bündel nach Hause. Selbst bedient man sich immer noch am besten, immer zuerst an den eigenen Bauch denken!

Die Römer lieben alle Speisen. Besonderer Beliebtheit erfreuen sich Kraken, Kalamari, Tintenfische, mit Innereien oder Hirn gefüllter Thunfisch in scharfer Sauce. Je reichhaltiger, desto besser. Im übrigen würzen sie fast alles mit *garum*, dem Saft von eingelegtem Fisch, der aus dem weitentfernten Gallien importiert wird. Der Name kommt von

dem gallischen Wort *gären*. Der kräftige Geschmack dieser Lake regt den Appetit an, läßt furzen und rülpsen, kurz, bringt dem Bauch große Erleichterung. Eine ideale Sauce, die den Magen für alle Verrücktheiten öffnet!
Doch zu ihrem großen Bedauern können die Römer dieses unvergleichliche Würzmittel nicht selbst herstellen. Auch wenn sie über alle nötigen Zutaten verfügen, sind die wenigen Imitationen, die auf dem Forum verkauft werden, ungenießbar. Also müssen sie es bei den keltischen Händlern gegen einige Amphoren Wein eintauschen. Glücklicherweise haben diese für den Wein dieselbe Schwäche wie die Römer für ihr *garum*. Die besten Weine, zum Beispiel aus Kampanien, behält man freilich für sich. Den Galliern verkauft man gewöhnlichen, mit Pech oder Harz versetzten Wein, da diese Biertrinker ohnehin nicht in der Lage sind, einen guten von einem schlechten Wein zu unterscheiden. Doch das wird nicht lange so bleiben ...
Die Römer lieben »erlesene Leckereien«, Lammaul, Straußenkopf, gefüllte und in Honig gebackene Wein- und Feigenblätter und dazu Drosseln, Nachtigallen, Kraniche, Trappen, Wildesel, Störche, Murmeltiere, Kamelfüße... Verschont werden nur die Gänse, da eine Gans einst mit ihrem Geschnatter zur Rettung Roms beigetragen hat. Seit allerdings die Legionäre beobachten, daß sich die Gallier daran gütlich tun, fällt dieses Tabu mehr und mehr. Natürlich sind solche Extravaganzen Senatoren und Patriziern vorbehalten.
Die Armen, die noch nie auch nur eine Straußenfeder zu Gesicht bekommen haben, begnügen sich mit Gemüsebrei, Weizen und Stockfisch, der mit Oliven zubereitet wird. Doch alle, ob reich oder arm, verschlingen, sobald sich die Gelegenheit bietet, problemlos ungeheure Mengen an Nahrung. Selbst die griechischen und jüdischen Sklaven, die an ein einfaches Leben gewöhnt sind, eifern beim Schlemmen ihren Herren nach. Man könnte glauben, daß die Römer sie auf ihre Art, nämlich mit Wein, zivilisiert haben!

Die Festgelage beginnen mit *gustus*, das sind verschiedene Vorspeisen, die mit Honigwein serviert werden. Dann folgt eine Vielzahl verschiedener Gänge, die ebenfalls jeweils mit Wein gereicht werden, der allerdings zu einem Drittel mit Wasser vermischt ist. Endlich kommen die *secundae mensae*, die berühmten Nachspeisen, gefolgt von einem ausgiebigen Zechgelage. Den krönenden Abschluß bilden die berühmten Sorbets aller erdenklichen Geschmacksrichtungen, die mit allerlei Sorten Obst und kandierten Rosenblättern verziert sind.

In dieser angeregten Stimmung bieten Musiker, Akrobaten, Narren, Kurtisanen und ekstatische Tänzerinnen ihre Kunststücke dar. Ein Heer von Sklaven kümmert sich um die Gäste, wäscht ihnen Füße und Hände, serviert Getränke, parfümiert sie, hilft ihnen, falls nötig, beim Übergeben und trägt sie dann zu den Betten, damit die Herrschaften ihre Vergnügungen bis zum Morgengrauen fortsetzen können. Welch ein Gegensatz zu den philosophischen Banketten, die Plato so sehr liebte! Das Vergnügen besteht nicht darin, das Essen zu genießen, sondern so viel wie möglich davon zu verschlingen.

Die Griechen verabscheuen den Geruch von Knoblauch so sehr, daß jedem, der Knoblauch gegessen hat, der Zutritt zum Tempel der Kybele verwehrt wird. Bei den Römern hingegen findet er reichlich Verwendung in den würzigen Saucen. Doch die zerstoßenen Knollen dienen auch zur Herstellung von Schönheitssalben, die Brust und Hüften eine üppige Form verleihen sollen.

Magerkeit ist verdächtig

Die größte Sorge ist – für Männer wie für Frauen – abzumagern. Denn das könnte sie in den Verdacht bringen, krank, hysterisch, arm, von Lepra befallen ... oder aber, und das wäre das Allerschlimmste, Anhänger einer mysteriösen jüdischen Sekte – der Christen – zu sein!

Diese Leute, zumeist handelt es sich um Sklaven, Außenseiter und Fremde, leben in den Armenvierteln von Rom und sind leicht an ihrer spartanischen Lebensweise zu erkennen. Man trifft sie selten beim Glücksspiel und noch weniger in Tavernen oder Freudenhäusern an. Sie leben unter sich und besuchen weder Tempel noch Bacchanalien. Auch an Festgelagen nehmen sie nicht teil und meiden Orgien, sprich alles, wovon jeder gute römische Bürger träumt ...

Ihr Äußeres gibt, obwohl es unauffällig ist, den Römern zu denken. Diese finden sie oft blaß, mager, wortkarg, unverständlich, zurückgezogen und eigenartig. Offensichtlich haben diese rätselhaften Christen etwas zu verbergen. Man behauptet, daß sie sich untereinander nur mit Zeichen und Gesten verständigen, bald einen Fisch, bald ein Kreuz in die Luft malen und mit der Hand Stirn, Brust und Schultern berühren. Gehen nicht auch Gerüchte um, daß sich diese Anhänger nachts irgendwo in den Katakomben versammeln, um das Blut ihres Gottes zu trinken und sein Fleisch zu verzehren? Welch grauenvolle Vorstellung!

Für die Römer, die sich für ein zivilisiertes Volk halten, ein unerträglicher Kannibalismus. Dabei wähnen sie sich im Inneren ihres Reiches vor jeglicher Barbarei geschützt. Und doch wird Rom heimlich, still und leise von Kräften unterwandert, die aus den entlegenen eroberten Provinzen kommen. Die feinsinnige römische Gesellschaft zeichnet sich vor allem durch große Toleranz aus. Es gibt viele gallische, keltische, griechische und persische Gottheiten, denen im

Pantheon dieselben Ehren zuteil werden wie Jupiter. Sklaven, Gefangene und Fremde können ungehindert den Kult ihrer Götter zelebrieren. Doch zum ersten Mal hört man in Rom von einer so furchtbaren und blutrünstigen Religion: dem eigenen Gott die Kehle durchzuschneiden, um sein Blut zu trinken!

Es scheint den Römern als eine Pflicht, ein Akt der Menschlichkeit wie auch ein Gebot der politischen Ordnung, diesem Massaker Einhalt zu gebieten. Hatte Kaiser Antonius I. nicht schon den Griechen das Töten behinderter Kinder untersagt? Der kaiserliche Erlaß hatte das Leben vieler Unschuldiger gerettet. Ein Beweis dafür, daß dort, wo römisches Recht herrscht, die Zivilisation über die Barbarei siegt. Und darauf ist man in Rom sehr stolz.

Plinius der Jüngere hat versucht, das Geheimnis zu lüften. Er erklärt: »Hernach sind sie auseinandergegangen und dann wieder zusammengekommen, um Speise zu sich zu nehmen, jedoch gewöhnliche, harmlose Speise...« Aber es ist zu spät, man kann nicht länger untätig zusehen, denn viele ehrliche römische Bürger sollen, von der scheußlichen Magie der Sekte verhext, diesen grausamen Ritualen beigewohnt haben und selbst Christen geworden sein. Auch wenn sie sich zu verbergen suchen, verraten sie sich doch durch ihr bescheidenes Äußeres und wenig geselliges Verhalten.

Allzu leicht sind sie von den guten Römern zu unterscheiden, die lustig, dick, redegewandt, genußsüchtig und umgänglich sind und darüber hinaus gern trinken und den Frauen nachstellen. In dieser Umgebung, in der Denunziation und die allgemeine Hysterie von Tag zu Tag zunehmen, bietet ein kräftiges, opulentes Äußeres Sicherheit. Körperfülle – äußeres Zeichen von Reichtum – verschafft zugleich eine gewisse Autorität. Sie offenbart, daß man nicht zur Masse der Hungerleider gehört, die die Armenviertel bevölkern.

Doch Korpulenz ist, vor allem, wenn sie elegant verhüllt ist, nicht nur ein soziales Unterscheidungsmerkmal, sondern erweckt Respekt, Vertrauen und Sympathie. Da sie der bestehenden Ordnung und den römischen Normen entspricht, vermittelt sie Sicherheit. Außerdem verkörpert sie auch die traditionellen Werte, denn sie symbolisiert sowohl die Macht des Vaterlandes als auch Ergebenheit gegenüber dem Kaiser. Denn ein rundlicher, imposanter, jovialer Körper gilt als großzügiges Geschenk der Götter des Pantheon. Und sie sind die einzigen Götter, die Glück und Reichtum bringen und denen der inbrünstige römische Bürger treu ergeben ist.

Aus diesem Grund verpflichtet sich jeder Römer, vor allem, wenn er aus guter Familie stammt, die Toga zu tragen – zumindest an den großen Festtagen der Stadt. Denn dieses weite und feierliche Kleidungsstück mit seinem schmucken, komplizierten Faltenwurf unterstreicht die eindrucksvolle Wirkung des Körpers. Also spielen Gewicht und Länge des halbrund geschnittenen Wollstoffs von sechs Meter Durchmesser ebensowenig eine Rolle wie die Schwierigkeit, sich darin zu bewegen, ohne daß sie verrutscht: Sie hebt den sozialen Status. Sie flößt Respekt ein und verleiht durch ihr Volumen und ihre weiße Farbe dem Träger eine Erhabenheit, die ihn von der lärmenden Menge in den Elendsquartieren unterscheidet.

Körperfülle ist ein überzeugendes Kriterium, um sich von jenen zu unterscheiden, die die Tragik ihres Schicksals zu Anonymität, Außenseitertum und Armut verdammt. Die herausfordernde Pracht der Herren des Forums ist nur möglich, weil ein großer Teil des ausgebeuteten Volkes Hunger leidet und in den *suburbia* rund um die *urbs* vor sich hinvegetiert. Obwohl Rom im Überfluß lebt, ist es nicht allen gegeben, sich den Bauch vollzuschlagen.

Jene Unterwelt der Bettler, Vagabunden, Hungerleider und Sklaven, der Gladiatorentöchter, Lustknaben, Handlanger, Abenteurer, Scharlatane, Hausierer aus den eroberten Ge-

bieten, der welken, blassen Totengräber versucht, von Brosamen, Abfällen und Müll zu überleben. Oder aber indem diese Menschen stehlen, Gräber plündern, Totengaben rauben und sich mit den Hunden um ihre Beute prügeln.
Luxus und Elend, Verschwendung und Hungersnot, Genuß und Brutalität bilden den widersprüchlichen Alltag eines Herrschaftssystems, in dem die Menschen sich nur auf Kosten anderer erheben. Der Glanz dieser prachtvollen Gesellschaft beruht in Wirklichkeit auf der Negation eines Teils der Menschheit, der auf einer Rangstufe mit den Tieren vegetiert und vom Glück der Geschichte vergessen wurde. Eine armselige Gesellschaft von Ausgeschlossenen, die im Schatten, im Untergrund und in totaler Verzweiflung lebt.
Also ist es nur allzu verständlich, daß sie auf den hört, der von Nächstenliebe spricht. Denn diese Entrechteten, die im »sozialen Nichts« kämpfen, bilden paradoxerweise die Basis des siegreichen Rom. Auf dieser unsicheren, schwankenden Grundlage ruht das gesamte Kaiserreich. Also sind die möglichen Erschütterungen seines künftigen Schicksals unschwer vorstellbar. Doch wir wollen uns nicht mit diesen armseligen, unbedeutenden Christen aufhalten. Wenden wir uns lieber den prächtigen nächtlichen Hochzeitsgelagen zu und erfreuen uns an der Sinnenlust der Venus.

Der Triumph der Dicken

Wenn es um Körperfülle geht, bieten die Kaiser oft ein gutes Beispiel. Nach der Eroberung Galliens feiert Julius Cäsar seinen Triumph, indem er zweihundertfünfzigtausend römische Bürger zu einem mehrtägigen Bankett lädt. Kaiser Augustus steht ihm am Tag seiner Krönung in nichts nach. Dabei tut sich weder der eine noch der andere durch besondere Leibesfülle hervor.
Die Ausnahme bestätigt also die Regel. Für Antonius zum

Beispiel ist es unabdingbar, Tag und Nacht zu feiern. Böse Zungen behaupten, Kleopatra habe ihn verhext. Doch auch der junge Elagabal, der von monströser Fettleibigkeit ist, verbringt sein Leben bereits im Alter von kaum achtzehn Jahren fast ausschließlich mit Festgelagen. Wegen dieser Ausschweifungen lassen ihn die Prätorianer umbringen ... und zwar in den Latrinen!

Tiberius gibt soviel Geld für Speisen aus, daß sich der Senat gezwungen sieht, die Zahl der für Bankette vorgesehenen Gänge zu limitieren. Für Claudius ist Essen eine regelrechte Obsession. Gepökeltem Schweinefleisch und anderen Lekkerbissen vermag er nicht zu widerstehen, nicht einmal auf dem Weg zum Tempel der Minerva. Die Römer beschuldigen seine beiden Gemahlinnen Messalina und Agrippina, nicht fähig zu sein, seinen Unterleib zu befriedigen ... Was angeblich zu solch krankhaftem Appetit führt, der bereits an Hysterie grenzt.

Doch das sind nicht die einzigen kaiserlichen Völlereien. Vitellius ist sicherlich der extremste und sonderbarste Vielfraß der Geschichte. Seinen Höflingen zufolge ist er »beständig mit und ohne Grund begierig nach Nahrung«. Er soll angeblich in der Lage sein, »siebentausend Hühner« zu verschlingen, indem er sich zwischendurch immer wieder übergibt.

Wunderbar fett und pausbäckig präsentiert er sich am Tag der Krönung strahlend und allmächtig den Römern, als ihn die Zenturionen trotz seines enormen Gewichts im Triumphzug über das Marsfeld tragen. Wer hätte gedacht, daß die ausgemergelten Bürger sich später wutentbrannt auf ihn stürzen würden, um seinen wunderbaren Leib mit Dolchstößen zu durchbohren und in den Tiber zu werfen? Die Geschichte zeigt, daß es immer schöne Dicke, edle Dicke und tragische Dicke gab.

Neben ihm nehmen sich Kaiser wie Geta, der sich die Gerichte in alphabetischer Reihenfolge servieren läßt, farb-

los aus. Claudius Albinus, der mit einem eher bescheidenen Appetit gesegnet ist, beginnt sein Abendessen mit vier Dutzend Austern und zehn Pfund Trauben. Maximus mit dem wie aus Marmor gehauenen dreifachen Doppelkinn verschlingt täglich nicht weniger als vierzig Pfund Fleisch. Trajan, der sich seiner großen Schwäche für Gaumenfreuden bewußt ist, befiehlt, mit der Ausführung seiner Order zu warten, bis er wieder nüchtern ist.
Die kaiserlichen Höflinge nehmen oft ihren Herrn zum Vorbild, übernehmen seine extravagante Lebensweise und ahmen ihn, wenn sie es sich erlauben können, in jeder Einzelheit nach. Die Emporkömmlinge und Neureichen erweisen sich als noch glühendere Anhänger als die alten Patrizierfamilien. Sie übertreffen einander an Leibesfülle und rivalisieren in Haltung und Gebaren, die Rang und Stand anzeigen. Ein wohlgerundetes Doppelkinn strahlt immer mehr Würde und Erhabenheit aus, mehr Ernsthaftigkeit und Ansehen als das spitze Kinn eines schmächtigen Kerlchens.
Der Feldherr Lucullus läßt, nachdem er das Reich des für seine Fischspezialitäten berühmten Königs Mithridates befriedet hat, in der Region von Neapel riesige Fischteiche anlegen, die durch unterirdische Zuflüsse gespeist werden. Seine Gäste lieben die Meerestiere, die ihnen dort im Überfluß serviert werden. Bei diesem Feldherrn kann man eine deutliche Veränderung seiner Eßgewohnheiten feststellen, die vielleicht auf seinen langen Aufenthalt im Orient zurückzuführen ist. Seiner Auffassung nach besteht die kulinarische Kunst nicht nur im Genuß der verschiedensten Speisen, sondern auch darin, ihre Erlesenheit und den Ort der Festlichkeiten dem Rang der Gäste anzupassen.
Ganz anders jener Emporkömmling Trimalchio, ein freigelassener Sklave, später einer der größten Gauner Roms. Zu seinen üppigen Gelagen finden sich allabendlich junge Patrizier ein, denen die Vergnügungen des Pöbels ver-

lockend scheinen. Über die originellen Desserts berichtet einer der Gäste: »Schon war daselbst eine Maschine mit einigen Kuchen hingezaubert, in der Mitte stand ein gebackner Priapos (Gott der Fruchtbarkeit mit provozierendem Phallus) und trug nach der gewöhnlichen Weise in seinem ziemlich weiten Schoß allerlei Arten von Obst und Trauben. Begierig streckten wir die Hände danach aus und ... alle Kuchen, alle Äpfel... gossen einen balsamischen Duft aus sich, so stark, daß er uns endlich zu heftig wurde.« (Petronius Arbiter, *Satiricon*) Dies war sicherlich der Höhepunkt der vergnügten Orgie!

Den Berichten der Klassiker zufolge standen die Römerinnen den Männern weder in Appetit noch in Taillenumfang nach. »Ehe sie sich zu Tisch setzt, nimmt sie einen Schluck aus dem Schoppen, der ihren Appetit noch gieriger macht, wenn sie ihn, nachdem er die Eingeweide durchgespült hat, wieder erbricht.« (Satire VI)

Juvenals Bild von dieser Frau, die nur ans Trinken, Essen und an die Entspannung unter den Händen ihres Masseurs denkt, ist vielleicht ein wenig übertrieben. Es ist jedoch sicher, daß auf Befehl von Kaiser Hadrian die Thermen zu bestimmten Stunden den Frauen vorbehalten sind, denn er spricht ihnen, wie allen Bürgern, das Recht auf körperliche Schönheit zu. Aus Eitelkeit wollen die Frauen der guten Gesellschaft ihrem Körper, der bereits unter der Schwangerschaft gelitten hat, nicht noch mehr schaden und vertrauen ihre Kinder einer Amme an.

Die Definition des Begriffs Schönheit unterscheidet sich allerdings in der griechischen und der römischen Kultur grundlegend. Die Römer verstehen darunter nicht wie früher die athletische Muskulatur. Nur ein üppiger nackter Frauenkörper mit ausladenden Hüften und prächtigen Brüsten ist anziehend. Solche fleischlichen Tatsachen gelten bei den Römern als die Quintessenz der Weiblichkeit.

Dies drückt eine eindeutige Abwendung vom griechischen

Schönheitskanon aus. Auf einer Wandmalerei in Pompeji kann man noch heute eine Schönheit mit ausladendem und extrem verlängertem Oberkörper bewundern. Das Becken ist breit, die Schenkel erstaunlich verkürzt. Statt uns wie die Venus von Milo zu faszinieren, erheitert ihre Plumpheit eher. Sie erinnert in gewisser Weise an ein Füllhorn. Und doch entfacht sie bei den Herren von Rom glühendes Verlangen.

Wie die zahlreichen Nymphen- und Grazienstatuen in den Gärten bezeugen, bevorzugen die Römer untersetzte, mollige Frauen mit hohem Gesäß, halbkugelförmigen Brüsten, einer kräftigen Taille, drallen Schenkeln und rundlichen Fesseln. Das Gesamtbild ist von dieser fülligen, festen, wohlproportionierten Form geprägt, die – wenngleich leicht untersetzt – doch begehrenswert ist.

Aber die römischen Künstler haben die ästhetische Lektion der Griechen nicht vergessen. Insgesamt wird die Harmonie der Körperproportionen mehr oder minder respektiert. Im Vergleich zur Kopfhöhe, die als Maßeinheit gilt, muß der Körper siebenmal so groß sein. Zwischen den Brustwarzen muß, ebenso wie zwischen Brüsten und Nabel, Nabel und Schenkelansatz, ein Abstand von einer Kopfspanne liegen.

Doch die Rundlichkeit von Taille und Brüsten läßt den Körper stämmiger und dadurch üppiger und sinnlicher wirken. Dieses Schönheitsideal, das durch ein langes, besticktes Gewand (*stola*) und bei den vornehmen Damen durch eine blonde Perücke vervollständigt wird, ist dem der jungen sizilianischen Landmädchen ähnlich. Ihre Körperfülle, wenn nicht gar Fettleibigkeit, tut der Zuneigung der Männer, die ihnen den Hof machen, keinen Abbruch. Denn die Römer haben schlichtweg den Archetypus der natürlichen Weiblichkeit ihres Volkes und ihrer sozio-kulturellen Umgebung auf das klassische griechische Modell übertragen, das sie zu übernehmen suchen, doch nicht, ohne ihm den eigenen Stempel aufzudrücken.

Sie sind auch leidenschaftliche Besucher der Thermen, die den unendlichen Luxus ihrer Stadt symbolisieren. Männer wie Frauen können sich dort waschen, amüsieren, pflegen und ihren Körper trainieren. Geboten werden Gymnastikräume, Spiele, Entspannung, Schönheitspflege, Lektüre und Bankette.

Sofern der Badegast den athletischen Teil nicht ausläßt, absolviert er einige Übungen, ehe er sich in den Schwitzraum (*sudatoria*) und dann in die trockene Hitze des *caldarium* begibt. Nachdem er tüchtig geschwitzt hat, besprenkeln ihn die Sklaven im *labium* mit heißem Wasser und reiben den Körper mit einer Bürste (strigile) ab. Nun ist er also vom Staub der lehmigen Straßen gereinigt, und man kann ins kalte Wasser des *frigidarium* tauchen. Dann kommen die Massagen, Parfumeure, Friseure, Pediküren …

Während der Römer sich pflegen läßt, nimmt er Erfrischungen und eine Mahlzeit zu sich, um wieder zu Kräften zu kommen, denn um viel trinken zu können, muß man schwitzen. Und körperliche Anstrengung ist auch von Nutzen, um den Appetit anzuregen. Diese Auffassung vom Sinn und Zweck der Thermen ist den griechischen Vorstellungen völlig entgegengesetzt, war man dort doch vor allem darauf bedacht, die Muskeln zu stählen.

Es versteht sich von selbst, daß den Badegästen während der angenehmen Ruhestunden alle mögliche Unterhaltung geboten wird. Sie können die Künste von Bärendompteuren, Akrobaten und Tänzerinnen genießen.

Ernsthaftere Gäste lesen in der Bibliothek, es sei denn, eine Wahrsagerin unterbricht sie. Um das Nymphäum herum laufen Köche, Schankwirte, Zuhälter und Verkäufer von Liebestränken zwischen den Liegen umher und bieten ihre Dienste an. So hat sich die Stätte, die der Hygiene und dem Sport vorbehalten war, in einen Ort des Vergnügens, des Spiels, der Trinkgelage, Komplotte und der Unzucht verwandelt.

Die Moralisten versäumen es nicht, die Jugend, die dem Müßiggang frönt, vor einem allzu häufigen Besuch der Thermen zu warnen, da sie den Körper verweichlichen und die Nerven angreifen. Plinius der Jüngere läßt sich mit folgenden Worten vernehmen: *»Balnea, vina, Venus corrumpunt corpora nostra ...!«*

Sauvulva mit Mohn

Natürlich sind nicht alle Römer gefräßig. Nur die Wohlhabenden nehmen vier oder mehr Mahlzeiten am Tag zu sich. Ihre ausufernden Schlemmereien sind nicht zwangsläufig als Völlerei zu bezeichnen. Es handelt sich häufig um einen distinguierten, subtilen Genuß.

Das zumeist arme Volk begnügt sich mit zwei kärglichen Mahlzeiten. Diese Menschen essen oft tagsüber gar nichts. Am Abend stopfen sie sich dann – ob arm oder reich – doppelte Bissen in den Mund und verschlingen alles, um das Versäumte nachzuholen.

Unter all den auserlesenen Gerichten, die Römer und Römerinnen genießen, um zu Kraft und Leibesfülle zu kommen, geben sie eigenartigerweise einem widerwärtigen Ragout aus Sauvulva und Mohn den Vorzug. Manchmal fügt man auch die Zitzen des Tieres hinzu. An einem Schwein ist also schlichtweg alles genießbar! Aber warum sprechen vor allem diejenigen, denen es an Leibesfülle mangelt, ausgerechnet diesen Teilen der Sau zu? Enthält deren Fleisch vielleicht besonders viele Stoffe, die wie Östrogen wirken und die Ausbildung des Fettgewebes unterstützen? In diesem Fall hätten Vulven und Zitzen auf den Organismus den Effekt eines Anabolikums. Die weiblichen Hormonmoleküle würden eine Zunahme der Fettzellen bewirken, ähnlich wie man es heute bei der Pille beobachtet. Genial, nicht wahr? In Ermangelung hormonbehandelter Hühner und Kälber griffen unsere Vorfahren auf ein anderes Verfahren zurück, das eine möglichst schnelle Entwicklung des Fettgewebes garantierte.

Doch daß man mit Mohn würzt, verblüfft uns zutiefst. Die Samen werden in jeder Form verzehrt: gegrillt, zerdrückt, roh, fermentiert… Als »Aperitif« werden sie gewöhnlich zu Oliven und Pinienkernen, den Samen der Pinienzapfen, gereicht. Plinius der Ältere erklärt uns als guter Naturkundler, daß, um den wachsenden Bedarf zu decken, diese Pflanze auch angebaut wird. »Zwischen dem Garten- und dem wilden Mohn gibt es ein Mittelding, das von selbst auf bearbeitetem Land wächst…« Unter wildem Mohn hat man den Klatsch- oder Feldmohn zu verstehen, während die gezüchteten Arten eher dem Schlafmohn zugehören. Die roten oder weißen Blüten sind giftig.

Eine Legende erzählt, der Feldherr Sextus habe während der Schlacht von Gabies die feindlichen Soldaten mit Mohnwein eingeschläfert. Die schwarzen Samen in den Kapseln des Schlafmohns jedoch ergeben ein phosphor- und lecithinreiches Öl von angenehmem Geschmack, das bestens zum Verzehr geeignet ist.

Griechen und Römer sind der Auffassung, diese Samen »in Wein gekocht, bis die Hälfte ausgezehrt ist«, würden Appetit und Verdauung anregen. Wenn sich die Regenzeit nähert, verlangt eine alte Tradition in Latium, der Göttin Ceres, die dem Getreide ihren Namen gab, eine Mohngirlande darzubringen. Auch behauptet man, die Pflanze schenke den Frauen, die ihren Samen kauen, Fruchtbarkeit. Ihr Öl soll, auf die Haut aufgetragen, den Teint bleichen und Falten mildern. Auch wegen ihrer aphrodisischen Wirkung ist sie sehr beliebt.

Opiummoleküle sind aber tatsächlich nur in den Blüten und der Kapsel enthalten, nicht aber im aus den Samen gepreßten Öl. Der Samen weist allerdings Spuren von Papaverin und anderen Alkaloiden mit leicht betäubender Wir-

kung auf. Es ist wahrscheinlich, daß der übertriebene Verzehr dieses Stoffs die Magenwände betäubt und ein Gefühl der Euphorie auslöst, das zugleich den Sättigungsmechanismus, der vom Gehirn ausgeht, deutlich hemmt.
Die Samen enthalten auch einen erheblichen Anteil an Linolsäure. Eigenartigerweise begünstigt dieses Fett die Gewichtszunahme, ohne den Cholesterinspiegel des Blutes zu erhöhen. Ein wahrer Glücksfall für jene Schlemmer, die es verstehen, das Nützliche mit dem Angenehmen zu verbinden und von den unvergleichlichen Vorzügen ihrer Gastronomie fest überzeugt sind.

Im Bann der Gallier

Zu Tisch
bei
Asterix

Was das Schlemmen angeht, können es die Gallier durchaus mit den Römern aufnehmen. Sie sind sogar die unbestrittenen Könige des Festschmauses und leben noch dazu in einem wesentlich reicheren Land. Die gallischen Wälder sind voller Wild, auf den Weiden drängen sich die Herden, in den Flüssen die Fische, ganz zu schweigen von Käse, Obst, Schnecken und Bier – all das gibt es im Überfluß. An den Küsten wimmelt es von Austern, Jakobsmuscheln, Muscheln, Kraken, Krustentieren, Seeigeln ...
Da läuft den Zenturionen das Wasser im Mund zusammen, und die Mengen, die die Ureinwohner von Lugdunum, dem heutigen Lyon, verschlingen, beeindrucken sie zutiefst. Mit welchen Leckereien die sich vollstopfen, bis ihnen fast der Magen platzt! Überflüssig zu betonen, daß die Gefräßigkeit der Römer hervorragend zu der der Gallier paßt.
Doch was die Römer anwidert, sind die »barbarischen« Eßgewohnheiten der Gallier. Diese vermischen ohne Unterschied Fleisch und Fisch, Obst und Gemüse, haben weder Haltung noch gute Manieren, ihre Speisenfolge hat weder Ordnung noch Raffinesse, und sie zelebrieren schon gar nicht den Prunk der Festgelage, der den Patriziern von Pompeji so wichtig ist.
Das gebratene Wildschwein, an dem sich Obelix gütlich tut, ist keineswegs eine Legende. Das Bild dieses Tieres ist auf vielen gallischen Münzen zu finden. Und im Heiligtum von Neuvy im Departement Loir-et-Cher hat man die Bronzestatuette eines Wildschweins entdeckt. »Wildschwein, mehr Wildschwein«, würde Obelix sagen. Doch die Liebhaber von gutem Fleisch begnügen sich nicht mit dem Cousin des

Schweins, sie genießen auch Hasen, Rebhühner, Gänse, Enten und sogar Kraniche.
Blutwurst und Klößchen, Schwein mit Äpfeln und Huhn mit Pflaumen, die Rezepte zeugen von Phantasie und Kreativität. Und die römischen Autoren zählen neiderfüllt die unvergleichlichen Wurstwaren aus der Cerdagne, den Pyrenäen, dem Comtat und dem Elsaß auf... Zur Herstellung von Schinken verfügen die Gallier über ein spezielles Verfahren: Zunächst wird er in Salz aufbewahrt, dann kocht man ihn zum Entsalzen in Milch. Dadurch wird das Fleisch saftig. Auch das Räuchern ist bereits bekannt. Man stellt alle erdenklichen Wurstwaren her, die zu dem wohlschmeckenden, leichten Brot gegessen werden, das mit Bierhefe hergestellt ist – ein Rezept, das nur den Galliern bekannt ist.
Doch statt jede der köstlichen Speisen für sich zu genießen, kocht man alle zusammen in einem riesigen Kessel, in den man ohne Unterschied auch Karotten, Kohl, Lauch, Pastinaken, Wolfsbohnen und jenen »gallischen Spargel« wirft, der Cäsars Gefährten so neugierig macht. Es handelt sich um ein Kraut, das auch unter dem Namen Strandfenchel oder Dreifinger-Steinbrecher bekannt ist und an den Stränden wächst.
Um den enormen Appetit der Familie und der Gäste zufriedenzustellen, verfügt Asterix' Zeitgenossin über eine hochmoderne Küchenausstattung: Schnellkochtopf *(autepsa)*, Pfannen mit ausklappbarem Griff, doppelte Löffel für die Schlemmer, Teller mit Vertiefungen für die Eier... Kurz, eine spezialisierte Ausrüstung, die die römischen Matronen vor Neid erblassen läßt.
Alle Nahrungsmittel spült der stolze Gallier mit viel Bier hinunter. Aber nicht mit irgendeinem, sondern mit *kourmi*, das aus Gerste gebraut wird, oder mit einem vergorenen Getränk auf Hartweizenbasis, das im Gallischen als *brais* bezeichnet wird. Vor allem aber wird *korma* getrunken, ein Weizenbier mit Honig, das Gallier und Römer fässerweise zu

sich nehmen, wenn sie sich nicht gerade, vom Met angeheizt, prügeln. In Rom erweist man diesem »Barbaren-Getränk« sogar an Cäsars Tafel die Ehre. Es steht in dem Ruf, die Frauen schöner, ihre Haut zarter und die Brüste köstlicher zu machen. Vor allem stillenden Frauen wird es empfohlen, da *korma* angeblich die Schönheit der Brüste bewahrt.

Natürlich tauschen die Gallier ihre *korma*-Fässer gegen Amphoren mit Wein ein, für den sie eine Schwäche haben. Voller Ideenreichtum versuchen sie, dieses göttliche Getränk noch zu verbessern: es wird mit Safran gefärbt und durch mit Anis und Kümmel vollgesogene Tücher gefiltert. Gelegentlich stellen sie den Wein auch selbst aus getrockneten Trauben her und parfümieren ihn mit Rosen, Beifuß, Absinth, Früchten, bisweilen wird sogar Pfeffer beigefügt! Fertig ist der Zaubertrank in den vielfältigsten Geschmacksrichtungen, der nun in neuen Eichenfässern kühl gelagert wird.

Da sie die magischen Fähigkeiten der Gallier kennen, verbieten die römischen Kaiser kurzerhand den Anbau von Weinreben. Ja, man zwingt sie sogar, bereits vorhandene Stöcke auszureißen. Zu spät! Denn den gewitzten Galliern ist es bereits gelungen, einen Wein herzustellen, der die Qualität des römischen bei weitem übertrifft.

Hochzeiten, Geburten, Siege im Kampf: Alles bietet Anlaß für einen Festschmaus. Mit fettglänzenden Gesichtern und Händen laben sich die Gallier an riesigen, goldbraun gebratenen, mit Knoblauch gespickten oder in Bier gegarten Keulen. Mit den Fingern schmeckt es eben noch besser… Man ißt lautstark, lacht, flucht, schmatzt. Und es gehört zum guten Ton, eine Schlägerei anzuzetteln. Obelix' Gefährten verstehen es ausgezeichnet, Schreierei und Schlemmerei zu verbinden. Ob Schreihals oder Feinschmecker, der Brauch will es, daß einer nach dem anderen aus einem langen Bierhorn trinkt. Das ist der Auftakt zu jeder Diskussion.

Plinius und Ammianus Marcellinus sind sich darin einig, daß die Bewohner Galliens unnachahmlich die Kunst beherrschen, die Zahl der berauschenden Getränke erheblich zu erhöhen.

»Wie eine Rose hat sie geblüht…«

Bei einem so ausgeprägten kulinarischen Talent brauchen die wohlbeleibten, doch zugleich muskulösen Gallier natürlich Gefährtinnen, die ihrer an Statur und Haltung würdig sind. Die römischen Geschichtsschreiber und sogar Cäsar selbst haben uns Dokumente von erstaunlicher Ausführlichkeit hinsichtlich der Eleganz der gallischen Frauen hinterlassen. Weder der große Eroberer noch seine tapferen Soldaten haben sich den Reizen von Asterix' Töchtern gegenüber gleichgültig gezeigt.
Darüber hinaus wurden bei archäologischen Ausgrabungen Toilettenartikel, Schmuck, Schriften, vor allem aber Grabstelen gefunden, auf denen galloromanische Frauen aller Altersgruppen dargestellt sind. Diese Gegenstände geben Auskunft über deren alltägliches Leben und ihre Eitelkeit.
Nach keltischem Brauch machen Toilettenartikel einen großen Teil der Mitgift der gallischen Frau aus. Der Ehemann steuert einen entsprechenden Anteil zur Anschaffung dieser Aussteuer bei, auf die er aber, selbst wenn er römischer Bürger ist, keinerlei Anrecht hat.
Mischehen sind in der Provincia Romana, der heutigen Provence, häufig. Da die Kolonisatoren Tag und Nacht von Aufständen bedroht sind, ist es im Sinne eines Lebens in Frieden und Liebe die klügste Lösung, eine Tochter des Landes zu heiraten, am besten die eines Klan- oder Stammesführers. Durch diese Blutsbande wird der Zenturion in die örtliche Gesellschaft eingegliedert. Er hat zwar Gallien erobert, steht jetzt aber im Bann der Gallierin.

Historiker vertreten die Auffassung, daß die gallischen Frauen durch das erwähnte Mitgiftsrecht zur Zeit der »Barbaren« unabhängiger waren als die Französinnen des 20. Jahrhunderts.

Von den Flachreliefs der Nekropolen sind uns die Bildnisse hübscher Frauen mit strahlendem Lächeln bekannt. Viele von ihnen sterben nämlich nach einer schwierigen Geburt schon in jungen Jahren. Ihre aparte Gestalt steht im krassen Gegensatz zu den opulenten Formen der römischen Matronen. Ihre Büste ist von einer »anmutigen und pikanten« Eleganz, schreibt Carcopino.

Diese Frauen, die die Römer so sehr bewundern, sind bezaubernd, gepflegt, mutig und aufopferungsvoll. Sie haben nicht nur im Rahmen der Familie und der örtlichen Gemeinschaft eine vorherrschende Rolle inne, einige von ihnen sind auch Priesterinnen, »Wächterinnen der mythischen Identität dieses Volkes«.

Nachdem die Besatzer die Aufstände niedergeschlagen haben, besonders nach der Niederlage der Gallier bei Alesia, folgen viele gallische Frauen ihren Männern in die römischen Gefängnisse. Dort verlangen sie, in der Hoffnung, die ihren Männern auferlegten Leiden zu lindern, dieselbe Strafe. Die meisten lehnen zur Verwunderung ihrer Henker nach der Hinrichtung ihrer Ehemänner eine Begnadigung ab und begehen Selbstmord.

Erinnern wir uns an die Geschichte der Frau des Paetus, eines der gallischen Führer, der in der Schlacht bei Alesia gefangengenommen wurde. Kaiser Claudius verurteilt ihn wegen seines Widerstands zum Selbstmord. Sie bittet darum, in Würde mit ihrem Mann sterben zu dürfen. Vor den Augen der verblüfften Sieger ersticht sie sich als erste und reicht ihm dann mit diesen letzten Worten, einem wundervollen Beweis von Zärtlichkeit, den Dolch: »Paetus, es schmerzt nicht ...«

Ihr Patriotismus hat die Herren von Rom zutiefst gerührt.

Paradoxerweise sind es die Poeten und Geschichtsschreiber des Gegners, die die Aufopferung dieser Frau verewigt haben. Plinius, Strabon, Marcellinus, Ausonius… führen sie häufig als Beispiel für die Römerinnen an.
Die Gemahlin des Kaisers Vespasian ist von diesem menschlichen Drama so gerührt, daß sie mehrmahls um Gnade für die Aufständischen bittet. Doch vergeblich, denn die Bedrohung durch eine Erhebung ist ständig präsent. Ein so unbezähmbares Volk ist nur durch den Tod zu unterwerfen…
Gallien ist gefallen, es lebe die galloromanische Zivilisation!
Keiner der Zenturionen vermag im übrigen der Verführungskraft der gallischen Frauen zu widerstehen. So beginnt eine neue Ära, in der sich die transalpinen Legionen in aller Ruhe einrichten. Sie werden Galloromanen, die, ohne ihre Herkunft zu verleugnen, sehr schnell die Bräuche des besiegten Volkes annehmen. Kurz, es sind angepaßte »Gallier«, und das kaum fünfzig Jahre nach der blutigen Schlacht von Alesia.
Nach den unzähligen lateinischen Inschriften auf den Grabstelen zu urteilen, müssen die römischen Ehemänner ihre gallischen Frauen leidenschaftlich geliebt haben. In endlosen Elogen besingen sie die Schönheit und Ergebenheit dieser zarten Wesen.
»Leicht wie ein zarter Duft«, »Wie eine Rose hat sie geblüht…« *(Rosa simul floruit…)*, »Oh glücklicher Ehemann, der solchen Schmerz nie erlebt hat!« Diese und ähnliche Lobgesänge sowie ewiges Bedauern werden für immer die Archäologen der Nachwelt rühren.

Körperpflege mit Ziegentalg

Um der Haut bezaubernde Frische zu verleihen und ihre Struktur zu verfeinern, wurde Ziegentalg verwendet. Welche Überraschung für die heutige Kosmetikindustrie, der es an neuen Ideen mangelt. Die Gallierinnen haben sich wahrscheinlich gehütet, den römischen Frauen, ihren Rivalinnen, dieses Geheimnis zu enthüllen.

Den reichen Damen stand sicherlich ein eigenes Badezimmer für die tägliche Toilette zur Verfügung, doch auch für die Armen gab es zahlreiche öffentliche Bäder, lauwarme Duschen und Schwitzbäder. Die Schönheitspflege beanspruchte täglich mehrere Stunden. Das keltische Wort *sapo* bezeichnet eine Masse, die zur Körperreinigung hergestellt wurde. Daraus wurde später im Deutschen »Seife«, im Französischen »savon«, im Englischen »soap«.

Der Historiker Plinius der Ältere, der ganz Gallien bereist und die Sitten und Bräuche beschreibt, ist der Ansicht, daß seinen Zeitgenossinnen diese zur Körperpflege so geeignete Substanz bekannt sein sollte und empfiehlt den Römerinnen ihren Gebrauch. »Es handelt sich«, so erklärt er, »um ein aus Ziegentalg und Buchenasche hergestelltes Mittel, das die Gallier erfunden haben.«

Die einfachen Leute benutzen natürliches Soda. Die Zusammensetzung der antiken Seife scheint sich während der nächsten Generationen nicht verändert zu haben. Bis zum Zeitalter Ludwigs XIV. und sogar noch darüber hinaus wird sie aus Schafstalg und Soda hergestellt.

Es gibt auch eine Vielzahl von Salben, die den Körper verschönern und kräftigen sollen. In der keltischen Tradition heißt es, daß Dian Cecht, der Gott der Heilkunde, deren Zusammensetzung den Druiden und Barden eingegeben habe. Diese praktizieren ihre Kunst in der Nähe heiliger Quellen, deren Gottheiten vielen unserer Thermalbäder ihren Namen gegeben haben. So haben etwa die Heilorte

Bourbonne und Bourbon-Lancy den ihren Borvo, dem Gott der Wasserfälle, zu verdanken.

Auf einigen gut erhaltenen Flachreliefs erkennt man genau die verschiedenen Utensilien, die von den Frauen zur Toilette benutzt wurden: Krüge, Schüsseln, Schminktöpfe, Parfumflakons, Kämme, Nadeln, Spiegel ... All diese Funde sind heute in Museen ausgestellt, wo man auch feingearbeitete Broschen und Schmuckstücke aller Art bewundern kann. Diese Gegenstände vermitteln uns eine recht genaue Vorstellung von der Statur der Gallierinnen.

Die in Marmor und Sandstein verewigten Porträts zeigen Frauen von schlankem Wuchs mit griechisch anmutendem Profil. Sie betonen die Schönheit ihrer Büste und ihrer zierlichen Gestalt. Aus den überlieferten Texten geht hervor, daß die Frauen zunächst vorsichtig die Brust mit einem Schwamm wuschen und diese sodann von einer Dienerin mit einem Krug Wasser abgespült wurde. Eine andere Darstellung zeigt eine halbnackte, sitzende Dame. Dienerinnen trocknen sie ab, kämmen und parfümieren sie, während sie in einem gewölbten Standspiegel ihre Büste bewundert.

Auf einem Flachrelief im Museum von Arles sieht man, wie eine Dienerin den Oberkörper ihrer Herrin mit einer Korsage aus Bändern umwickelt *(fascia pectoralis)*, die die Taille schlanker wirken läßt und die Reize der Brust betont. Der Hals ist mit Perlen geschmückt, die Oberarme häufig mit Armreifen. Die Inschrift zeugt von weiblicher Koketterie: »Vergiß mich nicht, ich liebe dich!« ... Eine kleine Erinnerung für den Ehemann, der nach Rom zurückkehrt, wo er vielleicht andere Abenteuer haben könnte?

Verschiedene Stelen zeigen Frauen, die in eine lange Stola gehüllt sind, die nur teilweise die Brust bedeckt und in der Taille leicht von einem Gürtel zusammengehalten wird. Im Ausschnitt blitzt verführerisch ein durchsichtiges Hemd hervor. Das lange Haar der Gallierin, das sie offen oder zu

Zöpfen geflochten trägt, ist oft mit Gold- oder Bronzeringen und Glasperlen geschmückt. Sie färbt sich die Augenbrauen schwarz und betont Wangen und Lippen, indem sie sie mit Holunderbeeren einreibt. Die ältesten gallischen Statuen stammen vom Anfang des zweiten Jahrtausends und sind diesen jüngeren sehr ähnlich.

Offensichtlich rühmen die Künstler, sowohl vor als auch nach der Herrschaft der »Pax Romana«, begeistert die schlanke, fließende Silhouette ihrer Frauen. Die Haltung, in der sie sie darstellen, sucht – bis hin zu den Grabstelen – Anmut und Reiz des Körpers auszudrücken. Dabei haben die Gallierinnen kein leichtes Leben. Die Frauen aus dem Volk verbringen ihren Tag zumeist mit Kochen, Konservieren von Lebensmitteln, Spinnen und Weben. Als hingebungsvolle Mütter kümmern sie sich selbst, manchmal mit Hilfe eines Hauslehrers, um die Erziehung ihrer Kinder. Töchter und Söhne werden nach den gleichen Maßstäben erzogen.

Nach der Stammestradition haben die Gallier, sofern sie über Landbesitz verfügen, sich nicht nur um Mütter und Gemahlinnen zu kümmern, sondern auch um jene Frauen, die sich ganz dem Kampf widmen. Einige von diesen sind wahre Expertinnen auf dem Gebiet der Kriegskunst. Sie üben mit den Jugendlichen, machen sie mit den Waffen vertraut, lehren sie List und Taktik. Hat nicht Cuchulain, der legendäre Held der Kelten, bei einer Priesterin eine umfassende Unterweisung erhalten, die ihn befähigte, den Stier des heiligen Waldes zu zähmen?

Brigit, die Göttin des Krieges und der Liebe, als schöne Frau mit anmutigem Körper dargestellt, wird sowohl von den Galliern als auch von den Zenturionen verehrt. Da die römische Kavallerie sie zu ihrer Schutzherrin macht, nimmt die Statue, die sie zu Pferde zeigt, einen bedeutenden Platz im Pantheon in Rom ein. Ihre Macht und Schönheit fasziniert jahrhundertelang die Galloromanen, und selbst nach dem Übertritt zum Christentum wird sie noch verehrt, so daß die

Kirche sie später schließlich zur Heiligen Brigitte kanonisieren mußte.
Andere Gallierinnen haben hohe Priesterämter inne. Es handelt sich um Druidinnen, die Wissen, Gesetz und Medizin kennen. Der galloromanische Poet Ausonius (4. Jh.) versichert uns, daß eine seiner Verwandten die Kriegskunst »wie ein Mann« beherrsche. Der Geschichtsschreiber Polybios berichtet von einer gallischen Prinzessin namens Chiomara, die von den Römern gefangengenommen wird. Der Zenturio, der ihr Gewalt angetan hat, verlangt von ihrem Ehemann vierzig Pfund in Silber für ihre Freilassung. Als seine Soldaten das geforderte Lösegeld bringen, nutzt sie einen Moment der Unaufmerksamkeit, um dem Feind den Kopf abzuschlagen und diesen ihrem Ehemann zu bringen. »Warum hast du ihn getötet, wo doch in dem Vertrag nur deine Freiheit gefordert war?« wundert sich dieser. Die Prinzessin gibt ihm folgende Antwort: »Jetzt können sich nicht mehr zwei lebende Männer rühmen, mich besessen zu haben.«
Die um das Jahr 230 (?) in Bronze gegossene Statue einer nackten Tänzerin, die in der archäologischen Ausgrabungsstätte von Neuvy-en-Sullias in Departement Loiret gefunden wurde, vermittelt uns eine Vorstellung von der ästhetischen Konzeption, die der Darstellung von Weiblichkeit zugrunde lag. Ihre feinen Schenkel sind verschlungen und befinden sich in vollständiger Harmonie mit den geöffneten Armen. Diese dynamische Haltung vermittelt den Eindruck, als wiege sie sich im Tanz.
Das ist der Typ der hochgewachsenen Frau mit kleinen Brüsten und hoher Taille, den die Gallier so sehr lieben – oder zumindest der Kanon weiblicher Schönheit, den sie idealisieren. Das erklärt die Tatsache, daß die Stelen oft zeigen, wie mit Hilfe einer Dienerin die Wickelkorsage angelegt wird. Denn dieses Kleidungsstück dient schließlich dazu, die Taille schmaler wirken zu lassen. Doch darüber

hinaus gibt es, wie wir bereits gesehen haben, zahlreiche Mittel zur inneren und äußeren Anwendung, die eine anmutige, schlanke Linie unterstützen sollen.
Man kann sich kaum vorstellen, wie diese schlanken und koketten Wesen sich auf dem Schlachtfeld als so gewalttätig erweisen können. Doch bei Cäsars Legionen sind sie besonders gefürchtet. Denn oft sind es diese schönen, wilden Kriegerinnen, die als erste die feindlichen Linien angreifen.

Salben aus Mistelblättern

Unter den Schönheitsmitteln, die für ihre schlankmachende Wirkung bekannt sind, sind die Mistelblätter von einer fast magischen Aura umgeben, denn dieser Pflanze werden gleichermaßen rituelle, medizinische und kosmetische Qualitäten zugeschrieben.
Für die Druiden ist es eine »Pflanze, die alle Krankheiten heilt«. In ihrem mythischen Glauben symbolisiert die Mistel Unsterblichkeit, da sie grün bleibt und weiterlebt, wenn die Bäume, die sie umrankt, abzusterben scheinen. Gepflückt wird sie nur zur Wintersonnenwende, in der längsten Nacht des Jahres. Nach einer Zeremonie, die mitten im Wald stattfindet, werden mit einer golden Sichel Arme voll Mistelzweige geschnitten. Diese dürfen nicht auf den Boden fallen, also trägt sie der Druide um den Hals. Die Römer wagen sich nie zu diesen Heiligtümern vor, da sie behaupten, daß in diesem Augenblick der Muttergöttin Brigit, die auch Schönheit und Fruchtbarkeit verleiht, Menschenopfer dargebracht werden.
Die Mistel unterliegt, so sagt man, nicht dem normalen Zyklus einer Pflanze, weil sie vom Mond bewohnt wird. Dies verleiht ihr einen eigenen Rhythmus. Sie setzt sich über die Jahreszeiten hinweg, erlaubt sich, in alle möglichen Rich-

tungen zu wachsen, im Dunkeln zu grünen und Blüten und Früchte nach Lust und Laune zu tragen.

Die Mistel gehört, ähnlich wie die Orchideen, die in den Wäldern aller Kontinente zu finden sind, zu der großen Familie der blühenden Halbschmarotzer. In Europa finden wir vor allem die weiße Mistel *(viscum album)*, die die Bäume bedroht. Apfelbaum, Eiche, Ulme, Pappel, Pinie und Tanne gehören zu den Bäumen, die unfreiwillig dem jeweiligen Wirt angepaßte Unterarten der Mistel beherbergen.

Die Ärzte des Altertums stützen sich bei der Nutzung der heilkräftigen Eigenschaften dieser Pflanze auf die Lehren der Druiden. Bevorzugt werden die Misteln von Eichen und Ulmen. Galien versichert, daß ihre Blätter die verborgensten Körpersäfte noch wirksamer aktivieren. Eigenartigerweise ist diese Art von Misteln selten, da Eiche und Ulme dank eines Antienzyms, das von den Holzzellen abgesondert wird, um eine Verankerung der Mistel zu verhindern, recht resistent gegen Schmarotzerpflanzen sind.

Die Misteln verfügen nicht über Wurzeln im eigentlichen Sinne, sondern klammern sich mit sogenannten »Rindenwurzeln« an ihrem Wirt fest, durch die sie ihm Wasser und Mineralsalze entziehen. Wie streng der Winter auch gewesen sein mag, Anfang März öffnen sich die weiblichen und männlichen Blüten mit ihren vier gelben Blütenblättern.

Die Blüte tritt jedoch nur alle vier oder fünf Jahre ein. Von dem Nektar angezogen, nehmen die Bienen die Bestäubung vor. Gegen Ende des Jahres entstehen dann weiße Beeren. Sie enthalten eine dickflüssige Substanz, die bei Vögeln äußerst beliebt ist. Die Beeren sind für den Menschen wesentlich weniger giftig als Blätter und Stiele. Ist der Samen auf einen anderen Baum übertragen worden, so benötigt er ein Jahr, um sich dort richtig festzusetzen und ein weiteres Jahr, um zu wachsen.

Trotz des Mangels an Licht ist das Chlorophyll- und Enzymsystem aktiv. Traditionell werden dieser Pflanze interessante Eigenschaften, die gegen Hypertonie und Arteriosklerose wirken, zugesprochen. Die Mistel sondert außerdem eine Substanz ab, die seit über einem Jahrhundert gegen Krebs eingesetzt wird und sich bei Tieren als äußerst wirksam erwiesen hat.

Die Druiden wußten auch um die Gefahren einer Überdosierung. Die Anwendung dieser Droge ist mit einem komplizierten Ritual verbunden, das wahrscheinlich helfen soll, Mißbrauch zu vermeiden. In kosmetischer Hinsicht wirken Balsam und Umschläge aus fermentierten Mistelblättern gegen Zellulitis. Damals, wie im übrigen auch heute, gilt dieses Mittel, das in früheren Zeiten häufige Anwendung fand, als das einzig wirksame.

Vom christlichen Mahl zum Fasten

Gott unter den Armen

Die frohe Botschaft verbreitet sich im Fluge, gelangt mit den Schiffen und ihren Waren von Hafen zu Hafen, in alle Städte, auf alle Märkte. An den Anlegeplätzen berichten Reisende, wie sie das besondere Ereignis erlebt haben und tragen zu seiner Verbreitung bei. In jedem Hafen, in dem die Schiffe vor Anker gehen, die Ladung verkauft wird und neue Güter an Bord kommen, mischen sich diese Boten des Glaubens, häufig in Gestalt von kleinen Fisch-, Teppich- und Gewürzhändlern, unter die Armen.

Die Mitglieder ihrer Gemeinschaft treffen sich in größter Heimlichkeit. Weit weg vom Prunk und von der goldenen Pracht des Kapitols ist der Gott in Lumpen zu den einfachen Menschen in die Elendsquartiere gekommen. So wirken die unermüdlichen Schüler Christi im Verborgenen. Ihren Zeitgenossen sind sie einerseits so vertraut, scheinen ihnen aber andererseits doch so fremd zu sein, daß diese sie mal für freundlich und dann wieder für verdächtig halten.

Die christliche Mission besteht zunächst darin, Verbindungen zur alten, bekannten Welt herzustellen, doch gleichzeitig auch den Bruch im Namen einer neuen Ära zu bewirken. Daher dieser ständige Gegensatz von Sympathie und Ablehnung, von Reichtum und Verzicht, von Liebe und Einsamkeit.

Damit ist bei den Bekehrten die Zeit der Freßgelage und großer Festlichkeiten vorbei, selbst bei den reichen Patriziern. Der Alltag wird von nun an von Riten, von Andachten und dem Beistand für die Gemeinschaft bestimmt. Der Glaube erhellt und verklärt das Dasein, reinigt die Seele und den Körper – wie das Licht, von dem Petrus in seinem Brief spricht: »... denn es ist ein Licht, das an einem finsteren Ort scheint, bis der Tag anbricht und der Morgenstern aufgeht in eurem Herzen ... » (II 1, 19).

Dabei verspricht das Christentum unter den unzähligen Kulten und Sekten, die aus dem Orient herüberschwappen, weder eine neue Ordnung, ja ist noch nicht einmal eine neue Religion. Aber das, was es offenbart, ist einzigartig und faszinierend, denn kein Gott des Olymp hat jemals mit so viel Liebe gesprochen. Und niemand hat je zuvor eine solche Botschaft vernommen: »Diese Gnade der Menschlichkeit, um andere Menschen zu lieben, ihnen zu Hilfe zu kommen, sich für sie einzusetzen.«

Somit erlangt die Nächstenliebe eine unwiderstehliche, geradezu subversive Kraft. Und genau das ist es, was die Heiden verstört, ob sie nun Kaiser oder Sklaven sind. Sie alle geben zu, daß sie zum erstenmal Menschen begegnen, die einträchtig – einander helfend und miteinander teilend – in echter Brüderlichkeit zusammenleben.

Eine Umwälzung, die die wirtschaftlichen Bedingungen einer Gesellschaft widerspiegelt, in der die Ungleichheiten untragbar werden. Am stärksten vom Elend betroffen sind die Kranken, die Gebrechlichen, die Bedürftigen, die Alten, die Waisen und Witwen der Märtyrer, und vor allem die Sklaven und die Schiffbrüchigen, denen man häufig in den Häfen begegnet. Sie bilden das Gros der Mitglieder der ersten christlichen Gemeinschaften. Dadurch, daß sie diesen Menschen zu Hilfe kommt, erhält die neue Religion einen Sinn, übernimmt sie konkrete Verantwortung. »Was nützte es, wenn man ihnen Frieden wünscht, ohne ihnen ein Obdach, Nahrung und Kleidung zu geben!«, ruft der Apostel Jakobus.

Dies ist Ausdruck eines tiefgehenden geistigen Wandels, der natürlich nicht ohne Auswirkungen auf die Lebensweise und das Denken, und eben auch auf die Vorstellung von körperlicher Schönheit bleibt. Von nun an zählt nur noch das Seelenheil. Ins Himmelreich gelangt man, weil man es ver-

dient, wohingegen der Körper – der wertlos geworden ist, ja sogar verachtet wird – unerbittlich seinem Schicksal entgegengeht und wieder zu Staub zerfällt.
Die auf diese Art verstandene Opfergabe wird zum Mörtel, der »die lebenden Steine« zusammenhält. Durch das Teilen sind Reiche und Arme, Herren und Sklaven gleichermaßen zu Schuldnern, zu »Bettlern an Gottes Pforte« geworden, die durch die Eucharistie bedacht und gesättigt werden.

Vom Fasten gezeichnet

»Das ganze Leben des Christenmenschen ist ein einziger Festtag«, verkündet Klemens von Alexandria und meint dies im spirituellen Sinn. Ihm zufolge gehorcht das Leben einem durch den Glauben bestimmten Rhythmus, der es lenkt, ihm den Weg weist. Der neue Mensch hat die Gnade des lebenden Gottes empfangen. Diese gibt der Zeit ihre Fülle und ihren Sinn, das heißt ihre Finalität und ihre Polarität.
Morgens vor dem Frühstück betet der Christ und singt Psalmen. Dieser Ritus erinnert an jenen der Muslime von heute. Der Betende wendet sich nach Osten, hebt mit geöffneten Handflächen die Arme und berührt zum Abschluß mit der Stirn den Boden.
Die erste Mahlzeit des Tages besteht aus Brot, das man in etwas mit Wasser vermischten Wein tunkt. Doch an den beiden obligatorischen Fastentagen (Mittwoch und Freitag) entfällt dieses Frühstück.
Das Mittagessen ist genauso frugal. Meistens wird kalt gegessen. Sehr fromme Christen lassen an den Fastentagen auch diese Mahlzeit aus und stärken sich nur am Abend. Im Grunde genommen ist das Abendessen die einzige nahrhafte Mahlzeit des Tages. Auf gut erhaltenen Mosaiken können wir genauestens erkennen, woraus sie bestand: Fisch, Brot, Eier, Gemüse und Obst.

Die Nahrung wird auf einfache Art zubereitet. Es gehört sich, Luxus zu vermeiden, sogar beim Geschirr. Hat Jesus Christus nicht aus einem einfachen Krug getrunken, den ihm der Samariter reichte?
Selbst in Rom hält man nicht mehr viel von den früheren Ausschweifungen, ja verurteilt sie sogar. Die goldene Tischregel der Christen fordert Mäßigung, Zurückhaltung und Anstand. Man wagt es nicht einmal, Heiden zu einem gemeinsamen Essen einzuladen. Da das Familienoberhaupt das Brot segnen und brechen muß, bevor es an seine Frau und die Kinder weitergereicht wird, ist es undenkbar, daß ein Heide ebenfalls von dieser geweihten Speise ißt.
Die Geringschätzung des Körpers führt so weit, daß jede Leibesertüchtigung als unschicklich angesehen wird. Der Kult um den Körper und um die moralisch verwerfliche Nacktheit werden verabscheut, denn schließlich ist der Leib die Quelle aller Versuchungen. Tertullian, der erste lateinische Kirchenschriftsteller, verurteilt unmißverständlich die übertriebene Pflege des Körpers, die Massagen und Einreibungen, den häufigen Besuch der Thermen und vor allem den »der *palaistra*, wo der Teufel sein Unwesen treibt«.
Trotz alledem gibt es »falsche« Christen. Was soll man von diesen Heuchlern denken, die morgens christliche Lieder singen und am Abend in den Tavernen in diesen obszönen Vers einstimmen:

Laßt uns essen und trinken!
Morgen schon können wir tot sein!
(Klemensbriefe)

Überflüssig zu erwähnen, daß die überhitzte Atmosphäre an diesen Orten der Ausschweifung jene, die in ihrem Glauben wankelmütig sind, in die Arme »liederlicher Frauenzimmer« treibt, »die wie Spinnen auf sie lauern«. Wie schwer ist es

doch, das Evangelium in einer noch durch und durch heidnischen Welt zu leben!
Ist die Atmosphäre denn entspannter und das Essen reichlicher während der oft erwähnten Agape, dem abendlichen Mahl, zu dem sich die zahlreichen Mitglieder der christlichen Gemeinschaft versammeln? Tertullian weiß uns darüber folgendes zu berichten: »Man darf sich erst dann dem Essen zuwenden, nachdem man ein Gebet zu Gott gesprochen hat. Man ißt nur soviel, wie man Hunger hat. Man trinkt nur soviel, wie es sich für zurückhaltende Leute geziemt. Man ißt wie Menschen, die auch bei Nacht daran denken, daß sie zu Gott beten sollen. Man unterhält sich wie Menschen, die wissen, daß Gott zuhört.«
Die Tafel dieses Mahls ist gewiß bescheiden, es herrscht keine Verschwendungssucht und keine Unordnung. Nichtsdestotrotz fehlt es an nichts, versichert Tertullian, auch nicht an den höflichen Rülpsern der geladenen Gäste, die Ausdruck völliger Zufriedenheit sind. Und »das Essen endet so, wie es begonnen hat: mit einem Gebet«.
Selbst das überwältigende Osterfest, das am Sonntag nach dem ersten Vollmond gefeiert wird, der auf die Tagundnachtgleiche folgt, begeht man feierlich und gedenkt des Glaubens und der inneren Freude. Die Fresken in den Katakomben sowie die Grabinschriften auf den Sarkophagen zeugen davon. Mit diesem Fest endet eine lange Fastenzeit. Die Blässe und Magerkeit, die typisch sind für die am Ende dieser Zeit geschwächten Menschen, beschreibt man mit dem Ausdruck »Antlitz des Fastens«.
»Ihr werdet euch versammeln und nicht schlafen«, beharrt Eusebios, im 3. Jahrhundert Bischof von Caesarea, »ihr werdet die ganze Nacht im Gebet und in Tränen wachen ..., bis zur dritten Stunde der Nacht, die auf den Samstag folgt. Dann beendet ihr das Fasten, bringt das Opfer dar. Ihr werdet essen und voller Freude und Jubel sein, weil Christus, Garant unserer Wiederauferstehung, auferstanden ist!«

Ständig durch die Machthabenden bedroht, schöpfen diese ersten Christen aus ihrem Glauben den Wert der Ewigkeit. Bangen und Hoffnung helfen ihnen, unterstützt durch Gebete, die Vergänglichkeit des Seins besser zu ertragen, in »der dunklen Erwartung des Beispiellosen«. Als sie die Botschaft des Sohnes Gottes vernehmen, sind sie der festen Überzeugung, daß »allein die Liebe das Stärkste ist«. Diese glühende Versenkung beherrscht von nun an das Schönheitsideal: eine absolute, offensichtliche, strahlende Ästhetik, die unabhängig von der Körperlichkeit des Menschen zu sehen ist.

Jene Frauen, die die Kirche begründeten

In den Anfängen des Christentums haben Frauen aus allen sozialen Schichten eine entscheidende Rolle bei der Verbreitung der neuen Religion gespielt. Kann man diese Begeisterung, ja diesen bis zur Selbstlosigkeit gehenden Eifer, den das Christentum auf sie ausübte, erklären?

Die Gründe hierfür sind ebenso zahlreich wie tiefgehend. Zum ersten Mal wagt es eine religiöse Lehre, die Gleichheit von Mann und Frau zu postulieren. Darüber hinaus verdammt das Christentum Polygamie und Ausschweifungen, erhebt die Ehe zu einem Sakrament, achtet die Treue und bekräftigt die Unauflösbarkeit des ehelichen Bundes. Auf diese Weise gesteht sie den Frauen, über die neugewonnene Würde hinaus, ein Recht zu, das sie in der antiken Gesellschaft nicht haben.

Ganz offensichtlich läßt die befreiende Botschaft die Frauen nicht gleichgültig. Egal, ob diese nun desillusioniert sind oder ob die hehren Forderungen es ihnen angetan haben, das Evangelium beinhaltet für sie etwas Reines, birgt ein feministisches Ideal. Es enthält etwas Unerwartetes, das keine Frau jemals zuvor vernommen hat und das ihren tiefsten Sehnsüchten entspricht. Die Frauen sind sich bewußt, daß die Frohe Botschaft sie adelt und respektiert. Und das in einer heidnischen Gesellschaft, in der sie viel Hohn und Spott ertragen müssen. So ist es nicht weiter verwunderlich, daß sie sich engagieren und einsetzen, trotz der damit verbundenen Gefahr.

Dem Ruf des Evangeliums folgen Patrizierinnen ebenso wie Plebejerinnen, Sklavinnen ebenso wie reiche Matronen, junge Frauen ebenso wie Prostituierte, die ihrem alten Leben den Rücken gekehrt haben, und unterstützen von ganzem Herzen und mit ihrem Vermögen diese Sekte, die noch im Verborgenen agiert. Das Martyrium der schmächtigen Blandine, die in den Arenen von Lyon, der Hauptstadt Galliens, beim Anblick der ausgehungerten Raubtiere geistliche Lieder anstimmt, erregt sicher mehr Aufsehen als jenes des Petrus.

Selbst die Apokryphen verschiedener Apostel beschreiben die tragende Rolle der Frauen bei der Berufung von Johannes, Paulus und Thomas. Eine erhebende Rehabilitierung Evas, die so vieler Sünden beschuldigt wird.

So sind die Frauen auf allen Ebenen der neuen Gemeinschaft tätig, unterwandern auf diese Weise die bis dahin herrschenden gesellschaftlichen Strukturen, zersetzen sie, beschleunigen ihren Niedergang. Ihre zugleich diffusen wie wirkungsvollen Aktionen erregen überall Aufsehen, und zwar in solchem Maße, daß sich bei den Geistlichen und Patres, die ja aus einer traditionell frauenfeindlichen Gesellschaft stammen und sich wie »Machos« gebärden, der Neid einstellt. Die ersten Theologen reagieren denn auch vehement, erinnern daran, daß »die Versuchung weiblich« sei und »die Frau eine Versuchung« (Tertullian).

Leider hat das Evangelium nicht auf wundersame Weise die Lage der Frauen geändert. Unser eifriger Moralist wird den jungen Frauen schon bald das Tragen des Schleiers vorschreiben, eine Vorschrift, die auch für verheiratete Frauen gilt. Sie müssen den Kopf und das Gesicht in der Öffentlichkeit verhüllen, auch während des Gottesdienstes sollen sie ihre Schönheit verbergen, um nicht das Begehren der Männer zu wecken. Im Namen der Reinheit darf der Körper keine Blicke auf sich ziehen, und die Blicke sollen den Körper meiden.

So unterscheidet man die christliche Frau, die zurückhaltend, würdevoll, fromm und keusch ist, von der heidnischen Frau, die in der Verderbtheit der Fleischeslust lebt. Um junge Witwen, denen Paulus im übrigen die Wiederverheiratung empfiehlt, kümmert sich die Gemeinschaft.

In den Thermen, die Männern wie Frauen offenstehen, sind häufig auch liederliche Frauenzimmer anzutreffen. Deshalb rät man den Christen, diese ehrlosen Orte zu meiden. So wäscht man sich, so gut es eben geht, zu Hause: Es kommt nicht in Frage, die öffentlichen Bäder zu benutzen. Der Körper – Quell der Sünde und der Verderbtheit – verdient es nicht, daß man ihm übermäßige Aufmerksamkeit schenkt. Denn er wurde nach dem Bilde Gottes erschaffen und bedarf keines Schmucks oder anderer Verschönerungsmaßnahmen. Die Wenigen, die dick werden, beanspruchen in der Tat Nahrung für sich, die sie eigentlich mit ihren Brüdern und Schwestern teilen sollten. Ihr äußeres Erscheinungsbild sagt alles, schließt sie aus, verrät ihre falsche Einstellung, erzeugt ein Schuldgefühl. Wird man sich nach der guten alten Zeit zurücksehnen?

Diese strenge Einfachheit gilt offensichtlich für alle Lebensbereiche. Ja, sie greift sogar reglementierend in das Intimleben der Ehepaare ein. Klemens attackiert in seiner Abhandlung über die Moral die Sinnenlust der Ehepaare. Sein Buch »lehrt sie, die geheimnisvollen Riten der Natur nicht während des Tages zu vollziehen und sich auch nicht nach dem Kirchgang oder dem Markt zu paaren; auch nicht bei Tagesanbruch wie die Hähne oder etwa zu den Zeiten des Gebets, der Lektüre oder wenn man nützliche Dinge zu tun hat; am Abend ziemt es sich, sich nach dem Essen und dem Dankgebet zur Ruhe zu begeben.« Daß der Geschlechtsverkehr mit der schwangeren Ehefrau verboten ist, versteht sich von selbst, denn: »Man sät in kein bereits besätes Feld.« Wann gestattet der Moralist aus Alexandria dann überhaupt den Beischlaf? Werden seine Anweisungen buchstabengetreu befolgt? Zweifel daran sind berechtigt. Fest steht jedoch, daß unsere sehr christlichen Vorfahren die dicken Bäuche nach Art der Römer nicht verachten, denn sie verstehen sich darauf, sich mit Gott auszusöhnen. Als Beweis dafür sind die ausschweifenden Hochzeitsgesellschaften und Hochzeitsessen zu werten, über die Apulejus in seinen Texten spottet. Die ersten Gläubigen probieren auf diese Weise am eigenen Leib aus, wie schwer die Tragik des Alltäglichen wiegt.

Sie fühlen, daß das Gewicht der Hoffnung in keiner Weise die irdischen Verantwortlichkeiten leichter macht, aber den Schwerpunkt verlagert, um sie der Hand näherzubringen, die sie lenkt. So gelingt es ihnen, dank ihrer Lebensfreude und ihrer inneren Ruhe, allen nur erdenklichen Herausforderungen zu begegnen. Im Dunkel der Nacht erahnen sie bereits den nahenden Morgen.

Diätetische Lektion zur Zeit der Kathedralen

Essen heißt beten

Gott sei Dank werden die Menschen der Schonkost der ersten Christen, die nur aus Wasser und trocken Brot bestand, allmählich überdrüssig.

Das turbulente Mittelalter ist geprägt vom angeblich unmittelbar bevorstehenden Weltuntergang, und das Paradies auf Erden ist weit davon entfernt, Wirklichkeit zu werden. Statt dessen muß man jederzeit damit rechnen, von der schwarzen Pest und anderen Heimsuchungen getroffen zu werden, ganz abgesehen von den Armeen der Ungläubigen, die vom Grab Christi bis zum legendären Königreich des Priesterkönigs Johannes alles verwüsten. In dieser rauhen Zeit fragen sich die armen Sterblichen, ob es da nicht besser wäre, zwar inbrünstig weiter zu beten, aber dennoch ein wenig die, zugegebenermaßen vergänglichen, irdischen Freuden zu genießen.

Ein cleverer Kompromiß, der es ermöglicht, sich aus der Sackgasse und von der Strenge der Gründerväter zu befreien. Warum soll man im übrigen nicht die großzügigen Gaben, die der Herrgott Seinen Kindern gewährt, annehmen?

So geht denn Kaiser Karl der Große mit gutem Beispiel voran, dicht gefolgt von seinen Vasallen und Geistlichen. Alle schlagen sich munter von früh bis spät den Bauch voll – in der festen Überzeugung, daß nur ein voller Magen auch gut beten kann. So sind in Burgen und Klöstern Festessen und Schlemmereien an der Tagesordnung.

Keine Gelegenheit wird ausgelassen, um sich den Wanst vollzustopfen. Um dieses Tun zu rechtfertigen, sorgt man dafür, daß die Feste sich nahtlos aneinanderreihen. Man feiert Weihnachten, Epiphanias, Ostern, Pfingsten, Christi Himmelfahrt…, aber auch die Sonntage und die Festtage der Heiligen. Darüber hinaus gedenkt man der Patrone der örtlichen Zünfte und, nicht zu vergessen, der Geburtstage bereits verstorbener und noch lebender Könige, Königinnen und Bischöfe. Man zermartert sich das Hirn, um dem Magen genüge zu tun und gelangt auf diese Weise auf stattliche einhundertsechzig Feiertage pro Jahr!

Doch auch die Speisenfolge während der »mageren« Feste – das sind die »fleischlosen Tage« – ist nicht gerade als monoton zu bezeichnen. In den Zeiten, zu denen bestimmte Einschränkungen gelten, vor allem während der vierzig Tage dauernden Fastenzeit vor Ostern, haben unsere armen Vorfahren immerhin ein Recht auf Aal, Seelachs, Scholle, Eier…, und dazu gibt es Gemüsepüree aus Bohnen und Linsen.

Sicher leiden manche darunter, daß sie so lange kein Fleisch essen dürfen. Diese ihnen auferlegte Buße erscheint nichtsdestotrotz akzeptabel, denn schließlich werden sie dafür zum ewigen Bankett geladen. Obendrein kann die schmale Kost nach Belieben durch Käse, Früchte, Kuchen und Bier ergänzt werden.

Vorsicht! Denn fleischlos essen bedeutet nicht zwangsläufig abnehmen. Immer zu einem ordentlichen Festschmaus aufgelegt, sind unsere Vorfahren berühmt dafür, daß sie kräftig zulangen. Gabeln sind damals noch unbekannt, doch mit Fingern und Messer schmeckt's ohnehin besser, vor allem, wenn es um Gänse-, Enten-, Hühnerschlegel oder eine Hammelkeule geht.

Die Auswertung klösterlicher Speisepläne aus dem Mittelalter hat ergeben, daß sich die Tagesmenge Brot auf mehr als vier Pfund und die Fleischration auf zwei Pfund belief. Dazu gab es zweieinhalb Liter Wein, Gemüse und Käse, und bei großen Festen zusätzlich zwei Poularden und fünf Eier pro Person. Vor der Weinlese wird den Mönchen sogar noch

eine zusätzliche Anstrengung abverlangt. Schließlich müssen zuerst die Vorräte des Vorjahres aufgebraucht werden. Das heißt, daß ein Domherr in dieser Zeit täglich auf weit über vier Liter kommt, ein Mönch auf etwas weniger.
Im Durchschnitt verzehrten unsere karolingischen Vorfahren dreimal soviel wie wir heute. Glücklicherweise kannte man damals das Cholesterin noch nicht. Noch dazu war man der Auffassung, daß Trunkenheit jenen inneren Frieden schenkt, der der Kontemplation förderlich ist.
Dank dieser frommen Alchemie für den Magen verwandeln sich das irdische Glück und die jubelnde Freude zu Ritualen, die in Gebeten münden. Durch die Feste wird somit die Spiritualität auf das Beste verkörpert. Sie eint Körper und Geist, Freude und Glauben. Je mehr man ißt, desto mehr muß man auch beten. Je fülliger der Körper ist, desto mehr ist er Ausdruck der Dankbarkeit gegenüber dem Schöpfer für all die guten Dinge dieser Welt.
Liturgische Gottesdienste mit Gebeten und der Feier der heiligen Eucharistie gehen einher mit wahrer Herzensfreude. Infolgedessen ist es nur konsequent, daß die Herrscher die Mönche, für die sie diese Festmahle ausrichten, bitten, zur Jungfrau Maria zu beten, damit diese die Königinnen mit Fruchtbarkeit segnet.

Friede den Satten

Essen zivilisiert die Menschen und macht sie umgänglicher. Dessen sind sich übrigens auch die Könige bewußt. Mit bemerkenswerter Geschicklichkeit nutzen sie diese Strategie, um sich ihre Vasallen über das Gedächtnis des Magens und die Dankbarkeit der Gedärme treu und ergeben zu machen. Ein verwöhnter Magen ist empfindsamer als das Herz. Tafelfreuden fördern den Austausch, erneuern Bündnisse und stärken den Zusammenhalt der Sippe. Auf ihre Weise tragen sie dazu bei, konfliktträchtige Spannungen zu mildern. Gastfreundlichkeit und ein reich gedeckter Tisch sind für den Adel praktisch eine Verpflichtung. Doch die Satten, die Wohlgenährten sind nicht mehr als eine Handvoll.

Die Armen, rund 90% der damaligen Bevölkerung, sind aufgebracht, ja angewidert, wenn sie die Pfarrer, Mönche, Äbte und Prälaten sehen, die sich in diesem Jahrhundert üppig eingerichtet haben, während sie selbst ein wenig erbauliches Leben führen. Was ist aus den früheren christlichen Idealen geworden, als man noch Armut, Einfachheit und Liebe zu den Leuten von niederem Stand predigte?

Sobald ein Winter unerwartet hart ist oder ein Krieg ausbricht – unter den Feudalherren gibt es zahllose Auseinandersetzungen – wird das Volk von Hunger und Elend heimgesucht. Das ganze Frühmittelalter über herrscht zum Beispiel in Frankreich grausame Hungersnot, und der Kampf ums Überleben ist hart.

Zu Beginn des 11. Jahrhunderts bahnt sich ein Umschwung an. Schluß mit den Ausschweifungen: Die Kirchenoberen verlangen ein würdevolleres Benehmen. Der geläuterte Mönch wird, so wollen es die Richtlinien aus Cluny, nun den wahren Sinn des »mönchischen Lebens« kennenlernen. Kontemplation, Fasten, trocken Brot und dünne Suppen werden wieder aktuell.

Nun müssen sich die Prälaten mit einem frugalen Mahl bescheiden. Der heilige Bernhard kritisiert sogar die raffinierte Zubereitung von Eiern in den Klöstern. Er tadelt die Brüder, die ihren ganzen Einfallsreichtum daransetzen, die Eier zu »verändern«, sie flüssig zu sich zu nehmen, hart zu kochen, eindicken zu lassen, zu backen, zu braten, zu füllen, zu verquirlen, zu pfeffern, oder mit verschiedenen Saucen anzurichten ... Ach, wenn diese Mönche mit der gleichen Inbrunst beten würden, die sie bei der Zubereitung eines Omeletts an den Tag legen!

In ihrem Eifer gehen Sitte und Anstand sogar so weit, daß

man den Nonnen den Gebrauch aromatischer Kräuter und von Gewürzen aus dem Orient untersagt, aus Furcht, diese teuflischen Mittel könnten die Gebärmutter anregen. Angeblich wirken sie appetitanregend und sollen auf diese Weise den Körper rundlicher und somit in den Augen der Männer verführerischer machen. Daher sind schlußendlich die einzig erlaubten Würzmittel Essig und der Saft unreifer Trauben.

So geläutert, kann sich die Seele von der Außenwelt abwenden. In der Verinnerlichung erlangt sie die höchste Freiheit, die es ihr ermöglicht, ihre leeren irdischen Wünsche, ihren unstillbaren Appetit, ihre Illusionen zu überwinden.

Ein Jahrhundert später befreit der heilige Franz von Assisi den Körper der Kirche von weiterem unansehnlichen Fett. Die Diät wird strenger, fast asketisch. Sie soll die Seele öffnen für das Elend der Armen, der Leprakranken, der von der Gesellschaft Ausgestoßenen. Im Laufe der Zeit wird der Franziskanerorden immer größer und schließlich das Opfer seines eigenen Erfolgs. Wie in allen anderen Orden auch, fängt man – vom Luxus verdorben – damit an, sich zu bereichern.

Doch so einfach lassen sich die Erleuchteten nicht abweisen und verpflichten die Mönche und Nonnen in regelmäßigen Abständen dazu, abzuspecken. Sobald sich jedoch der Eifer der Reformatoren ein wenig gelegt hat, kehren die Mönche zu ihren üblichen Schlemmereien zurück.

Die Lateransynode von 1059 beschuldigt sogar den Klerus von Reims, die Texte des Konzils von Aix im Jahre 817 gefälscht zu haben, um die Gefräßigkeit der ortsansässigen Mönche und Nonnen zu legalisieren!

»Nach Lektüre dieses Kapitels, demzufolge jede Person täglich vier Pfund Brot und drei Liter Wein erhält, rief das Heilige Konzil aus, daß diese Entscheidung hätte zurückgezogen werden müssen, denn sie mahnt nicht zu christlicher Mäßigung, sondern zeugt von dem schändlichen Gebaren

der Zyklopen ... Darüber hinaus behaupteten einige, daß dieses Kapitel von den Geistlichen aus Reims unberechtigterweise eingefügt wurde ...«
Unsere braven, zu Unrecht beschuldigten Geistlichen werden mit Sicherheit vehement protestiert haben. Wenn man denn überhaupt von Betrügerei sprechen könne, so läge sie immerhin schon zweihundert Jahre zurück. Wie wollte man das nachweisen?
Das Volk stellt sich jedoch unvermeidlich die Frage: Wenn Christus so arm war, daß er sich keine Herberge in Jerusalem leisten konnte, wie kommt es dann, daß die Bischöfe so dick und so wohlbegütert sind?
Während der Klerus sich über seine wenig verlockende Diät beklagt, tun sich die Feudalherren dagegen an Federvieh gütlich: Fasane, Auerhähne, Störche, Reiher und Kraniche werden aufgetischt, aber auch Murmeltier und Dachs sind, kräftig gewürzt, auf der Speisekarte zu finden. Man mischt fröhlich Zimt, Pfeffer, Ingwer, Nelken und Muskat.
Man darf nun nicht glauben, daß die Menschen des Mittelalters einen besonders strapazierfähigen Magen haben. Zu ihrem Glück dauert es Monate, wenn nicht Jahre, bis die Gewürze aus »Indien« ihr Ziel erreichen. Und unterwegs haben sie bereits viel von ihrer womöglich unverträglichen Wirkung eingebüßt. Bald findet sich auf dem Speiseplan eine bemerkenswerte Neuheit: die berühmten Nudeln, deren Rezept Marco Polo aus dem fernen Kathei mitgebracht hat.
An der Wende vom 13. zum 14. Jahrhundert haben Kochbücher von großen Küchenmeistern, die an den Töpfen gekrönter Häupter am Werke sind, Hochkonjunktur. Auf ihre Weise tragen diese dazu bei, den Ruhm ihrer Herren – seien es nun weltliche oder kirchliche – zu mehren.
Das berühmteste dieser kulinarischen Werke ist zweifellos das *Viandier* von Taillevent alias Guillaume Tirel. Dieser begnadete Koch Karls V., der dessen Hofstaat und ihn dick

und rund gekocht hat, ist selbst ein Opfer seines Berufs. »Er war von kleinem Wuchs«, schildert ihn uns Paul Lacroix, »und Bauch, Rücken und Extremitäten waren so dick, daß es aus der Ferne aussah, als rolle er anstatt zu laufen; sein riesiger Kopf, den eine schwarze, an den Rändern hochgekrempelte Mütze zierte, erinnerte an einen Kochtopf mit Deckel...« Der »Küchenchef« der französischen Könige ist nicht irgendwer. Der unsterblich gewordene Erfinder unzähliger Suppen, Saucen, Pürees und Ragouts wird in den Adelsstand erhoben. Er bekommt ein Wappen: »drei Kochtöpfe, die von sechs Rosen umkränzt« sind.

Unter dem Einfluß dieser »Musen der Küche« erscheinen überall in Europa neue Bücher zum Thema. Maître Robert zufolge – Leibkoch von König Ferdinand von Neapel und Autor des Buches *Libre del coch* (Das Buch der Küche) – ist das Ziel solcher Nachschlagewerke für die Dienerschaft, die Qualität der königlichen Tafelfreuden zu verbessern. Damit die Tätigkeiten der zahlreichen Diener bei Hofe aufeinander abgestimmt sind, müssen sowohl der Lieferant, der sich um die Einkäufe kümmert, der Truchseß, der das Fleisch aufschneidet, als auch die Köche ihre jeweilige Aufgabe ernst nehmen.

Bald verlassen diese Schriften die Küchen, in denen sie entstanden sind, und erscheinen als luxuriöse Rezeptbücher, die zugleich kulinarische, diätetische, medizinische, alchimistische und astrologische Rezepte enthalten, ja sogar Gebete für die eine oder andere Gelegenheit.

Für die Fastentage freilich gelten strenge Regeln, was den Verzehr tierischer Produkte, von Speck, Schweineschmalz, Butter und Fleisch betrifft, die je nach Jahreszeit und Region verboten sind. Wider Erwarten führen diese Einschränkungen zu einer zweiten Kategorie der Kochkunst – der Fastenkost –, die die Küche der »fetten« Tage ersetzen soll, ohne dabei an Glanz zu verlieren. Diese Küche ersetzt also die Hühnersülze durch die magere Fischsülze, die Fleisch-

pasteten durch Käsepasteten und den zweiten Gang, der normalerweise aus Kalbfleisch besteht, durch ein Gericht mit Stör.
Im allgemeinen wird in all diesen Kochbüchern jedoch nicht an den drei Hauptzubereitungsarten gerüttelt, die die drei Säulen eines mittelalterlichen Mahls bilden: Suppen und dazu feste Nahrung, als zweiten Gang Gebratenes mit einem Speckmantel und zum Abschluß eine Zusammenstellung aus verschiedenen, gehaltvollen Süßspeisen.
Im darauffolgenden Jahrhundert wird Agnès Sorel, die *Dame de la beauté*, das Erbe des königlichen Kochs antreten. Sie wird es auf ihre Art verfeinern, indem sie »gehackte Trüffel« und die »rote Zunge« kreiert. Sicherlich bediente auch sie sich schon jenes universellen Rezepts, das drei Jahrhunderte später Madame Poisson ihrer Tochter Jeanne, der nachmaligen Marquise de Pompadour, einschärfen sollte: »Der Ar... und der Mund, das genügt, um einen Mann zu halten.«
Die armen Teufel und die Bauern auf dem Land begnügen sich mit einer Weizen- oder Hafersuppe. Rüben, Kastanien, Eicheln, Brennesseln, Löwenzahn, Linsen und Heringe gehören ebenfalls zu den alltäglichen Nahrungsmitteln. Mit viel Glück gibt es zur Abwechslung mal ein unter großen Gefahren gewildertes Kaninchen, denn das Wild ist natürlich den Feudalherren vorbehalten. Diese Art Vergehen wird mit Folter bestraft!

Von der Klarheit der Linie und dem reinen Lächeln

Ein außerordentlich reiches künstlerisches Erbe gibt uns Auskunft über das Schönheitsideal zur Zeit des Feudalismus. Die Flachreliefs und Statuen an und in den Kathedralen von Lyon, Reims, Laon, Amiens, Chartres, Autun und vielen anderen liefern uns genügend Material, um den Geschmack, die Eleganz, die Mode dieser Epoche nachzuvollziehen.

Die Kleider betonen mit ihrem Faltenwurf die Silhouette des weiblichen Körpers, der – ebenso wie Gesten und Lächeln – einen unaufdringlichen Charme ausstrahlt. Und in der Tat nimmt zu dieser Zeit die Körpersprache einen ganz wichtigen Platz in der Kommunikation ein. Die Bewegungen, die Haltung der Hände, der Ausdruck des Gesichts, die Kleidung, der Schmuck: all diese Dinge haben symbolischen Charakter und übermitteln bestimmte Informationen. So ist es dem Gesprächspartner möglich, aus der Entfernung und auf einen Blick, den Sinn der Botschaft zu entschlüsseln.

Die Künstler meiden im Mittelalter die starre Art der Darstellung, wie sie in der Antike üblich war, und versuchen nun vielmehr, die »Bewegung, die den Körper ausmacht«, hervorzuheben. Sie unterstreichen die Reize durch fließende Linien. Ihr Schönheitsideal ist eine getreue Abbildung jener holden Weiblichkeit, die so oft von den okzitanischen Troubadouren besungen wurde.

Noch heute kann man diese Frauengestalten bei der Arbeit bewundern, wenn man sich die Statuen außen an der Kathedrale von Chartres oder Amiens besieht. Elegant führen sie den Weberkamm oder stehen anmutig am Färberbottich, um Wolle oder Leinen zu verarbeiten. Andere wiederum symbolisieren die verschiedenen Jahreszeiten oder stellen Szenen des täglichen Lebens dar. Man dringt in ihre Privatsphäre ein, überrascht sie, wenn sie sich am Kamin wärmen, Wolle spinnen, das Feld pflügen, säen, das Schwein schlachten, den Weinberg bestellen … Sie stehen für das tätige Leben im Gegensatz zum kontemplativen.

Doch man findet natürlich auch das Gegenteil dieser ernsthaften Darstellungen. Wie kann man der nackten, anmutigen, in ihrer beinahe katzenhaften Geschmeidigkeit beunruhigenden Eva von Autun widerstehen, die sich wie eine Schlange durch das Geäst windet? Unvermutet taucht sie auf, offenbart ihre Sinnenlust und bietet sich der Begierde

dar. Sie blendet uns, zieht uns in ihren Bann. Faszinierende und zeitlose Weiblichkeit! Diese schöne und zugleich erschreckende Vision wird die Vorstellungskraft des mittelalterlichen Abendlandes nicht mehr loslassen.
Dennoch, trotz der täglich wiederholten Verbote kennt das Volk im Mittelalter auch ein intensives erotisches Leben, das sich direkt vor den Augen der Unglückspropheten abspielt; an dem diese im übrigen nicht selten teilhaben. Das bezeugen noch heute die zahlreichen anstößigen Darstellungen, die man in ganz Europa an Kapitellen und Giebeln, auf Friesen von Kapellen oder am Chorgestühl von Kirchen und Kathedralen finden kann.
Hier und da entdeckt man schmunzelnd einen Maurer, der einem dicken Mönch sein blankes Hinterteil entgegenstreckt, oder einen kleinen Schlingel, wie er einen Blasebalg betätigt, der in dem übermäßig runden Po eines anderen steckt; einen Bauern, der über einem Gefäß seine Hosen herunterläßt; einen vorwitzigen Kerl, der einer Frau unter den Rock greift; einen Voyeur, der, hinter einem Vorhang verborgen, ein Paar beim Liebesspiel beobachtet oder eine Frau, die sich gerade wäscht… Kurz, nicht gerade geistliche Motive, die man lange Zeit allein der Phantasie der mittelalterlichen Baumeister zugeschrieben hat. Wollten diese sich auf solche Weise abreagieren?
Jene obszöne, ja sogar erotische »Folklore« ist eine ungewöhnliche Kunstform, die uns auf wundersame Weise erhalten geblieben ist – mit ihrer rauhen Sprache, ihrer eindeutigen Gestik und ihrer respektlosen Ungeniertheit. Zu dieser »Volkskunst« gehören ebenso schlüpfrige Romane, Spiele, Lieder, Miniaturmalereien, Märchen, Possenspiele, Bilderrätsel, Ratespiele, Redensarten, Karnevalsumtriebe, ausgelassene Spiele während der Weinlese …
Die »lebenden Steine«, wie Rabelais sie bezeichnet, zeigen ungekünstelt die naiven Scherze. Ihr Humor und ihr aufrührerischer Geist sprechen uns an. Denn mehr als jemals

zuvor verschmelzen hier Profanes und Heiliges, Frivoles und inbrünstiger Glaube.
Im diskreten Dämmerlicht und weit entfernt von den abgeklärten Blicken der Apostel leckt eine Frau ohne Scham ihren dickbäuchigen Mann, und das in einer Biegung der Armlehne eines Chorstuhls in der Kathedrale von Saint-Claude.
Wie überraschend, inmitten der Reinheit »des Lächelns der Engel« diese drallen Possenreißer zu entdecken, diese grotesken, betrunkenen Diakone, diese aufgedunsenen, großmäuligen »Furzer«, die in akrobatischen Verrenkungen einem ihre Hintern entgegenstrecken!
»Die Architektur«, erklärt uns Victor Hugo, »war die deutlich sichtbare Handschrift des Menschengeschlechts... Manchmal ist an einem Portal, einer Fassade, einer ganzen Kirche eine Symbolik auszumachen, die nichts mit Religion zu tun hat und der Kirche fremd oder sogar feindlich gesinnt ist.«
Der Fries an der Apsis der Kirche in Montberault ebenso wie der in der Basilika von Mauriac zeigt die Darstellung einer zierlichen Frau, die der Menge herausfordernd ihr entblößtes Geschlecht präsentiert. An anderer Stelle ist eine Sirene mit ausladendem Busen zu sehen, die den Gläubigen zulächelt ...
Was verbirgt sich nun hinter dieser dreisten, burlesken und unerwarteten Ikonographie, die die Kapitelle oder Wasserspeier der Gotteshäuser ziert? Wer hätte gedacht, daß noch vor den unerschütterlich Betenden diese unbekümmerten, ausgelassenen und sinnenfrohen Kinder bereits auf ihre Weise Eingang ins Himmelreich gefunden haben?
In der Zeit der Kathedralen lassen sich unsere Vorfahren sowohl von den Flammen der Hölle beeindrucken, als auch von den Verlockungen der Versuchung. Einerseits fromm und andererseits genußfreudig, haben sie zweifellos ausgiebig gebetet und ausgiebig genossen, ohne daß dadurch ihr Seelenheil beeinträchtigt worden wäre.
In dieser inbrünstigen Epoche führen außerdem die Trou-

badoure aus dem Languedoc die Minne ein. Ein beachtliches Abenteuer nimmt seinen Lauf und verwandelt mit seiner geistlichen, ästhetischen und sinnlichen Schwärmerei die Beziehung zwischen Mann und Frau. Eine Kunstform, die zugleich literarisch, musikalisch und malerisch ist, preist das Verlangen, das das angebetete Wesen auszulösen vermag.
Lieder und Gedichte, die vom Stil her sowohl züchtig als auch voller Verlangen, zärtlich und zugleich gewagt sind, ziehen die Verliebten im Laufe der Jahrhunderte in ihren Bann. Von Leidenschaft erfüllt, vergleicht Matthieu de Vendôme die Lippen der schönen Helena mit Rosen, preist die Farbe ihres zarten Halses mit Schnee und beschreibt die Mulde in ihrer Taillengegend. Er besingt ihren makellosen Körper, liebkost ihre biegsamen Hüften und ihre schlanke Gestalt, ohne dabei »die köstliche Behausung der Venus« zu vergessen.
Künstler und Dichter werden nicht müde, den Typ der schlanken, hochgewachsenen Frau mit kleinen, runden, festen Brüsten zu preisen. Dieses Schönheitsideal dient sowohl in der Literatur als Vorbild, als auch in der Bildhauerkunst der Kathedralen. Die anmutige Linie »der klugen Jungfrauen und der törichten Jungfrauen« in Straßburg erinnert unwillkürlich an folgenden Vers aus dem *Roman de la Violette*:

Und unter dem Gürtel schmale Hüften.
Von schöner Gestalt
Das Haar hochgesteckt, schimmernd und
Von einer Farbe, die an Gold erinnert.

In dieser Vergeistigung klingt etwas Mystisches an. Sie befriedigt die Phantasievorstellungen einer strengen Gesellschaft. So wird das Gefühl der Liebe zur Voraussetzung für jegliche Tugend. Es stellt quasi eine Art Läuterung des Instinkts dar.

Die reine Liebe *(fin amor)*, die daraus entsteht, huldigt der gegenseitigen Leidenschaft, einer symbolischen, erdachten und zugleich inspirierten Erotik.
Das ist die große emotionale Neuerung im 12. Jahrhundert: Den okzitanischen Edeldamen ist es gelungen, einer frauenfeindlichen Gesellschaft die Wertschätzung ihrer weiblichen Qualitäten abzutrotzen.

Im Namen der Liebe

Wirklich erstaunlich ist, daß selbst die unnachgiebigen Theologen sich den weiblichen Reizen nicht entziehen können. Einige gehen sogar so weit zu gestehen, daß die Schönheit der Frau in ihrem Kern ein Widerschein der göttlichen Schönheit ist. Andere glauben, daß sich die unsichtbare Schönheit in der Schönheit der sichtbaren Welt offenbart.
Hugues de Saint-Victor, der von diesem ästhetischen Konzept überzeugt ist, gesteht uns folgendes: »Die sichtbaren Formen sind Abbild der unsichtbaren Schönheit… Alle sichtbaren Dinge, die uns unterbreitet werden, haben letztlich den Sinn, uns zu unterweisen…, sie sind folglich ein Symbol, ein Zeichen, ein Abbild der unsichtbaren Schönheit Gottes.«
Anders gesagt, die Schönheit befriedigt – selbst wenn sie fleischlicher Natur ist und unsere Sinne erregt – weder das Verlangen noch die Versuchung, sondern leitet uns auf der Suche nach dem Bildnis des Schöpfers. Da macht das Beten doch wirklich Vergnügen! Man erkennt, warum ein aufgewühlter Zisterzienser folgende Worte rief: »O Liebe, nach der alle Liebe benannt ist, sogar die fleischliche und entartete!« (Guillaume de Saint-Thierry)
Wenn man versuchen will, das ästhetische Konzept jener Epoche zu verstehen, muß man der Dynamik der mittelalterlichen Begeisterungsfähigkeit auf den Grund gehen: Die

Empfindsamkeit darf niemals losgelöst von der Sinnlichkeit betrachtet werden. Gegensätze ergänzen einander und nähren sich gegenseitig. Aus ihrer schöpferischen Verschiedenheit erwächst die Symphonie des Lebens.
Seine eigentliche Natur zu leugnen, die einmalig und nach Gottes Ebenbild geschaffen ist, sich damit zu begnügen, das menschliche Verhalten in künstliche Kategorien einzuteilen, es in einen erstickenden, stereotypen Archetypus zu verbannen, bedeutet das nicht, von vornherein die Originalität, die Kreativität zu unterbinden, die jedem von uns eine unverwechselbare Identität gewährt? Über die Systeme und Ideologien der von Männern geschaffenen, herrschenden Ordnung hinaus, haben es diese Frauen verstanden, das richtige Maß zu finden, das das Leben mit ihrer Zärtlichkeit verschönt.
Weit davon entfernt die »stets Unmündigen« zu bleiben, die unter der Obhut des Vaters oder des Ehemannes leben, aber auch ohne zu versuchen, ihre männlichen Partner nachzuahmen, haben sie einen eigenen Weg gefunden, um diesen Jahrhunderten ihren unauslöschlichen Stempel aufzudrükken: mit ihrer faszinierenden Andersartigkeit.
So gelangt der Mensch zu einer Einheit des Wesens – sowohl für ihn selbst als auch für seine Mitmenschen. Chrétien de Troyes hat dies in einem einzigen Satz zusammengefaßt: »Wer ein Herz hat, hat auch einen Körper!«
Damit haben unsere Vorfahren auf einfache und ehrliche Weise einen Weg gefunden, Glauben und Leidenschaft zum Ausdruck zu bringen. Sie haben dem Stein durch ihre menschliche Wärme Leben eingehaucht. Sie haben ihn durch die körperliche Lust zum Klingen gebracht, mit einer Intensität und Aufrichtigkeit, die uns auch heute noch berührt.

Wenn das Veilchen euch am Herzen liegt

Die Schlankheitsrezepte, die uns aus dem Mittelalter überliefert wurden, sind so mannigfaltig wie verschiedenartig. Da es an Phantasie nicht mangelt, wird fast täglich etwas Neues entdeckt. Diese Mittelchen verbreiten sich rasch von Marktflecken zu Marktflecken, von Burg zu Burg.

Es gibt ganze Abhandlungen, sowohl auf Latein als auch in der jeweiligen Regionalsprache, die sich ausschließlich mit den verschiedensten kosmetischen Problemen befassen. Das berühmteste und sehr sachkundige Werk dieser Art ist unbestritten das *Ornatus mulierum* (Zum Schmuck der Frauen). Balsame auf Basis von Schweineschmalz, Olivenöl, süßer Mandelmilch oder Lotionen aus Veilchen, Malve und Salbei werden dort genauestens beschrieben und sowohl ihre Anwendung als auch Herstellung erklärt. Die Texte preisen auf vielen Seiten ihre unübertroffenen Vorzüge, die die Haut verschönern, Falten vorbeugen, die Taille schmaler oder die Wölbung des Halses anmutiger wirken lassen.

Doch man findet dort auch solch praktische Ratschläge wie den zur Verwendung einer Bandage, um eine etwas zu stark entwickelte Büste zierlicher erscheinen zu lassen. Laut geltendem Modediktat muß man jede Brust mit dem Handteller vollkommen umschließen können. Gewöhnlich stützen die Frauen den Busen mit einem luftigen Tuch oder einem schmalen Stoffstreifen, was den Oberkörper noch schlanker wirken läßt. Die Kleider schmiegen sich an den Körper an. Im übrigen sind sie so geschnitten, daß sie die Taille optisch verlängern, indem sie die Form der Hüften betonen.

Ein abgestepptes Mieder unterstreicht noch zusätzlich die Anmut der Erscheinung und die zarte Wölbung des Rückens. Die Stiefel sind aus feinem Leder, reichen bis zum Knie und haben eine doppelte Sohle. Auch dadurch wird

die Taille noch einmal optisch verlängert und der Gang geschmeidiger.
Unsere Vorfahren haben eine Vorliebe für Veilchen. Sie nennen sie auch »Osterveilchen« oder »Märzblümchen«. Diese unaufdringliche, wohlriechende und heilkräftige Pflanze verkörpert in ihren Augen auf ideale Weise die Bescheidenheit. Im Mittelalter heißt es, wenn ein junges Mädchen die ersten Veilchen des Jahres pflücke und sich dabei etwas wünsche, werde sie innerhalb kürzester Zeit ihrem zukünftigen Bräutigam begegnen. Natürlich ist diese Pflanze auch stets von großem Interesse für die Hexen, die die Wurzeln und Blätter zerstoßen und das Pulver ihren Liebestränken beimischen.
Das Veilchen wird als »Brusttee« verwendet und schon in der Antike bei Schnupfen und Bronchitis eingesetzt. Die Römer bereits hatten es der Venus geweiht. In der Blütezeit erhielt die Göttin täglich einen Kranz aus frischen Veilchen. Aber es ist vor allem Trotula, der berühmten Ärztin aus der medizinischen Schule von Salerno, zu verdanken, daß man bereits im 11. Jahrhundert die Verwendungsmöglichkeiten dieser Pflanze genau festlegte:

Um einen Rausch oder Migräne zu vertreiben,
ist das Veilchen unfehlbar:
Einem schweren Kopf nimmt es die Last,
und bei einem hartnäckigen Schnupfen befreit es das Gehirn.

Trotula ist auch Autorin eines großen Medizinhandbuchs, das noch in der Renaissance maßgebend ist. Der erste Band, der unter dem Titel *Trotula minor* bekannt wurde, ist ein richtiger »Kosmetik-Ratgeber«. Man findet dort zahlreiche Empfehlungen, mit denen die Frauen die Jugendlichkeit ihres Körpers erhalten und ihre Schönheit steigern können. Wie glücklich man sich damals schätzen konnte, daß die

Medizin sich nicht nur mit Krankheiten, sondern auch mit ästhetischen Fragen befaßte.

In jenem Kapitel, das den »dicken und dünnen Frauen« gewidmet ist, berichtet Trotula, die »Quasi Magistra« aus Salerno, von den schädlichen Auswirkungen sexueller Enthaltsamkeit. »Man darf nicht gegen die Regeln verstoßen«, erläutert sie, »und wenn sie Lust zum Beischlaf empfinden und ihn nicht vollziehen, laufen die Frauen Gefahr, sich eine schwere Krankheit zuzuziehen. In diesem Fall nimm Baumwolle und etwas Öl der Poleiminze und trage es auf die Vulva auf.« Dieses Rezept klingt ziemlich raffiniert, denn in den Blüten der Poleiminze befinden sich Morphium-Moleküle. Eine andere Theorie aus jener Zeit besagt, daß Frauen, die keinen Mann haben, nach und nach vertrocknen ...

So entdeckt man beim Blättern in diesem Werk eine ganze Reihe von Umschlägen mit Veilchen, Malve und Salbei, die gegen Blähungen, gegen Stauungen im Beckenraum, geschwollene untere Gliedmaßen und Tränensäcke helfen, und außerdem das Bauchfett wegschmelzen sollen.

Ist das bescheidene Frühlingsveilchen tatsächlich so effizient? Unter den verschiedenen Spielarten dieser Pflanze verströmt lediglich das klassische Veilchen *(Viola odorata)* einen angenehmen Duft. Die anderen Sorten riechen überhaupt nicht. Was nicht heißen soll, daß sie nicht auch über einige Tugenden verfügen. Denn in der Tat ist es so, daß alle Veilchen Substanzen von großem medizinischen Nutzen enthalten. Diese kommen in allen vegetativen Teilen der Pflanze vor.

Das Saponin soll die Haut beruhigen und große Poren verfeinern. Saponin gehört zur Gruppe gewebeversorgender Substanzen, die die Haut vor äußeren Einflüssen (Hitze, Kälte, Hautreizungen, Prellungen) schützen. Die frischen Blätter – zerstoßen und als Salbenverband aufgetragen – waren praktisch das einzige Heilmittel, das man damals kannte, um einen schrundigen Busen zu pflegen.

Die Alkaloide, Salicinsalze und Zuckermoleküle dieser Pflanze sind Bestandteile des »Veilchensirups« oder des »Veilchenhonigs« – beides traditionelle Heilmittel unter anderem bei Verstopfung, durch Gicht ausgelösten Schwellungen, Ödemen an den Knöcheln. Häufig wird diese Pflanze gemeinsam mit Malve- und Salbeiauszügen verwendet – eine Kombination, die die Epidermis und die Venenwände stärkt.

Pythagoras und seine Schüler hielten Malve für das geeignete Mittel, um Magen und Blase durchzuspülen. Cicero berichtet in einem seiner Briefe, daß sein Körper nach Einnahme von Teilen dieser Pflanze – er hatte sie unter ein Ragout gemischt – sich leicht und wie gereinigt gefühlt habe.

In der Antike war man der festen Überzeugung, daß man mit einem Löffel Malve alle Krankheiten heilen kann. Es ist also nicht weiter verwunderlich, daß die heilige Hildegard, die große Äbtissin, die im 12. Jahrhundert im Rheinland lebte, ebenfalls zu dieser Pflanze greift, um phlegmatische Frauen zu behandeln. Denn »diese Frauen sind stark und haben eine mannhafte Seele«, schreibt sie in ihrem Buch *Liber simplicis medicinae* (Buch der einfachen Medizin). »Und da sie dicke Venen haben, sind sie sehr fruchtbar und gebären leicht, denn ihre Gebärmutter und ihre anderen Eingeweide liegen alle am richtigen Platz. Doch wenn sie intimen Beziehungen mit Männern aus dem Weg gehen, werden sie schwierig und schwermütig.« Mit einem Absud aus Malve beruhigte die heilige Hildegard den Blutstau im Becken bei diesen korpulenten Frauen, die von schwermütigem, gleichgültigem und mattem, also eher »winterlichem« Gemüt sind. Nach der Behandlung war »die Sinnenlust der Frau von sanfter Wärme, regelmäßig und dergestalt, daß sie leicht empfing«.

Ob man nun die große oder die kleine Malve verwendet, beide haben eine stimulierende Wirkung auf die Muskulatur des Darms und den Harnfluß, da sie den Kreislauf anregen.

Dieser Saft des Darms vertreibt die Fäkalien,
Regt den Uterus und seinen normalen Saft an.

In ihrem Klostergarten kümmert sich die heilige Hildegard selbst um ihre Heilpflanzen. Sie schickt ihre Nonnen aber auch in die umliegenden Wälder, um dort nach Wildkräutern zu suchen, mit denen sie ihre Pflanzensammlung und ihre Pharmakopöe ergänzt.
In der Phytochemie hat man den Pflanzensaft der Malve isolieren können, der sich aus verschiedenen komplexen Zuckern zusammensetzt. Diese Moleküle gehen mit Flavoiden eine Verbindung ein, wodurch Flavon- und Flavanolglucuronate entstehen.
Die heilige Hildegard lag also vollkommen richtig mit ihrer Annahme, denn diese Substanzen lösen im Organismus tatsächlich die von ihr geschilderten Reaktionen aus.
Heutige Versuche mit Salbei bestätigen die Richtigkeit der Beobachtungen, die sie bei ihren Experimenten mit den Blättern machte. Obwohl diese aromatische Würzpflanze, die ursprünglich aus dem Mittelmeerraum kommt, wohl kaum im Rheinbecken wuchs, kannte die heilige Hildegard ganz genau die kräftigende und harntreibende Wirkung ihrer Blätter.
Der Name ist lateinischen Ursprungs – *Salvia salvatrix* –, was wörtlich übersetzt soviel heißt wie: »Kraut, das rettet und heilt«. Seine Kräfte sind durch jenen berühmten Aphorismus der medizinischen Schule von Salerno unsterblich geworden: »Warum stirbt der Mensch, wenn Salbei in seinem Garten wächst?«
Aus den uns heute bekannten drei Salbeisorten hat man ein Öl gewonnen, dessen wichtigste Aktivstoffe nicht nur das Blut und die Galle verflüssigen, sondern auch die Innen-

wände der Gefäße vor Giften (Nikotin, Alkohol, freie Radikale etc.) schützen.
Die Molekularmedizin erbringt damit heute einen eindeutigen Beweis für die Richtigkeit der tastenden, sowohl von Mythen als auch von der Ratio geprägten, Vorstöße unserer Vorfahren auf diesem Gebiet.

Italienisches Dekor für königliche Hochzeiten

Bezaubernde Rundungen

Nachdem Heinrich II. am 20. Oktober 1533 Katharina von Medici geheiratet hat, setzt sich die Renaissance endgültig und triumphal in Frankreich durch.
Dies zieht nicht nur eine Erneuerung der Literatur und Kunst nach sich, sondern führt auch zu wesentlichen Veränderungen der Kochkunst und der Lebensart.
Die kaum vierzehnjährige, von jenseits der Alpen stammende Prinzessin, die von einer Eskorte florentinischer Köche begleitet wird, wird tiefgreifende Veränderungen bewirken. Ihr ist es zu verdanken, daß die Franzosen die feine Tafel entdecken: Fayencen aus Urbino, glasiertes Porzellan aus Palissy, Glaswaren aus Murano und das Besteck des Goldschmieds Benvenuto Cellini, zu dem auch eine kleine ziselierte Gabel mit zwei Zinken gehört, dank derer sich der junge Prinz von Frankreich bei Tisch endlich wie ein zivilisierter Mensch benimmt.
So macht der französische Adel Bekanntschaft mit Hahnenkämmen und -nieren und Artischockenböden, die aus dem mittleren Orient eingeführt wurden. Ganz verrückt ist man nach dem perlmuttfarbenen Fleisch des »Indischen Hahns«; so bezeichnet man die Pute, die aus der Neuen Welt kommt. Sie wird mit Maronen und Fett gefüllt und von einer mit Orangensaft und Rosenwasser parfümierten Zuckerkruste umhüllt serviert.
Die ungezügelte Schlemmerei der Prinzessin ist legendär. Ihrem Chronisten zufolge verschlang Katharina von Medici während des Hochzeitsmahls der Mademoiselle Martigue solche Mengen an Fleisch, daß sie beinahe »daran krepiert wäre«. Die Prinzessin kann auch in Sud gekochter

Walzunge nicht widerstehen, welche mit Petersilie serviert wird, die Katharina aus ihrer Heimat, der Toskana, mitgebracht hat.
Ihren Schwiegervater hingegen, den armen Franz I., vermag all dieser Überfluß nicht von seinem schweren, aufgeblähten Bauch abzulenken, über den er sich beklagt. Im Alter haben sich die Gedärme des Monarchen zusammengezogen, so daß er an nichts mehr Geschmack findet. Sein plötzlich so aufrührerischer Magen erlaubt ihm nicht mehr, die vierzehn Gänge, die sein Abendessen normalerweise umfaßt, zu bewältigen. Traurig betrachtet er seine Leibspeise: gebratenes Kalbshirn in einer mit Zucker, Pfeffer und Essig abgeschmeckten Sauce ...
Eines Tages erfährt er von einem Höfling, daß ein jüdischer Arzt aus Konstantinopel fermentierte Schafsmilch zubereitet, der außerordentliche Eigenschaften zugeschrieben werden. Mit diesem Mittel habe der Medikus den mächtigen Sultan geheilt, der ebenfalls über Appetitmangel klagte. Seither soll der Großtürke dick und fett geworden und – zur großen Freude der Damen seines Harems – wieder im Besitz seiner vollen Kräfte sein. Also läßt der König den berühmten Arzt – zu Fuß und mitsamt seiner prächtigen Schafherde – nach Frankreich kommen.
Und o Wunder, der außerordentliche Joghurt heilt den König von Frankreich bereits nach einer nur wenige Wochen dauernden Diät. Doch den türkischen Schafen bekommt weder die Pariser Luft noch das Gras der Seineufer. Zur großen Verzweiflung von Franz I. sterben sie eins nach dem anderen. Trotz der inständigen königlichen Bitten kehrt der Arzt in sein Land zurück und nimmt sein Geheimnis mit sich. So müssen die Franzosen noch vier Jahrhunderte warten, ehe sie in den Genuß der wohltuenden Wirkung des Joghurts kommen ...
Die nicht endenwollenden Gelage sind natürlich nicht allein dem Hof vorbehalten; auch Edelleute, reiche Bürger und

selbst das einfache Volk haben Geschmack an den Tafelfreuden gefunden. Hingegen schickt es sich nicht, »bis zur Trunkenheit« alkoholische Getränke zu sich zu nehmen. Das Gesetz verurteilt jeden Mann, der zum vierten Mal betrunken aufgegriffen wird. »Er wird aus dem Königreich Frankreich verbannt, nachdem man ihm zuvor beide Ohren abgeschnitten hat«!

Zur Zeit der Renaissance begegnete der Adel alkoholischen Getränken mit großem Mißtrauen. Allerdings nicht aus Furcht vor Trunkenheit oder Leberzirrhose, sondern weil man sich vor Gift fürchtet, das zu jener Zeit häufig in die Becher gemischt wird. Ebenfalls eine italienische Mode. Da sich die Großen und Mächtigen der Mißgunst und Intrigen in ihrer Umgebung bewußt sind, führen sie den »Brauch des Kostens« ein, demzufolge Mundschenk oder Kellermeister den Wein für ihre Herren vorkosten. Diese Zeremonie wird bis zur Revolution Bestand haben.

Durch die tägliche Schlemmerei sind Männer und Frauen so dick, daß der Erzbischof von Sens für sie seinen genialen »ausgebuchteten Tisch« erfindet. Indem die fettleibigen Gäste in die in die Tischkante geschnittenen Ausbuchtungen rücken, haben sie bequem Platz für ihren Bauch und können besser an die Platten reichen, um von dem unvergleichlichen gebratenen jungen Esel zu kosten, den der Prälat hat mästen lassen und ihnen als »Spezialität des Hauses« anbietet.

Die Milch der Eselsmutter hingegen verschreiben die Ärzte gegen jegliche Art von Schwäche, Magerkeit und Blässe. Seit der Antike steht Eselsmilch in dem Ruf, den Körper der Frau zu verschönern. Ein unfehlbares Rezept, das Diana von Poitiers zur bevorzugten Favoritin dreier französischer Könige machte!

Zur Zeit der Renaissance wird so üppig getafelt, daß Katharina von Medici in einem Jahr der Mißernte (1563) als Vorsichtsmaßnahme per Erlaß dekretiert, das Essen dürfe aus

nicht mehr als drei Gängen bestehen. Diese Vorschrift gilt natürlich nicht für ihren eigenen Palast.
»Nur drei Gänge ...«, rufen die Bürger, die wie Edelmänner tafeln, entsetzt aus. Die Ärmsten müssen sich nun mit einem kärglichen Mahl bescheiden: ein erster Gang, der aus vier bis sechs Suppen besteht, ein zweiter, der zweierlei Fleisch- und ein Fischgericht umfaßt und schließlich der dritte mit Süßigkeiten, Kompott und Obst... Nicht zu vergessen das *frangipane*, eine Mandelcreme, die Graf Cesare Frangipani erfunden und deren Rezept er als Unterpfand seiner ewigen Liebe der jungen Katharina von Medici anvertraut hat. So sehen die Beschränkungen aus, die man in Hungerjahren den Reichen auferlegt.
Was die Armen und Lastenschlepper angeht, so schätzen sie sich glücklich, wenn sie an Festtagen ein wenig geräucherten Hering oder gepökeltes Schweinefleisch zum Essen haben. Auf dem Land wird praktisch alles, was man fangen, fischen oder pflücken kann, verspeist, wie etwa »Platterbsen und Futterwicken«.
Eine Ausnahme gibt es allerdings: Raben und Käuzchen stehen in dem Ruf, giftiges Fleisch zu haben ... Wahrscheinlich entgingen dank dieses Aberglaubens diese beiden Arten der Dezimierung.

Zurück zum Huhn im Topf

Ganz entgegen der Legende liebt Heinrich IV. weder das Huhn im Topf noch den Bürzel. In Wahrheit sind Süßigkeiten seine Schwäche. Vor allem jene gefüllten Bonbons, die, dank des Zuckers, den die Kreuzritter aus dem Orient mitbrachten, seit der Zeit Ludwigs des Heiligen hergestellt werden.
Doch der kluge Herrscher entdeckt die Talente des außergewöhnlichen Agronomen Olivier de Serres und seines großen Küchenmeister François-Pierre de Lavarenne. Hein-

rich IV. drängt de Serres, sein landwirtschaftliches Wissen den Zeitgenossen zugänglich zu machen. Seinem Küchenchef hingegen beschert er ein Vermögen, indem er ihn zum Staatsminister erhebt, die höchste Auszeichnung, die je ein Koch von seinem Herrn empfangen hat.

Im Jahr 1600 veröffentlicht de Serres ein bemerkenswertes Werk mit dem Titel *Théâtre de l'agriculture et ménage des champs* (Vielfältigkeit des Ackerbaus und Methoden der Feldbewirtschaftung). Es hat nicht nur in Frankreich, sondern auch im übrigen Europa ungeheuren Erfolg. Der Autor gibt sich nicht damit zufrieden, Techniken zum Anbau von Getreide und Wein sowie die Herstellung dieses und anderer Getränke zu erläutern, sondern er erklärt auch, wie man den Gemüse- und Obstgarten sowie den Wald bestellt, Wasser sammelt und filtert und die verschiedensten Probleme hinsichtlich der Beleuchtung, der Bekleidung, der Wohnung und schließlich auch der Nahrung und der Körperpflege löst... Kurz, sein Buch, das neunzehnmal aufgelegt wurde, faßt das agronomische, diätetische, hygienische, medizinische und tierärztliche Grundwissen seiner Zeit zusammen.

Dank dieses bemerkenswerten »Spitzkopfs« (ehem. Schimpfname für Calvinisten) aus dem Vivarais, der inzwischen zum Edelmann von Pradel aufgestiegen war, macht die landwirtschaftliche Produktion Frankreichs beachtliche Fortschritte. Der Anstoß ist gegeben. Die Felder werden nun intensiver bestellt, und die Edelleute zollen den Schätzen der Erde mehr Achtung.

Es entstehen mehr und mehr Messen und Märkte. Man entdeckt auch die Nahrungsmittel fremder Länder: zunächst Reis, Aprikosen, Trauben, dann Mais und die frisch aus Amerika importierte Kartoffel, vor allem aber auch die Bohnen, die ebenfalls – wenn auch über Italien – aus der Neuen Welt stammen.

Gegen Ende des 16. Jahrhunderts verweist Olivier de Serres

bereits auf den hohen Nährwert der Kartoffel und des Mais und erläutert die Anbaubedingungen. Doch in den ländlichen Gegenden gewöhnt man sich nur langsam an die neuen Pflanzen und noch langsamer daran, sie als Nahrungsmittel anzuerkennen. Es war nie leicht, die Ernährungsgewohnheiten zu verändern.

Doch lange vor Antoine Parmentier, der die Kartoffel in Frankreich populär machen sollte, erkannten die Bauern, daß es vorteilhafter ist, Kartoffeln statt Weizen anzubauen. Allein schon deshalb, »weil sie nie den Verwüstungen des Krieges unterworfen sind«! Auf einem Kartoffelacker kann eine ganze Armee kampieren, ohne der Ernte dieser Knolle im Herbst zu schaden. Ein weiterer enormer Vorteil: In einigen Gegenden unterliegen Kartoffeln und Mais nicht der Abgabe des Zehnten. Das ermutigt viele Bauern, beide Pflanzen heimlich anzubauen.

Doch dieser glückliche Zustand ist leider nicht von langer Dauer. Dennoch trägt die Verbreitung von de Serres' landwirtschaftlichen Methoden langsam Früchte. Und die wundervollen Gemüse haben schon bald ihren festen Platz im Kochtopf eines jeden Haushalts.

Es ist unbestreitbar, daß sich die Lebensmittelversorgung der Landbevölkerung zu Beginn der Renaissance verbessert. Dank Monsieur de Serres werden deren Rationen um so üppiger, je mehr sich die Großen des Königreichs für Kohlköpfe und Schweinezucht interessieren. Der berühmte Ausspruch »Acker- und Weideland sind die beiden Brüste Frankreichs«, wird zur Devise für das Königreich. Man munkelt, es sei wieder der unermüdliche Olivier de Serres gewesen, der ihn dem Oberintendanten Sully eingeflüstert habe.

Der üppige Busen kommt wieder in Mode

Im Unterschied zum Mittelalter, als man flachbrüstigen, zierlichen Frauen huldigte, ziehen die Männer der Renaissance üppige Schönheiten mit zartem, saftigem Fleisch vor. Im 16. Jahrhundert führte der Wandel in der Ästhetik zu einer grundlegenden Veränderung des Schönheitskanons, der von einem Extrem ins andere fällt. Die Zeiten haben sich geändert. Die »große Dirne«, die sich vor ihrem Spiegel kämmt – sie ist auf dem berühmten mittelalterlichen Wandbehang zu bewundern, der die »Apokalypse des Heiligen Johannes« zeigt – wirkt nicht mehr verführerisch, weder aufgrund ihrer Größe noch ihres schlanken Körpers oder ihrer schmalen, wenig ausgeprägten Hüften.

Die Blicke wenden sich eher Frauen zu, die »einen vollen, ausladenden, weißen Oberkörper haben mit zwei runden, festen Äpfeln, die wie kleine Wellen auf und ab wogen; die Arme sollen fleischig und kräftig sein; die Hände weiß, keinesfalls länglich und nicht sehr breit und auf dem Handrücken darf man keine Knoten oder Venen sehen; die Füße sollen klein, kurz, trocken und rund sein, frisch und leicht.« Vor allem aber müssen die Damen über jenen ganz besonderen Reiz verfügen: »Das Kinn kurz und in der Mitte vertieft und im unteren Bereich so fleischig und fett, daß es zum Hals hin hinabhängt und ein zweites Kinn zu formen scheint; die leuchtenden, blutroten Wangen müssen hoch sein, mit kleinen Grübchen in der Mitte, in denen ein hübsches Lachen sitzt; die Ohren sollen rund, kurz und nicht hängend sein, Hals und Kehle wohlgerundet… Dies ist das Bild und das perfekte Beispiel wahrhafter und naiver weiblicher Schönheit.« So beschreibt der Arzt Jean Liebault (1582), Verfasser der *Trois livres de l'embellissement et ornement du corps humain* (Drei Werke zur Verschönerung und zum Schmuck des menschlichen Körpers), das erträumte und mustergültige weibliche Schönheitsideal. Dieser Verehrer

weiblicher Schönheit berichtet, daß seine Zeitgenossen den Reizen eines pausbäckigen Gesichts mit Doppelkinn nicht zu widerstehen vermögen. Noch bezaubernder sind Frauen mit einer fetten, runden Büste, einem zylinderförmigen Körper ohne sichtbare Taille oder gar hervorstehende Rippen.
Wie ist diese Idealvorstellung weiblicher Reize im Gegensatz zur mittelalterlichen Mode, bei der die Leichtigkeit des schlanken, hochgewachsenen Körpers Trumpf ist, zu deuten? Im Laufe der Jahrhunderte und Kulturen bleibt das, »was wir für schön halten«, nicht unverändert oder gar starr. Doch damals beschränkte sich das Schönheitsideal ebenso wenig wie heute auf das Verhältnis zwischen Gewicht und Hüftumfang. Die Schönheitstheoretiker des 16. Jahrhunderts sind auch empfänglich für die Gesichtszüge und die Harmonie der Körperproportionen, deren Form und Volumen. Doch in dieser Hinsicht hat sich der Geschmack ebenfalls grundlegend gewandelt. Pausbäckige Frauen mit runden Gesichtern erscheinen den Männern im 16. Jahrhundert besonders verführerisch.
Was das Kinn angeht, so lieben unsere Vorfahren es nur »rund und in der Mitte vertieft«, sie wünschen es sich sogar einer Halbkugel gleich. Sie finden jene schweren Konturen mit doppeltem oder besser noch dreifachem Kinn unwiderstehlich, um nicht zu sagen erotisch.
Offensichtlich sprechen die schlanken jungen Mädchen mit dem kleinen Busen, die die Dichter des 13. Jahrhunderts besangen, niemanden mehr an. Adam de la Halle, der Minnesänger aus der Picardie, hatte noch die Schönheit seiner Geliebten besungen und ihr »hartes, kleines flaches Euter« verewigt, nicht ohne ihre »schmalen Hüften« zu loben.
In *Le Roman de la Violette* noch priesen uns die Verse des Poeten Euriant diese unsterbliche Erscheinung:

Italienisches Dekor für königliche Hochzeiten
Hübsch war der Körper und wohlgestaltet

Mit feiner und schlanker Taille
Und unter dem Gürtel schmale Hüften

Insgesamt lobte die mittelalterliche Literatur nur die Schönheit schlanker Frauen, wie etwa die jener Nicolette mit »harten Brüsten, die sich unter ihrem Gewand wölben, als wären es zwei Nüßchen, und sie war so schmal in der Taille, daß man sie mit zwei Händen hätte umfassen können.« Eine so schlanke Taille ist während der Renaissance unvorstellbar. Villon liebt seine »schöne Heaulmière« gerade wegen ihrer »fleischigen Hüften«, ihrer »dicken Schenkel« und ihres »breiten Beckens«.
Clément Marot, der Brüste rund wie »Elfenbeinkugeln« vorzieht, zeigt sich in seinen Gedichten Frauen mit kleinem Busen gegenüber ungnädig:

Eine Brust, die nur aus Haut besteht.
Eine flache Brust, eine Brust wie ein Laken …

Heißt es nicht in einem Sprichwort aus der Gascogne: »Wenn ein Esel zu mager ist, stürzen sich alle Fliegen auf ihn«?

Das Fett im Festgewand

Jeanne d'Aragon, die der Dichter Nifo als die Schönste aller Schönen feiert, blendet die Höflinge mit ihren unvergleichlich »breiten und runden Hüften«. Und wie könnte man auch angesichts ihrer »ausladenden Brust, an der kein Knöchelchen zu sehen ist« und ihrer »kräftigen Konstitution« gleichgültig bleiben? Montaigne selbst bestätigt uns, daß für die Chevaliers nur runde Schönheiten zählen, »dick und kräftig«. Dem Autor der *Essais* zufolge geht es vor allem darum, den allzu verachteten Körper aufzuwerten. So vertritt er eine gleichermaßen fleischliche wie geistige Form der Weisheit.

»Möge der Geist die Schwere des Körpers erwecken und festigen, [möge] der Körper die Leichtigkeit des Geistes festhalten und festigen«. Dann gesteht er uns: »Ich habe jetzt einen kräftigen, untersetzten Körper; kein fettes, aber doch ein volles Gesicht. Meine körperliche Verfassung entspricht insgesamt sehr gut der meiner Seele. Es gibt nichts Leichtes: Nur volle, feste Kraft. Ich halte mich gut für mein Alter.«

Da die Mode der fülligen Frauen direkt aus Italien kommt, wo große Künstler wie Tizian, Tintoretto und Veronese den üppigsten Formen um die Wette huldigen, können die Ratschläge des Philosophen nicht weiter erstaunen: »Mit Zähnen und Klauen müssen wir die Lebensfreude festhalten, die die Jahre uns entreißen ...«

Da Montaigne zur Zeit eines Epochewechsels lebt – das Mittelalter geht seinem Ende zu, die Renaissance beginnt – , zu einer Zeit also, da man Vertrauen in den Menschen und den aufrührerischen Geist faßt, erarbeitet er schon bald ein neues Konzept des ästhetischen Kanons, das er als eine Art Befreiung, wenn nicht gar eine glühende Annäherung an die »Bestie Mensch« empfindet. Es ist dieselbe Zeit, in der Ronsard, von dem »fetten Hals« seiner Geliebten stimuliert, ihre üppigen Brüste mit »Bergen geronnener Milch« vergleicht und sich daran begeistert, daß sie sowohl breit als auch tief, als auch gut gefüllt sind. Der Dichter Guillaume Cholière kennt ebenfalls keine falsche Zurückhaltung und äußert freimütig den Wunsch nach »fetten Hinterteilen und Schenkeln«.

Auch für den Arzt Louis Guyon hat alles Schmale, Schlanke und Zerbrechliche nichts in der weiblichen Anatomie zu suchen: »Schenkel und Hinterteil gelten als schön, wenn sie weiß, breit, fest und kräftig sind. Lange, runde Beine mit fettem, kräftigem Fleisch, die eine ovale Form haben und nach unten hin schlanker werden sollten, ohne jedoch mager zu wirken.«

Rabelais, der ebenfalls Arzt ist, vertritt die Auffassung, daß

Körper, Geschlecht und Geist sich nur durch üppige Nahrung entfalten können. Eben darum trinkt Pantagruel »zu jeder Mahlzeit die Milch von viertausendsechshundert Kühen… An manchen Tagen fraß er, wenn man ihn morgens an das Euter einer Kuh anlegen wollte, beide Zitzen, die Hälfte des Leibes mit Leber und Nieren…«

»Ventrem omnipotentem«, auch Panurg verschlingt alles, was ihm unter seine »scharfen Zähne« kommt. Der Appetit kommt beim Essen, und so macht er einer Dame diese originelle Erklärung: »Alles an Euch ist nichts als Honig, nichts als Zucker, nichts als himmlisches Manna…« Dann wendet er sich an die hübsche Eusthène und singt ihr folgendes Loblied: »O himmlische Götter und Göttinnen, wie glücklich würde sich der schätzen, dem Ihr die Gunst erwieset… sie zu küssen und seinen Speck an dem Ihren zu reiben.« Und voller Bewunderung für seine Schöne flüstert er zärtlich: »Wirklich, du hast die fettesten und die gelungensten Rundungen.«

Natürlich gibt es auch übermäßig dicke Frauen. Doch niemand empfindet übertriebene Fettleibigkeit an sich als häßlich. Ganz im Gegenteil, man strebt sie an, weil man sie schön findet. Paradoxerweise kommt keiner auf die Idee, daß auch eine magere Frau schön sein könnte. Welch ein Unglück für zarte, schlanke Frauen: Man bezeichnet sie unweigerlich als »müde Klepper« oder als »Skelett aus Haut und Knochen«. Noch unbarmherziger ist die panische Angst vor Magerkeit, wenn man den jungen Männern rät, sich nie mit mageren Mädchen zu verheiraten, denn sie sollen unfähig sein, Kinder zur Welt zu bringen, da sie sich »im Bett wie ein Lattenrost« anfühlen, wie »eine Hopfenstange« und »so rauh sind, als seien sie mit Kieselerde umhüllt«. Offenbar finden dünne Mädchen nur dann einen Mann, wenn sie auch begütert sind. Daran erinnert zumindest das folgende Sprichwort: »Ein mageres Mädchen mit fetter Mitgift gefällt jedem jungen Mann.«

Welche Bedeutung steckt hinter diesem Wahn des »fülligen, fleischigen, runden, empfindsamen und weichen Körpers«? Tatsächlich stellen die Dichter und Künstler dieser Zeit der »kräftigen und festen Männlichkeit« eine fließende Weiblichkeit gegenüber, die sich durch »weiche und empfindsame Zartheit« auszeichnet. Denn die Frau soll ihre Sanftheit dadurch besser zur Geltung bringen, »daß sie mit jeder Bewegung, durch ihren Gang, durch ihr Wesen und ihre Art zu sprechen, wie sich ziemt, immer als Frau wirkt, ohne die geringste Ähnlichkeit mit dem Mann«, versichert Baldassarre Castiglione, der Verfasser von *Der Hofmann*.

Es bleibt allerdings die Frage, inwieweit während der Renaissance Mann und Frau dasselbe Idealbild weiblicher Schönheit haben, denn die ästhetische Auffassung findet nur in männlichen Ausführungen Ausdruck. Zahlreiche Dokumente belegen freilich, daß die Frauen mit jedem nur erdenklichen Mittel versuchen, ihre Linie den Gesetzen der Mode anzupassen. Sie unterwerfen sich allen möglichen Diäten, die einzig das Ziel verfolgen, sich zu mästen. Als Gipfel weiblicher Eifersucht gibt es sogar Rezepte, die das Fett der Rivalin schmelzen lassen sollen!

Eine Analyse der Kochbücher aus dem 16. und 17. Jahrhundert belegt, daß die Ernährungsgewohnheiten einer spektakulären Veränderung unterworfen waren. »Kochen ist ein Akt der Liebe«, lehrt Lancelot de Casteau aus Mons, der von 1557 bis 1613 Chefkoch dreier Fürstbischöfe war. Zur Zeit unserer kräftigen und korpulenten Vorfahren finden in der Gastronomie Zucker, Butter und sämige Saucen reiche Verwendung. Das steht im krassen Gegensatz zur mittelalterlichen Küche, deren Gerichte wenig Backwaren und Fett enthielten.

Denkt man an den armseligen Saft von sauren Trauben, mit dem allein man im Mittelalter die Gerichte abschmeckte, so beweist dies, daß die Veränderung der idealen Figur und des Geschmacks durchaus in wechselseitiger Beziehung stehen.

Wird eine schlanke Linie angestrebt, so ist auch die Küche einfacher und leichter. Süßigkeiten und fette Saucen werden verdammt – wie heutzutage, da das Schlankheitsideal unbestritten vorherrscht.
Während der Renaissance, in der die männliche Machtstellung unangetastet ist, machen sich die Frauen, um zu gefallen, den männlichen Geschmack zu eigen. Das zeugt von ihrer Besessenheit, in ihrem sozio-kulturellen Kontext als schön zu gelten.

Das Zeitalter der ästhetischen Freuden

Warum ist das Schönheitsideal so vielen Veränderungen unterworfen? In der Tat hat der Quattrocento den ästhetischen Sinn vom Unsichtbaren auf das Sichtbare, vom Geistigen auf das Körperliche, vom Kontemplativen auf das Sinnliche gelenkt. Die Entdeckung der Neuen Welt führt schnell zu einer tiefgreifenden Veränderung im Denken unserer Vorfahren und erweitert ihre Vorstellung von der Natur und vor allem von der eigenen Person.
Indem der Mensch bewußt sein persönliches Schicksal in die Hand nimmt, wird er plötzlich ins Zentrum des Universums katapultiert. Nun beginnt das Zeitalter der Spiele mit der Logik, und damit kommen auch die Theorien der Perspektive, der Proportionen und des Synkretismus auf... Schönheit und Kunst stehen von jetzt an im Dienst der Menschen und nicht mehr der Götter. Und nichts ist mehr wie in den vorhergehenden Jahrhunderten. Die Kunst unterliegt einer ausgeprägten Mathematisierung, die mit Leonardo da Vinci ihren Höhepunkt erreicht.
Mitte des 15. Jahrhunderts stellt Leon Battista Alberti seine ästhetischen Prinzipien auf. Dieser Schule zufolge basiert die Schönheit hauptsächlich auf rationalen Komponenten. Mit Hilfe seines Wissens versucht der Künstler, den Schöp-

fungsakt der Natur nachzuahmen. Zur Schaffung seines Werks setzt er, von der bildhauerischen Form ausgehend, Volumen und Reliefs, Kontraste und Licht. So entsteht ein harmonischer Gesamteindruck. Die strenge Anordnung der zueinander in Bezug gesetzten Elemente haucht schließlich der Form Leben ein. »Ich habe die Proportionen und Maße herausgearbeitet, habe sie verglichen und schließlich aus den Extremwerten einen proportionalen Mittelwert errechnet, der mir der löblichste scheint.« Alberti hat damit eine Rationalisierung der Ästhetik ausgelöst. Dies ist die wichtigste Konsequenz, die den Schönheitsbegriff entscheidend beeinflußt. Die Reaktionen lassen nicht lange auf sich warten. Vor allem im Bereich der Sinnlichkeit kommt es zu den heftigsten Bekundungen.

Die Männer und Frauen der Renaissance schließen sich dem Zeitgeist an, indem sie Kriterien betonen, die jetzt bereits als klassisch gelten. Dem Anschein nach entfaltet die Mode der eleganten Korpulenz frei ihre Launen.

Belanglos? Nein. Es ist vielmehr ein Anzeichen für ein tiefergehendes Phänomen, nämlich eine Gesellschaft, eine Wirtschaft und eine Zivilisation, die von verschiedenen Denkweisen befruchtet und von der Perspektive einer Welt geformt wurde, deren Grenzen sich mit den zunehmenden Entdeckungen erweitern. Die Kühnheit führt zum Streben nach einer bisher unbekannten Lebensweise, die das Alte zu überwinden trachtet. Jede Generation versucht, sich vom Vorhergehenden zu befreien, sich durch eigene Willenskraft davon abzugrenzen. Ohne den frischen Wind der Renaissance wäre alles hoffnungslos beim alten geblieben.

Festessen und Klistiere im Zeitalter der Aufklärung

Der große König liebt kleine Erbsen

Als 1660 Monsieur Audiger Ludwig XIV. einen Sack voll Erbsen offeriert, ist der ganze Hof von diesem unvergleichlichen Gericht begeistert. Die Gärtner arbeiten Tag und Nacht in ihrem Gewächshaus, während die Herrschaft unter denkwürdigen Magenverstimmungen leidet.

Oft müssen dem König beim Aufstehen zwei Klistiere verabreicht werden, um die Blähungen Ludwigs des Gefräßigen zu lindern. Was diesen nicht daran hindert, seinen ergebenen Audiger mit einem hohen Amt zu belohnen. La Quintinie überträgt der Monarch unverzüglich die schwierige Aufgabe, auf dem kieselhaltigen Boden von Versailles einen Gemüsegarten anzulegen, in dem man solche Erbsen anbauen kann.

Wenig später hat Soliman Aga, der aus Damaskus stammende Levantiner mit dem Turban, die Ehre, dem Herrn von Versailles eine kleine Tasse mit einer heißen, schwarzen, bitteren Flüssigkeit zu kredenzen. Beim ersten Schluck verzieht der Sonnenkönig das Gesicht, die Höflinge zittern. Doch nach einer Weile findet er den Geschmack sehr angenehm, und fortan verlangen die Edelleute »Caffé«. Schnell macht das Getränk in der Hauptstadt Furore. Doktor Cabanès verordnet Madame de Grignan eine Tasse Kaffee nach den Mahlzeiten: Er soll den Körper erwärmen und Abhilfe gegen die besorgniserregende Magerkeit schaffen, unter der sie leidet. Doktor Duchesne hingegen, der ergebene Arzt der Madame de Sévigné, untersagt ihn seiner Patientin strikt.

»Der Kaffee mästet die einen«, konstatiert die Marquise, »und läßt die anderen abmagern, er vereinigt also die

Extreme. Ich glaube von einer Sache, die zu so gegensätzlichen Erfahrungen führt, kann man kaum positiv sprechen.«
Dann verbreitet sich das Gerücht, das Getränk habe die Fähigkeit, Appetit und Virilität anzuregen. Welch köstliche Entdeckung! Das ist vielleicht der Grund dafür, daß sein Ruhm seither nie erloschen ist.
Während der Aufklärung geben Adlige und Bürger viel Geld für eine reiche Tafel aus. Es gehört zum guten Ton, den Sonnenkönig nachzuahmen, der nicht nur über einen legendären Appetit und eine beeindruckende Leibesfülle verfügt, sondern auch Neuigkeiten aus dem eigenen Land und dem Ausland schätzt.

Die Leibesfülle lieber Herr, ist's Euer Wille […]
blüht Euch so gut wie mir.

Das läßt La Fontaine einen Hund aus »gutem Stall« sagen. Lebensstandard drückt sich durch Fett aus, das zugleich Zeichen für Erfolg, Lebensart und Intelligenz ist.
Bei den Festessen von Versailles müssen sowohl der Mund als auch das Auge zufriedengestellt werden. Die alten Kochbücher, die auch Körperpflege und Diät behandelten, verschwinden nun. Statt dessen gibt es allerorten außerordentliche gastronomische Werke, die Vorschläge für Festgelage unterbreiten – eines prächtiger als das andere.
Talentierte Küchenmeister übertreffen einander an Geschicklichkeit und Einfallsreichtum, um der französischen Küche in ganz Europa zu Ruhm zu verhelfen. Eine Frage der Ehre, in der die berühmtesten Köche und Maîtres d'Hôtel miteinander wetteifern.
Einer von ihnen, der unsterbliche Vatel, Erfinder der Schlagsahne, die Herz und Taille so mancher Fürstin aufgehen ließ, begeht sogar Selbstmord, weil der Fisch verspätet geliefert wird: »Als er heute morgen um acht Uhr feststellte, daß der Fisch noch nicht eingetroffen war«, berichtet Ma-

dame de Sévigné, »konnte er die Schmach, der er sich ausgesetzt glaubte, nicht ertragen und hat kurzerhand seinem Leben mit dem Dolch ein Ende gesetzt...«
Während man ihn diskret beisetzt, wird an den Tischen das Essen aufgetragen, ganz so, bemerkt die Marquise »als sei nicht gerade unverhofft große Trauer über die Küche gekommen.« Heute wird einem außergewöhnlich guten Koch der heißbegehrte Titel »Vatel« verliehen ...

»Bouillon piquant« gegen Appetitlosigkeit

Alle französischen Könige und ihre Umgebung werden seit Generationen unaufhörlich von »Fluxus und Winden« geplagt – quasi eine Erbkrankheit. Beunruhigende Blähungen beeinträchtigen den königlichen Patienten, reizen und ängstigen ihn und verschlagen ihm den Appetit... Man stelle sich die Aufregung vor, in die das seine Umgebung versetzt! Der Schmerz ist furchbar, hartnäckig und leider äußerst ordinär, oft tritt er nach einem ausgedehnten Festessen auf, das somit für den Monarchen zu einer Oual wird.
Um dem an Verstopfung leidenden Opfer Linderung zu verschaffen, hilft nichts so gut wie das Klistier des guten Monsieur Purgon. »Einlauf« ist ein unanständiges Wort, aus Taktgefühl benutzen die Höflinge den Ausdruck »Bouillon piquant«.
Zu Zeiten Molières und auch später entgeht keiner, der über Leibschmerzen klagt, einem Klistier. Selbst Könige und Königinnen unterwerfen sich dieser unfehlbaren Behandlung. Wenn es sein muß, nimmt man auch noch einen Aderlaß vor, der die schlechten Körpersäfte vertreibt und den Appetit anregt, so daß das Opfer die Last eines erneuten Festmahls durchstehen kann.
Da können sich die Armen des französischen Königreichs, die sich solchen Luxus nicht leisten können, glücklich

schätzen. Sie begnügen sich mit einem Absud aus Rhabarber, Kassie und levantinischen Sennesblättern, dem »Rosenhonig« beigefügt wird und dessen abführende Wirkung jener der Klistiere in nichts nachsteht.
Selbst die Hofärzte von Versailles unterschätzen diese Hausmittel nicht. »Sie stehen in dem Ruf, schlechte Säfte zu vertreiben«, die den Körper daran hindern, sich in all seiner Pracht und Leibesfülle zu entfalten. Der Darm muß gereinigt und der Magen verwöhnt werden, damit die Verdauung so erfolgreich wie möglich verläuft. Diese Standardbehandlung wird bei allen angewandt, ob Groß oder Klein, Mann oder Frau, Dick oder Dünn. Abführen, immer wieder abführen, das tut gut.
Man versäumt es auch nicht, den Leib mit stärkendem Liniment, Lebenselixier, Magenöl und in Essig aufgelöstem Theriak zu massieren. In äußerst hartnäckigen Fällen werden Schröpfköpfe an Schenkel, Rücken und rund um den Nabel gesetzt, die die Massage mit reizlinderndem Balsam vervollständigen. Diese sanfte Medizin erwärmt die Gedärme, läßt ein Hungergefühl entstehen und weckt erneut die Lust, Nahrung zu sich zu nehmen.
Die unvergleichlichen Reize der Madame de Montespan sind unbestritten auf diese hartnäckige Behandlung zurückzuführen. »Ludwig XIV. hing an ihr, weil ihre Schönheit, trotz der Tendenz zur Fettleibigkeit, weltweit gerühmt wurde... Als eines Tages die schwergewichtige Vierzigjährige aus dem Wagen stieg, hatte der pfiffige Botschafter von Italien das unverhoffte Glück für einen Augenblick das köstliche Fleisch der Favoritin zu bewundern. Seine Freude trieb ihn zu dem Ausruf: ›Ich konnte ihr Bein sehen, das fast so dick war wie ich!‹«
Ludwig XIV. vermag es ebensowenig wie seine illustren Vorfahren, den Reizen rundlicher Damen zu widerstehen. Er nimmt sie sogar mit in die Messe, was ihm seitens des Prälaten Bossuet folgenden Vorwurf einbringt: »Sire, werdet

Ihr denn nie überdrüssig, Euch mit einem Serail zu umgeben, um dem Wort Gottes zu lauschen?«
Lediglich die Fastenzeit unterbricht die königliche Rekrutierung wohlbeleibter Favoritinnen. Auch mit Louise de La Vallière erlegt sich der mächtige Herr fromme Enthaltsamkeit auf, doch die Inbrunst dieser Bußübungen ist nicht von langer Dauer. Wenn die Liebesspiele unterbrochen werden, dann eher aus politischen Gründen, und um die Prediger, die im Verborgenen wachen, nicht zu verstimmen.
Am Hof ist man einhellig der Meinung, daß die Herzogin du Maine die bezauberndste aller Frauen ist. Klein, aber gut gebaut mit einem schönen Hals, einem Doppelkinn und wundervoll gerundeten Schultern gleicht sie, den Höflingen zufolge, auffallend der unerreichten Diane de Poitiers, deren Anatomie – in ihrer ganzen Pracht am Eingangstor des Schlosses von Anet zu bewundern – hinlänglich bekannt ist. Ihr üppiger, eindrucksvoller Körper, der erblüht ist wie »eine Blume der Schönheit«, wie man zu sagen pflegte, ist das Vorbild aller Versailler Damen.
Und was soll man über den Dauphin sagen, der den beachtlichen Appetit seiner Vorfahren geerbt hat? »Es war erstaunlich«, bemerkt der Herzog von Sourches, »Monseigneur le Dauphin beim Speisen zuzusehen. So wurde er jeden Tag dicker, und da er von kleinem Wuchs war, fürchtete man, daß das Fett ihn eines Tages erheblich behindern könnte.«
Ausnahmsweise wird hier die Fettleibigkeit einmal problematisiert. Die Anfälligkeit des Prinzen bereitet seinem Leibarzt, dem guten Doktor Fagon, große Sorge. Es bedarf seines ganzen Wissens, um die segensreichen morgendlichen und abendlichen Klistiere zu erdenken.
Auch Königin Maria-Theresia heilt er durch Klistiere von ihrer krankhaften Sucht nach Schokolade, mit der sie sich für gewöhnlich vollstopft. Die furchtbar abgemagerte Taille der Herzogin du Berry, die aus Trauer um ihren Gemahl abgenommen hat, rundet sich dank der »Bouillon piquant« wieder.

Ein Ehrenplatz für den Rhabarber im Garten von Versailles

Unsere Vorfahren heilen also Verstopfung, venöse Schwellungen, Völlegefühl und Blähungen des Leibes auch mit Kassie und Rhabarber ... Diese von den Kreuzfahrern in Europa eingeführten Pflanzen sind schon seit dem Mittelalter äußerst verbreitet. Doch während der Aufklärung gelangen sie selbst in höchster Gesellschaft zu unerwartetem Erfolg, wahrscheinlich eine Reaktion auf das herrschende Mißtrauen gegenüber der Ärzteschaft, die nur auf Klistiere und Aderlasse schwört, sei es, um zu- oder abzunehmen.

»Wer jeden Tag Stuhlgang hat, hat auch einen liebenswürdigen Charakter ... « erklärt Voltaire, der seinen Zeitgenossen dringend sein segensreiches Rezept anempfiehlt. »Bisweilen bin ich auch der Kassie zugunsten des Rhabarbers untreu geworden. Denn ich messe all diesen kleinen Heilmitteln, die man so oft unterbewertet, große Bedeutung zu. Wir haben sie den Arabern zu verdanken, von denen wir unsere Medizin und unseren Almanach übernommen haben. Ihr wißt vielleicht, daß unsere Herrscher mehr als fünf Jahrhunderte nur arabische und jüdische Leibärzte hatten, der Narr hingegen mußte ein Christ sein.«

Das Wort Rhabarber kommt von *Rheum barbarum* und bedeutet »Barbarenwurzel«. Diese Pflanze stammt aus China, und es dauerte Jahrhunderte, bis sie über die Seidenstraße nach Europa kam. Darum wird sie bei keinem Arzt der galloromanischen Antike erwähnt.

In allen Ländern, durch die der Weg des Rhabarbers führte, wurde er wegen seiner unvergleichlichen Fähigkeit gelobt, »die Spannkraft des durch übermächtigen Magenflux ausgeweiteten Darmgewebes wiederherzustellen«, den Magen zu kräftigen, die Verdauung zu erleichtern, von Hämorrhoiden zu heilen, venöse Stauungen, geschwollene Knöchel zu beseitigen, Blutdrang im Beckenbereich und Schwangerschaftsstreifen an den Hüften zu beseitigen. Vor allem aber

leitet der Rhabarber »sanft die Gallensäfte« ab. Wie auch immer er verabreicht wird – als Kompott, Wein, Absud, Infusion, Tinktur – er wirkt appetit- und verdauungsanregend und beugt Verstopfung vor.
Die Beliebtheit dieser Pflanze ist auch darauf zurückzuführen, daß sie sich gut akklimatisiert und leicht anzubauen ist. Es genügt, den riesigen Wurzelstock zu teilen, um ihn innerhalb einer Saison zu vermehren. In fast jedem Garten, der dieses Namens würdig ist, wachsen eine oder mehrere Pflanzen. Sie gedeihen hervorragend und benötigen keine besondere Pflege.
Ohne Botaniker zu sein, erkennt jeder diese Pflanze, die schon seit langem ihren Adelstitel hat: *Rheum officinale*. Der Stiel der Blätter hat eine entwässernde, abführende, galletreibende und stärkende Wirkung; die Blätter hingegen, reich an Naphtalinen, sind giftig. Mit Efeublättern zerstoßen oder zermahlen verwendeten ihn unsere Großmütter als Umschlag gegen Zellulitis, ein Mittel, dessen Wirksamkeit im übrigen durch die neuesten Erkenntnisse der Phytochemie bestätigt wird.
Die aktiven Substanzen der Pflanze werden ab dem Frühjahr synthetisiert und in den Zellen des Blattstiels gespeichert, wo sie sich mit Kalziumoxalat verbinden. Schon die volkstümliche Medizin rät Menschen, die zu Harnsteinen und -gries neigen, vom Verzehr des Rhabarbers ab.
Im Gegensatz zu den Ärzten zu Zeiten Molières, deren Klistiere ausnahmslos alle Krankheiten heilen, wissen die Menschen seit jeher genau, wann Rhabarber angezeigt und wann er ungeeignet ist. Er wird vorrangig bei durch Übergewicht hervorgerufenen Problemen eingesetzt. Eigenartigerweise beeinträchtigt der starke Tanningehalt der Pflanze keineswegs ihre abführende Wirkung. Der wäßrige Auszug des Rhabarbers verbessert die Arbeit der Nieren. Er senkt erheblich den Harnstoffgehalt und das Kreatinin im Blut. Die Schlacken müssen unbedingt ausgeschieden werden.

Andererseits erweisen sich die Alkaloide des Rhabarbers als wirksamer Blutdruckregulator. Denn sie hemmen die Umwandlungsenzyme der Angiotensine, Substanzen, die die Gefäße verengen und den Blutdruck erhöhen.
Die Kassie, die oft mit dem Rhabarber gleichgesetzt wird, wird aus einem großen tropischen Baum, dem Caneficier oder der Kassie, gewonnen. Bei ihren Früchten handelt es sich um zylinderförmige, nicht aufspringende Schoten von zwanzig bis dreißig Zentimetern Länge. Unter der dicken, holzigen Schale befindet sich schwarzes, gallertartiges Fruchtfleisch, das viel Pektin und Gummilösung enthält. Der süßliche, leicht herbe Geschmack resultiert aus den Bestandteilen Glukose und Tanninsäure. Jahrhundertelang setzte die volkstümliche Medizin die Kassie dem Rhabarberpulver gleich, das nach langem Trocknen aus dessen Stielen gewonnen wird. Die Pillen, die daraus hergestellt werden, sollen Leberleiden lindern.

Durch den Teufel zur Schönheit

Kosmetische Produkte und Diäten zur Gewichtszunahme reichen nicht mehr aus. Um ihrem Körper volle Schönheit zu verleihen, zögern die Frauen nicht, auf Magie und Zaubertränke zurückzugreifen. Alle Mittel sind gut, um dem Körper die gewünschten Formen zu geben.
Nach alten Dokumenten zu urteilen, gab es in ganz Frankreich kein Dorf, in dem sich nicht mindestens ein Viertel der Bevölkerung der Magie bediente und heimlich Zaubermeister und Hexen aufsuchte, um Mittelchen zu kaufen, die den Charme erhöhen, den drallen Körper verschönern und vor allem vor Magerkeit schützen sollten. Der Rückgriff auf die Magie ist den Theologen zufolge »der Versuch, Gottes Werk mit den Mitteln der Höllenfürsten zu beeinflussen«.
Doch das interessiert unsere Vorfahren im allgemeinen

wenig. Sie suchen bei diesen okkulten Methoden Hilfe, um ihre Schönheit zu bewahren, Liebe zu finden, sich an einem Gegner oder einer Rivalin zu rächen oder aber einen Blick in die Zukunft zu werfen und das Glück auf ihre Seite zu ziehen. Wenn auch einige Bischöfe aufgebracht den Teufel beschuldigen, die Hand im Spiel zu haben und empfehlen, vor allem »die Weiber und diejenigen, die am Hexensabbat teilnehmen«, zu überwachen, sind sich doch alle darin einig, daß die übrige Bevölkerung nicht weniger enthusiastisch ist, und die Frauen lediglich in Liebesangelegenheiten öfter Hilfe bei der Magie suchen. Selbst wenn ihnen dafür der Scheiterhaufen droht. Ob Katholiken oder Protestanten, Aristokraten oder Bauern, sie zögern nicht – ob nun direkt oder durch einen Mittelsmann –, Hexen aufzusuchen, die ihnen Puder oder Fett geben, das das Verlangen entflammen soll.

Magische Salben werden vorzugsweise am Freitag, dem Tag der Venus, angewandt. Aber auch der zweite Tag des Monats eignet sich hervorragend, um den Körper zu pflegen und seine ganze Schönheit zu unterstreichen. Schließlich wurde Eva am zweiten Tag der Genesis geschaffen, um Adam als Gefährtin zu dienen.

Einige Frauen tragen Säckchen oder mit geheimnisvollen Kräutern gefüllte Gürtel am Körper, mit denen sie sich auch zur Messe begeben, um sie segnen zu lassen. Die Verbindung heiliger und satanischer Kräfte unterstützt die Wirksamkeit dieser Mischungen.

Dann brodelt das Blut und läßt den Körper, der unter dem Zauber des »inneren Feuers« steht, in all seiner Schönheit erstrahlen. Die Verführungskraft ist so groß, daß kein Mann gleichgültig bleiben kann. Doch die Frauen wissen, daß die Magie nur eine begrenzte Wirksamkeit hat, die sie eifrig durch Schönheitspflege und Diäten mit zucker- und fetthaltigen Lebensmitteln vervollständigen.

Sowohl Favoritinnen als auch Königinnen rufen die Hexen

zu Hilfe, um die welkende Schönheit zu retten. Madame de Montespan zögert, wenngleich sie die Mätresse des »erstgeborenen Sohnes der Kirche« ist, nicht eine Sekunde, »auf dem Körper nackter Frauen Messen rückwärts lesen zu lassen…«, um sich ihren schönen Körper und die Liebe des Königs zu erhalten. Das Verwunderliche ist, daß man selbst im Zeitalter der Aufklärung noch fest an solche Rezepte glaubt!

Als in diesem aufgeschlossenen Milieu die strenggläubige Katholikin Madame de Maintenon ihre Nebenbuhlerin aussticht, behaupten viele Höflinge, sie habe das Herz des Sonnenkönigs nur durch »Zauberei« erobern können Doch das ist kein Grund zum Lachen, denn eine Generation später wird dasselbe gemunkelt wegen gewisser rätselhafter Verhaltensweisen der Madame de Pompadour:

Man fragt sich, wie die Marquise trotz ihrer schlechten Gesundheit und ihres eher kühlen Temperaments den anstrengenden Rhythmus des Hoflebens aushält. Wohl nur durch Zauberei. Wie wäre es sonst zu erklären, daß man sie »einmal abgemagert, mit müdem Gesicht und ihrer Nachtfrisur in der Kapelle sieht und bald darauf wohlgerundet und schöner denn je«?

Zu jener Zeit, als es das höchste Ziel ist, ins königliche Bett zu steigen und dort zu bleiben, werden Eifersucht und Intrigen oft zur Besessenheit. Die Leidenschaft treibt die Frauen zur Anwendung der ungeheuerlichsten Mittel, um dem Schönheitsideal des absoluten Herrschers zu entsprechen. Zu einer Zeit, in der alles von der königlichen Gunst abhängt, läßt man nichts unversucht, um sie zu erlangen, und sei es mit Hilfe des Hexenbesens.

Da diese Mittel jedoch nicht immer wirksam sind, gelingt es gelegentlich nicht, die Liebe des Angebeteten zu erwecken. Dann wird die Taktik geändert, und man versucht, den Undankbaren oder die siegreiche Rivalin leiden zu lassen. Auch für diesen Bereich mangelt es nicht an dämonischen

Rezepten. Eines besteht darin, die Rivalin frigide zu machen, indem man ihr das verbrannte und zu Pulver gemahlene Glied eines Wolfs verabreicht. Es sei denn, man entscheidet sich, ihr alle Öffnungen mit einer Mischung aus zerstoßenem Häher zu verstopfen ... Dann hat die Betroffene keinen Appetit und keine Regel mehr ... Sie magert ab und kann keine Kinder mehr empfangen. All diese Mittel gibt es gebrauchsfertig in kleinen Säckchen zu kaufen. Nicht selten werden Köche und Dienerinnen unter dem Verdacht der Komplizenschaft und des Verrats an ihrer Herrschaft zur Folter verurteilt.

Ist der eigene Mann untreu, greift man zu einem Talisman, der mit einem Band erwürgt wird. Dieses muß aus seinem Schuhband, seinem Gürtel, einem Stück seiner Kleidung oder einem Tuch, das er berührt hat, gefertigt sein. Der Knoten schnürt seine Lust, das heißt die Ejakulation, ab, und er wird impotent. Zeigt er jedoch Reue, erlangt er seine Virilität zurück. Es reicht aus, den Knoten durch einen Gegenzauber zu lösen, den man gegen eine weitere Bezahlung von der Hexe erhält.

Mit solchen Geschichten scherzen unsere Vorfahren nicht. Zu den beklagenswerten Opfern solcher Zauberei gehören auch König Philipp August und seine Frau. Daß die Ehe kinderlos bleibt, schreibt man ihren Feinden zu, die mit den »Kräften der Finsternis« paktieren. Viele Scheiterhaufen werden angezündet, doch die Verurteilten bleiben anscheinend auch im Jenseits hartnäckig, da aus der Ehe nie Kinder hervorgehen sollten.

Es ist interessant, die teuflischen Substanzen, die die Phantasie unserer Vorfahren so sehr beherrschten, ein wenig genauer zu untersuchen. Mathurin Régnier, Theologe und großer Dämonologe vor dem Herrn, der den verruchten Unterschlupf einer Prostituierten und Abtreiberin besichtigt, entdeckt ein aufschlußreiches Arsenal, das Richter, Folterknechte und Henker vor Entsetzen erzittern läßt:

Ein kleines Säckchen mit Quecksilber,
... Glut des Johannisfeuers,
Salz, Hostien, Farn, eine Kerze,
Drei in ein unbeschriebenes Pergament gewickelte Zähne von Toten,
Eine Fledermaus, das Gerippe eines Hähers,
Wolfsfett und Maibutter.

Dieses Repertoire an sich ist nicht besonders aufregend. Und doch brachte es der armen Hexe wiederholte Folter und die reinigenden Flammen ein.

In dem Bestreben, ihren Körper jugendlich zu erhalten, bitten die Frauen auch um Mittel zur Schwangerschaftsverhütung oder Abtreibung. Die Maschinerie funktioniert perfekt. Das erklärt das blühende Geschäft der Hexen, die alle Hände voll zu tun haben, um ihre liebeshungrigen und rachsüchtigen Kundinnen zufriedenzustellen. Im Jahrhundert der Enzyklopädisten werden jährlich auf den Marktplätzen viermal so viele Frauen wie Männer verbrannt, angeklagt, mit dem Satan im Bunde zu stehen.

Woher rührt dieses Ungleichgewicht, nachdem überall der Aberglaube gleichermaßen verbreitet ist? Den Dämonenspezialisten zufolge sucht der Teufel mit Vorliebe im Körper einer Frau Bleibe. Deren »Eingeweide« sollen angeblich größer sein, was zu einer »bestialischen Gier« führt ... Wie wäre auch die Anziehungskraft eines so fetten, fleischigen Körpers zu erklären, wenn nicht der Teufel im Spiel wäre? Indem die Frau sich dem Satan hingibt, beschmutzt sie ihr Geschlecht und schwächt es. Im Gegenzug werden ihre Formen opulenter und reizvoller. Auf diese Art legt der Teufel seine Falle im Geschlecht seiner Komplizin aus.

Unerwarteterweise erfährt die Diabolisierung des weiblichen Körpers glühende Unterstützung von seiten der Ärzteschaft. Fast einstimmig versichert diese, daß »die Frauen skrofulöse und feuchte Körpersäfte« haben. »Das Feuchte gerät leicht in Wallung und nimmt Eigenschaften und Form an.« Man versteht also, warum der Teufel ihnen die Geheimnisse der Schönheit, der Liebe, und vor allem der Fruchtbarkeit und Sterilität – die beiden wichtigsten Themen für Frauen – anvertraut.

In dieser frauenfeindlichen Zeit verkörpert das Weib nichts als die Sünde. Gesetz, Wissenschaft und Geistlichkeit schreiben ihm auch eine natürliche Veranlagung zum Bösen zu. Dies ist in den Augen der Männer mit dem unergründlichen Geheimnis eines Universums verbunden, an dem Staat und Kirche scheitern. Verkörpert die Frau nicht eindeutig den Fortbestand der mündlichen Tradition, deren Zauber zuweilen irrational und unfaßbar ist?

Und gegenüber dieser Unterwanderung, die alle Ebenen der Gesellschaft betrifft, sind die Männer in ihrer etablierten Stellung machtlos. Eben daher rühren die unerbittliche Hexenjagd, die Barbarei, der Haß und die übertriebene Grausamkeit, die bis zum kollektiven Wahnsinn reicht und danach trachtet, mit der auferlegten Strafe ein Exempel zu statuieren, um das Volk zu »erziehen« und es vor dieser unkontrollierbaren und allgegenwärtigen Hölle zu warnen.

Denen, die zum Scheiterhaufen verurteilt sind, weil sie es gewagt haben, ihren Schwestern »Hausmittel« anzuraten, um ihre Illusionen nicht zu zerstören, widmet Michelet folgende poetische Hommage: »Die Frau bringt Gedanken und Götter hervor. An manchen Tagen ist sie hellsichtig, sie ist von Verlangen und Traum beflügelt. Um die Zeit besser zu erfassen, beobachtet sie den Himmel. Doch auch der Erde gehört ihr Herz. Sie senkt den Blick auf die lieblichen Blumen, sie, die sie selbst so jung und schön wie eine Blume ist, lernt sich selbst kennen. Als Frau bittet sie sie, die zu heilen, die sie liebt.«

Das schwarze Brot der Sansculotten

Die Kartoffel überlebt die Revolution

Im Laufe des 18. Jahrhunderts wird in Frankreich, trotz der bereits bekannten Arbeiten von Olivier de Serres, die Diskussion um die Kartoffel mit unverminderter Leidenschaft fortgeführt.

Ein gewisser Parmentier gerät während des Siebenjährigen Krieges in westfälische Gefangenschaft, wo er die mehlige Knolle kostet, die zum Hauptnahrungsmittel der Einheimischen geworden ist. Nein, davon bekomme man keine Lepra, wie es in Frankreich heißt! Die Erdfrucht ist im Gegenteil nahrhaft und sogar geschmackvoll. Bei seiner Rückkehr in die Heimat versucht Parmentier, seine Mitbürger von den Qualitäten der Kartoffel als Nahrungsmittel zu überzeugen. Wäre das Pariser Volk ihm gefolgt, hätte es sicher nicht gehungert und sich nicht die Mühe gemacht, die Bastille zu stürmen.

Doch zumindest Ludwig XVI. glaubt seinem Untertan. Nachdem er verschiedene aus dieser Knolle zubereitete Gerichte gekostet hat, bestätigt er Parmentiers Ansicht und beschließt, den Anbau der Kartoffel in der Ebene von Sablons auszuprobieren. Man muß dazu sagen, daß der Herrscher schon oft von diesem Gemüse gehört hat. Denn auch der bezaubernden Königin ist diese Spezialität aus ihrer Heimat bestens bekannt.

Am 25. August 1785 überreicht Parmentier dem Herrscher in Anwesenheit des Hofstaates einen Strauß Kartoffelblüten. Ludwig XVI. beglückwünscht ihn und gewährt ihm die höchste Ehre: »Monsieur Parmentier, Männer wie Euch belohnt man nicht mit Geld. Es gibt nur eine Währung, die ihres Herzens würdig ist! Reicht mir die Hand, Ihr dürft die Königin küssen.« »Sire«, gibt Parmentier vor Ergriffenheit bebend zurück, »von nun an wird es keine Hungersnot mehr geben.«

Da steckt sich Ludwig XVI. eine der Blüten ins Knopfloch und reicht auch der Königin eine, die sie in ihr Haar flicht.
Die Bürgschaft des Königspaares vermag die Franzosen jedoch nicht davon zu überzeugen, zugunsten der Kartoffel auf ihren Brotlaib zu verzichten. Erst nach der Revolution schätzen sich die ausgehungerten Menschen glücklich, die »Parmentière« essen zu dürfen. Deren tapferen Verfechter hingegen sperrt man in das Gefängnis der Conciergerie, und beinahe wäre er auch noch unter die Guillotine geraten. Das Verbrechen, das man ihm vorwirft, besteht darin, die Kartoffel mit Unterstützung des Königs angebaut zu haben! Die Geschichte ist zuweilen undankbar ...
Doch der Kartoffel widerfährt auch weiterhin so manche Ungerechtigkeit. Selbst im 20. Jahrhundert, dem Zeitalter der Molekularbiologie, beschuldigt man sie noch, aufgrund ihres hohen Stärkegehalts zur Gewichtszunahme zu führen. Die Gefräßigkeit der französischen Könige – und da macht auch Ludwig XVI. keine Ausnahme – bedarf keines weiteren Kommentars. Die berühmte Anekdote über seinen Hochzeitsabend ist allgemein bekannt. Der junge, kaum sechzehnjährige Prinz ißt während des Hochzeitsbanketts so viel, daß sich sein Großvater Ludwig XV. nicht des Ratschlags enthalten kann: »Ihr solltet heute nacht keinen allzu vollen Magen haben!« »Warum das?« gibt der Dauphin zurück. »Ich schlafe viel besser, wenn ich gut zu Abend gegessen habe.«
Und tatsächlich gehört der gute Ludwig XVI. mit seinem dicken Wanst eher zu den Schwergewichtigen. Er ist stämmig, untersetzt und weichlich. Welcher Gegensatz zu der prachtvollen Eleganz der Marie-Antoinette! Mit ihren »einhundertneun Zentimetern Brustumfang«, wie uns ihre Schneiderin Madame Eloff enthüllt, bringt die Königin die schlanke Taille in Versailles in Mode. Bisweilen wirft Marie-Antoinette ihrem königlichen Gemahl seinen Heißhunger als etwas Unschickliches vor, doch Ludwig XVI. vermag seinen heftigen Appetit nicht zu mäßigen. Man könnte fast

behaupten, daß ihm seine ausgedehnten Mahlzeiten zum Verhängnis wurden, wie zum Beispiel in Varennes während der Flucht der königlichen Familie vor den Streitern der Revolution. Wenn der König an diesem denkwürdigen Tag nicht einen seiner alten Diener um ein Diner gebeten hätte, wodurch er sich schließlich verriet... Das zeigt, daß uns der Magen manchmal ins Verderben stürzen kann.

Die großen Damen verzehren kleine Portionen

Der schlanken Linie zuliebe orientiert sich der Geschmack nun mehr an ländlichen Genüssen. Im Zuge der Rückkehr zur Natur und zum einfachen Leben tendiert man dazu, den Geschmack jedes einzelnen Nahrungsmittels zu genießen, nicht übermäßig zu würzen und von unbedachten Mischungen Abstand zu nehmen. »Die Kohlsuppe soll nur nach Kohl schmecken.« Zum großen Leidwesen der Küchenchefs ist das Menü der Königin in der Regel schlicht, ja fast kärglich. Und die Hofdamen ernähren sich im wesentlichen wie sie. Um ihre schlanke Linie zu wahren, eifern sie der Königin nach. Im Jahr 1776 jedoch sind zur Geburtstagsfeier der Königin an beiden Enden der Grande Galerie sechs Tische gedeckt. Dort findet man nicht nur gekochten Fisch, sondern auch frischen Lachs, Forellenpasteten, Seezungenfilets, Geflügel und Rindsrouladen. Dazu gibt es eine Vielfalt an Weinen, mehrstöckige Torten und vor allem nach den verschiedensten Wiener Rezepten hergestellte Baisers sowie riesige Obstkörbe, die auch exotische Früchte enthalten, nach denen das Königspaar ganz verrückt ist: Ananas, Bananen, Orangen, Granatäpfel... Doch dieser Überfluß erweist sich als nicht ausreichend. Wenige Stunden nach der Eröffnung des Balls sind die Tische bereits leer! Einige der Gäste sollen angeblich Speisen eingepackt haben, was Marie-Antoinette den Abend verdirbt.

Trotz der politischen Unruhen, die von Tag zu Tag zunehmen, hat das Volk vorerst noch zu essen. Das Gemälde *Le Repas* des zeitgenössischen Malers Lebrun zeigt einen Familienvater, der vor dem Essen betet, auf seinem Hocker. Neben ihm hält eines der Kinder seine Andacht, ein kleineres sieht mit begehrlichem Blick auf die Suppenschüssel. Die Mutter steht daneben und füttert das Baby mit einem Löffel. Trotz der schwierigen Lebensbedingungen wird im Volk noch das Tischgebet gesprochen.

Am Vorabend der Revolution zählt Paris kaum eine halbe Million Einwohner. Der Polizeipräfekt Lenoir hat eine genaue Auflistung der Lebensmittel erstellt, die täglich in die Markthallen gebracht werden: 350 000 Schafe, 120 000 Rinder, 80 000 Kälber, 40 000 Schweine ... Man kann sich kaum vorstellen, wie die Reichen solche Massen an Fleisch verdauen können. Die Lebensmittel halten sich nicht lange, so daß ein schneller Absatz nötig ist. Das kommt in normalen Zeiten dem Volk zugute, das zu niedrigen Preisen die unverkauften Reste erwerben kann. Was die Armen und Bedürftigen angeht, so bietet der Inhalt ihres Brotsacks ein trostloses Bild: »Alte Brotrinden, weggeworfene Kohlköpfe und Rüben, Knochen, die kaum ein Überleben erlauben.«

Während der letzten Jahre des Ancien Régime sind die Ernährungsgewohnheiten bei Hofe wesentlich weniger ausgefallen und üppig als unter der Herrschaft Ludwigs XV. Die Rückkehr zur Natur führt auch zu einer Veränderung des Schönheitsideals. Die Frauen tragen jetzt ein Fischgrätenkorsett, das den Oberkörper vom Hals bis zur Taille umschließt und eng geschnürt wird. Der Gürtel hat im allgemeinen nur eine rein dekorative Funktion, da die schlanke Taille bereits durch die unter dem Kleid verborgenen Bügel gewährleistet wird.

Am Vorabend der Revolution schreibt die Mode fließende Hemdkleider vor, die die zierliche Linie betonen. Der Fal-

tenwurf dieser Kleider orientiert sich an den Kostümen der Antike. Sie werden durch Seiden- oder Musselinschärpen zusammengehalten, die im Rücken zu einer Schleife gebunden sind.
Einige kokette Damen gürten ihr Gewand unter dem Busen, so wie es uns Madame Vigée-Lebrun in ihrer Eleganz zeigt. Dieser Stil unterstreicht die Form des Oberkörpers ebenso wie die anmutige Linie des Nackens und der Schultern. So wird die Korsage optisch verlängert und der Effekt einer hohen Taille erzeugt, die zu jener Zeit hoch im Kurs steht. Allzu korpulente Frauen setzen Blutegel ein. Es heißt, der Biß dieser Würmer beuge auch Hämorrhoiden vor, jenem Leiden, das unsere Vorfahren so lange plagte. Die schlanke Taille bleibt über die Wirren der Revolution hinaus unverändert modern. Weder die Sansculotten noch die glühenden Revolutionäre zeigen sich gegenüber der zarten Silhouette der Bürgerinnen gleichgültig.
Direkt nach der Schreckensherrschaft Robespierres kommt völlig unerwartet die Mode der »Incroyables« (männliche Modenarren) und der »Merveilleuses« (allzu modisch gekleidete Damen) auf, deren Frivolität im krassen Gegensatz zu der drückenden Stimmung und dem Lärm der Trommeln und der Guillotine steht. Das Volk tobt sich aus und beginnt zu tanzen. Zum Teufel mit den ständigen Aufrufen zur Revolution und Konterrevolution! Es ist wie ein Triumph der menschlichen Spezies nach dem Vorüberziehen eines tödlichen Schattens: »Sich zu befühlen und zu spüren, daß man den Kopf noch auf den Schultern trägt, sich zu sagen: Aber ich lebe ja noch!« schreibt Michelet.
Die Ballkleider sind häufig lang, unter der Brust zusammengehalten und haben ein tiefes Brust- und Rückendekolleté. Durch ihren fließenden Schnitt wirken sie fast ätherisch. Allen Stürmen und Angriffen zum Trotz hält sich dieser Stil bis zum Zweiten Kaiserreich, mit dem der Reifrock Einzug hält.

1789:
Ein Jahrgang geht in die Geschichte ein

In diesem Jahr verbündet sich der Himmel mit dem tragischen Geschick. Die Getreideernten werden in zahlreichen Gegenden durch schwere Gewitter verwüstet. Und im August kommt eine furchtbare Trockenheit über das ganze Land. Das Viehfutter geht zur Neige, die Ställe leeren sich. Die Wassermühlen stehen still.

In Paris werden die Schlangen vor den Bäckereien immer länger, in denen man jedoch nichts als schwarzes, bitteres Brot findet, von dem man »Darmkoliken« bekommt. Der Sturm auf die Bastille im Juli hat leider die Scheunen nicht gefüllt. Die Lage wird immer kritischer. An einem Oktobertag zieht die ausgehungerte Menge gen Versailles, um die »Bäcker, Bäckerinnen und Bäckerjungen« zu holen.

Im Oktober 1793 muß der Konvent das »Loi du Maximum« erlassen, das den Preis der Nahrungsmittel festsetzt. Für Brot und Fleisch werden Zuteilungskarten ausgegeben. Aufgrund der Lebensmittelknappheit ist man gezwungen, in den Tuilerien und im Jardin du Luxembourg Gemüse anzubauen. »Die wahren Patrioten müssen ebenso kärglich leben wie die Spartaner ... « Hofft man, mit solch schönen Worten die Menge zu beruhigen, ohne zu bedenken, daß ein hungriger Bauch keine Ohren hat?

Überall hängen Plakate, die die idyllische Verbrüderung der »Bürger-Bankette« preisen: »Der Reiche bringt seinen Braten, der Arme seine Grütze. Man speist mit jener französischen Heiterkeit, die den Sinn der Gleichheit noch erhöht.« Nicht erwähnt wird hingegen die Tatsache, daß der Schwarzmarkt und die Gesetze des Dschungels auf dem Vormarsch sind. Während die Abgeordneten – große Verfechter spartanischer Kargheit – in dem für seinen Luxus und seine erotischen Darbietungen berühmten Restaurant Méot speisen, verzichtet das Volk auf Hummer und begnügt sich mit dem *Thermidor*. Die Menge, die nach schwarzem

Brot ansteht, murrt nicht einmal beim Anblick der vielen Weißbrote, die den Volksvertretern zugedacht sind. Es ist besser, den Mund zu halten, als den Kopf zu riskieren.
Um die Privilegien zu rechtfertigen, die sich die Abgeordneten zugestehen, erklärt der Präsident des Wohlfahrtsausschusses: »Ich verfahre nach dem Prinzip, daß die Männer, die die schwere Arbeit in der Nationalversammlung auf sich nehmen, gut versorgt werden müssen, damit sie nicht unter der Last ihrer Arbeit zusammenbrechen.«
Selbst die Armee, der Stützpfeiler der Revolution, wird nicht besser bedacht als die Masse der Armen. Die zerlumpten Soldaten bekommen nur ein Viertel ihrer Ration und ein Hundertstel ihres Soldes. »Soldaten, ihr seid schlecht gekleidet und unterernährt ...«, so lockt Bonaparte mit dem Reichtum Italiens. Indem er ihre täglichen Lebensbedingungen verbessert, verändert dieser junge General nicht nur seine Armee, sondern auch den Lauf der Geschichte.
Den Landbewohnern geht es hingegen besser als den Städtern. Die Bauern verstecken ihr Korn, leben von den Erzeugnissen ihrer Höfe und machen Geschäfte mit den Schwarzmarkthändlern. Die Geschichte der Lebensmittel während der Revolution zeigt, daß sich der Bauer erstmals für die traditionelle Verachtung seines Standes rächt. Während das Volk zu normalen Zeiten ablehnte, Kartoffeln zu essen, entdeckt es jetzt plötzlich, wie köstlich diese Knolle ist, vor allem, wenn dazu ein Hering, Pilze oder ein Karottensalat gereicht werden ...
Die Revolution hat ihre eigene Moral, schafft einen ihr eigenen Puritanismus. Der Sturm des Zornes fegt Mehl und Schönheitspuder davon. Die kosmetischen Täuschungen, hinter denen sich die Falschheit der Höflinge verbirgt, verschwindet zugunsten ländlicher Schlichtheit. Am Hof wird das Haar mit Stroh, reifen Brombeeren und kleinen Schäferfiguren geschmückt ..., ehe der Kopf schließlich in den Korb unter dem Schafott fällt. Das Gesicht der

Sansculotten dagegen zeugt stolz von ihrer bescheidenen Herkunft. Rouge ist nicht mehr gefragt. Die Wangen bleiben ungeschminkt und sind nur von revolutionärer Kühnheit gerötet.

Man liebt muskulöse, starke, maskuline Frauen, die kämpferisch und hocherhobenen Hauptes einherschreiten. Ein Körper mit energischer Haltung wirkt verführerisch. Jeder stellt seine Gesinnung offen zur Schau. Die Gefühle sind vom Gesicht abzulesen. Die dick aufgetragene Maske fällt zugunsten einer Pflege, die gesundheitsorientiert, anständig, authentisch, volkstümlich und auch praktisch ist.

In Wirklichkeit handelt es sich um eine andere Maske, die dem wahren Wesen freien Lauf läßt. Sozusagen eine Anti-Maske, die für ein nihilistisches Verhalten steht und somit ein Gegenmodell aufstellt. Die innere Kraft sprengt die Form des Körpers. Mit seiner tragischen Haltung verkörpert er Gewalt, Verzweiflung und Auflehnung.

Die kaiserliche Herbst-Winter-Kollektion

Kaum ist der revolutionäre Zorn jedoch verflogen, kommt das Streben nach Schönheit wieder zu seinem Recht. Im Kaiserreich Napoleons ist vor allem die Mode der »Kräftigen« angesagt. Wie es sich gehört, ist die Uniform an der Tagesordnung. Der Militärstil steht überall hoch im Kurs, sei es in der Schule, in der Stadt oder in Versailles. Um sich ein kriegerisches Aussehen zu geben, wird der Oberkörper durch mehrere übereinander getragene Westen stattlicher gemacht. Wer mit so stolz geblähter Brust daherkommt, wirkt kämpferisch, selbst wenn er noch nie ein Gewehr in der Hand hatte.

Da man sich vor allem den Anstrich eines rauhen Soldaten zu geben versucht, werden Kragen und Revers, die oft spitz zulaufen, durch Ziernähte und Gegenfutter aus Tuch betont.

Der Gehrock wird doppelreihig mit vergoldeten Knöpfen geschlossen. Das erinnert mehr an eine Uniform. Auch die Gehröcke mit doppeltem Kragen aus der Zeit des Konsulats werden beibehalten.
Für die Frauen bleibt am Hof das Kleid mit hoher Taille Vorschrift. Eigenartigerweise erfährt die Mode der hochgewachsenen, schlanken Frauen zur Zeit des Kaiserreichs weltweit Zuspruch. Der Kaiser kümmert sich nun sogar selbst um die Mode. Napoleons Genie besteht darin, erkannt zu haben, daß der Schönheitskanon weit mehr ist als nur weiblicher Tand. Seiner Auffassung nach muß die Mode ein Kampfmittel sein. Es handelt sich also um eine Strategie im Dienste des Staates. So wird sie dem Zugriff der Frauen entzogen, nicht mehr von ihnen selbst, sondern für sie entworfen. Paradoxerweise wird sie vom Kaiser vorgeschrieben, nach seinem Geschmack festgelegt und seinen territorialen und weiblichen Eroberungen angepaßt.
Napoleon bevorzugt große, athletische Frauen. Er zögert auch nicht, seine Gunst den Mageren zu gewähren, wie etwa der schönen Eleonora mit dem schlanken, geschmeidigen Körper. Sein Geschmack schwankt, Voraussetzung für sein Wohlgefallen jedoch sind ein wohlgeformter Körper und vor allem ein gut entwickelter, fester, runder oder kegelförmiger Busen, ganz nach dem Vorbild der Antike. Davon zeugen seine glühenden Briefe an Joséphine: »Mein Gott, wie glücklich ich wäre, Eurer bezaubernden Toilette beiwohnen zu können, schmale Schultern, kleine, weiße Brüste, geschmeidig und fest.«
Seine Majestät mißt dem Luxus der Damengewänder als Ausdruck seiner Dynastie besondere Bedeutung bei. In seinen Augen verschönt und adelt die Mode die Frau. Ein hervorragendes Propagandamittel! Der Monarch verlangt also von seinen neuen Höflingen eine prächtige Aufmachung, Kleider mit Schleppe und tiefem Dekolleté bei den Hofdamen, um den Prunk der stattlichen Erscheinungen zu unterstreichen.

Die Ungeschicklichkeit und Steifheit einiger Parvenus wirkt erheiternd. Madame de Stael haben sie zu jenen ironischen Zeilen inspiriert: »Diese Anfänger in der Laufbahn der Höflichkeit schienen nicht der Auffassung, daß Gewandtheit zum guten Ton gehört.«

Man muß sich fragen, ob die Regeln der Eleganz, die im übrigen in Versailles ersonnen und am 18. Brumaire durch ein kaiserliches Dekret amtlich bestätigt werden, wirklich geschaffen sind, um die ästhetischen Anforderungen der Bürgerinnen zu befriedigen.

Natürlich bringt ein solches Reglement auch Schwierigkeiten mit sich. Es ist nicht so einfach, der Phantasie zu widersprechen, die Frauen in ästhetischen Fragen an den Tag legen. Wie soll man alle dazu bewegen, diesen »neoklassizistischen« Stil anzunehmen, selbst wenn er von David, dem »ersten Maler des Kaiserreichs«, entworfen wurde? Viele finden sein »Schönheitsideal« – auch wenn seine Bilder immer wieder Frauen in lässiger Haltung zeigen – künstlich und tragisch, »pathetisch und theatralisch«.

Seine Allegorie der Plastik ist zugegebenermaßen ein wenig an den Haaren herbeigezogen. In seinem vorrangigen Bemühen um spannungsgeladene Bewegungen geht er im Eifer gar so weit zu dekretieren, daß »die von Heroismus und staatsbürgerlichen Tugenden geprägten Züge die Seele des Volkes entflammen und alle Leidenschaften in ihm keimen lassen …«

Das Dogma des akademischen Aktes feiert die muskulöse Schönheit der kämpferischen Frau, die sich ganz der Größe des Vaterlandes verschreibt. Dabei gibt der Maler in *L'Amour et Psyché* zu, daß es der »Antike an Schwung mangelt und daß sie die Gemüter nicht aufzurütteln vermag …«

Gegen Ende dieses Regimes erfährt die Damenmode eine Veränderung. Das griechisch-römische Modell wird abgelegt. Die Reize des Neoklassizismus mit seiner strengen Linie wirken nicht mehr verführerisch. Niemand glaubt mehr an diese »einfache Größe, die die Massen verbindet, ohne sie zu verwirren.« Jetzt rühren im Gegenteil eher die grazilen, schmachtenden Musen die Herzen und regen die Geister an, die nach jener romantischen Nostalgie streben, die in Deutschland bereits in Mode ist und sich in Frankreich unter der Feder von Chateaubriand und Madame de Stael ankündigt.

Wir schreiben das Jahr 1814, ein Jahr später kommt es zur Niederlage bei Waterloo. Das neue Idealbild der Frau – blaß, schmächtig und verträumt – ist unterschwellig bereits vorhanden. »Die ungeheure Blässe der meisten Tänzerinnen hat mich beeindruckt«, bemerkt ein Zeitzeuge gegen Ende des Kaiserreichs. »Anscheinend ist es nicht mehr in Mode, sich zu schminken. Das paßt gut zu Madame de Récamier, deren Teint so durchscheinend ist, daß man das Blut unter der Haut zirkulieren sieht. Ihre Toilette war ganz aus weißem Satin und Musselin, das Kleid im Rücken tief dekolletiert, so daß man ihren Nacken, der an den der Aphrodite erinnert, und ihre reizenden Schultern bewundern konnte ...«

Die Idylle, die Chateaubriand in dem Roman *René* beschreibt, zeugt auf ihre Art von der Veränderung und Entwicklung der Mentalität und der Natur des Individuums, die nun langsam deutlich wird. Die neue, aus den Bewegungen und Gegenbewegungen der Geschichte hervorgegangene Generation verlangt nach anderen Werten als nach Ruhm.

Zu jener Zeit, als die romantische Schönheit die Weltbühne betritt, wird allein der spätere Ludwig XVIII. seiner Vorliebe für das alte Ideal treu bleiben: »Er mußte Joséphine Elisabeth von Savoyen heiraten, ein dickes Mädel von achtzehn Jahren. Die Taille dieser Prinzessin, die mehr in die Breite als in die Länge ging, wurde von einer so üppigen Brust überragt, daß man die Hälfte kaschieren mußte, um seiner königlichen Hoheit die Peinlichkeit einer monströsen

Überfülle an Reizen zu ersparen. Doch alle Kunstfertigkeiten der Zofen vermochten nicht die doppelte Halbkugel zu verbergen, die an jene erinnerte, die die Bierbrauer an der Kruppe ihrer Pferde ziehen... Wenn Madame ging, bebte diese derartig, daß sich der Vergleich förmlich aufdrängte.« (Michel de Decker)

Ein Adelstitel für zwei Zuckerhüte

Und wieder tut sich Madame de Récamier hervor: diesmal, indem sie der französischen Kochkunst zu neuem Ruhm verhilft. Fisch und Klößchen, Wild und Gemüse, Obst und Naschwerk, und dazu ein guter Wein und Champagner... Die bezaubernde Juliette versteht es, ihre Gäste zu verwöhnen. Sie macht dem gastronomischen Ruf Frankreichs alle Ehre.

Die Kunst der französischen Tafelfreuden, die während der turbulenten Jahre der Revolution in Vergessenheit geraten ist, erstrahlt – wie so bedeutende Männer wie Brillat-Savarin, Grimond de la Reynière und der begnadete Koch Carême bezeugen – in neuem Glanz. Die Revolutionäre, die jetzt in den Adelsstand erhoben sind, haben Rousseaus allzu »ökologische« Speisepläne schnell vergessen.

Dabei ist das Wiederaufleben dieser hervorragenden Gastronomie nicht auf die Schlemmerei des Kaisers Napoleon zurückzuführen, der die einfache, deftige Nahrung seiner Soldaten vorzieht. Nachdem er Herr von Versailles geworden ist, labt er sich dennoch gern an fettem Fleisch und anderen, ebenso delikaten Gerichten, zu denen er mit eiskaltem Wasser vermischten Chambertin-Wein trinkt. »Was für ein Verbrechen!«, lautet Talleyrands entsetzter Kommentar.

Der Kaiser und die Kaiserin lieben mächtige, mehrstöckige Torten, die der talentierte Carême, »der Fürst der Köche und Zuckerbäcker«, für sie zubereitet. Sein Werk *Le Pâtissier pit-*

toresque (Der Zuckerbäcker) hat trotz des Krieges zwischen England und Frankreich, in London ungeheuren Erfolg.
Unter diesen Umständen versteht man, warum der Kaiser dem durch die Kontinentalsperre hervorgerufenen Zuckermangel eine so große Bedeutung beimißt. Als Chaptal den Kaiser am 2. Januar 1812 davon in Kenntnis setzt, daß es Delessert gelungen sei, aus Rüben Zucker zu gewinnen, begibt sich Napoleon sogleich in die Fabrik von Passy, wo er sich mit den tief ergriffenen Arbeitern unterhält. Endlich erscheint Delessert, der alle Mühe hatte, sich einen Weg durch die kaiserliche Eskorte zu bahnen. Er wirft sich dem Kaiser zu Füßen und überreicht ihm die beiden ersten in Frankreich hergestellten Zuckerhüte. Der entzückte Kaiser nimmt spontan seine eigene Medaille der Ehrenlegion, steckt sie dem Industriebaron an und ernennt ihn zum Höfling des Kaiserreichs.

Neue Künste, neue Körperformen

Als Anhänger der Raffinements seiner Zeit hat es François Boucher besser als alle anderen Künstler des 18. Jahrhunderts verstanden, die »Wonnen der Liebe« mit einer anrührenden und zauberhaften Harmonie darzustellen. Ob es sich um Diana oder Venus handelt, um nackte Göttinnen oder anmutig gekleidete Schäferinnen, ob sie schlank oder üppig sind: Die rosigen Damen, die er malt, bezaubern durch die Sinnlichkeit ihres Körpers und ihren Wunsch zu gefallen.
Bei Boucher dient alles als Vorwand, um die Weiblichkeit zu verherrlichen. Selbst die schlanke, prächtige Madame Pompadour mit dem blassen Teint verwandelt sich unter seinem Pinsel in eine unschuldige Genießerin mit feuchten Lippen und großen, unschlüssigen Augen. Kein Wunder, daß Boucher zum Favoriten der Favoritin wurde! Ganz offensichtlich liebt er weder die fleischliche Üppigkeit eines Rubens noch

die zurückhaltende Nostalgie Watteaus, sondern zieht die Frische eines glatten, wohlgerundeten Körpers vor, der harmonisch, poetisch, sinnlich ist.
Seine Kunst, mit der er es in bewundernswerter Weise versteht, die anmutigen Bewegungen der Frau in all ihrer Eleganz wiederzugeben, ist die Kunst der »Tollheit«, der frivolen Träumereien. Die Formen seiner Modelle erblühen um so prächtiger, je vollendeter das Werk des Malers wird.
Der Künstler ermöglicht seinem Publikum einen Ausbruch aus dem Alltag in die Annehmlichkeiten des Lebens. Darin unterscheidet er sich grundlegend von seinem Kollegen Chardin. Die große Sensibilität, die sich in seiner lebendigen Pinselführung zeigt, läßt niemanden gleichgültig. Als gewissenhafter Beobachter seiner Zeitgenossen versteht es Boucher, ihren Geschmack, ihre Schwächen, ihr zweideutiges Schamgefühl und das Ungesagte auszudrücken. Indem er sie stilisiert, vermag er den Augenblick, das Flüchtige einzufangen, das eher suggestiv als demonstrativ ist. Seine Körper provozieren und lösen beim Betrachter jenen leisen Schauder aus, der den Anstand verletzt. »Dieser Mann greift nur zum Pinsel, um mir Brüste und Hinterteile zu zeigen«, wettert der tugendhafte Enzyklopädist Diderot. Sobald der Akt den Bereich des starren, asexuellen Akademismus verläßt, weckt er das Schamgefühl der wohlanständigen Zensoren.
Auch Fragonard, Bouchers Schüler, verkörpert jenes leichtfertige, freigeistige und begehrliche 18. Jahrhundert. Dieses kühne und originelle Genie enthüllt uns verschiedene ästhetische Aspekte seiner Zeit. Weit von jeder banalen Schlüpfrigkeit entfernt, hat auch Fragonard jene fast instinktive Fähigkeit, den verborgenen Aufruhr des Fleisches anklingen zu lassen, ihn, wie etwa in seinem Werk *L'Instant désiré* (Der ersehnte Augenblick) zu feiern. Die Komposition dieses Werks ist ganz von der bloßen Büste bestimmt und huldigt der Leidenschaft. Das Echo dieser Melodie weckt eine gewisse Unruhe, jene der Romantik vorausgehende

Emotion. Indem der Künstler einen Schleier zwischen den Blick des Betrachters und die entblößten Brüste legt, nimmt er ihnen jegliche unkeusche Note. Durch die warme Sinnlichkeit, die der Kontrast von Licht und Schatten erzeugt, werden die Liebkosungen verherrlicht und zum Leben erweckt.

Im Gegensatz zu den idealisierten Akten der Mythologie, in denen der Betrachter sich nicht erkennt, scheinen jene von Fragonard den Blick in eine schwärmerische Version der Wirklichkeit zu entführen und liefern somit einen Vorwand, auf den offenkundig so unschuldigen Details wie der Stirn, dem Nacken, dem Hals, den Schultern zu verweilen …

Die Schönheit, die er besingt, wird »ekstatisch«, von ihr geht eine unbezähmbare Kraft aus. Dabei spielen Intensität der Formen und Aufteilung kaum eine Rolle. Das Wichtige ist, daß sie faszinieren und den Betrachter in den Bann jenes Tanzes zwischen Realem und Irrealem, zwischen Ablehnung und Akzeptanz ziehen. Das ist das subtile, ewige Spiel zwischen Liebe und Zufall, das uns an die Lebensfreude erinnert.

»Die Französische Revolution«, so bemerkt Sollers, »war nur möglich, weil Ludwig XV. und die Pompadour Fragonard nicht bemerkt haben, weil Ludwig XVI. und Marie-Antoinette ihn ignoriert haben. Fragonard, den einzigen Maler, der den Menschen in seiner vollen Entfaltung darstellt.«

Blasse romantische Magerkeit

> Schluß mit den Aristokraten, Platz den feisten Bürgern

Mit der Restauration der politischen Verhältnisse erleben wir auch die Apotheose der Küche. Als Brillat-Savarin die französische Gastronomie in den Rang der universellen Kunst erhebt, greift er bereits das Problem ›Übergewicht‹ auf: »So ich ein wohlbestallter Arzt mit einem Doctordiplom wäre, hätte ich zuerst eine gute Monographie der Fettleibigkeit geschrieben, und dann hätte ich mein Reich in diesem Winkel der Wissenschaft aufgeschlagen und so den doppelten Vorteil genossen, Leute, die sich vortrefflich befinden, als Kranke zu behandeln, und außerdem von der schönen Hälfte des Menschengeschlechts täglich belagert zu werden, denn ein richtiges Maß von Rundung zu besitzen, weder zuviel noch zuwenig, ist für die Frauen das Studium ihres ganzen Lebens.« *(Physiologie des Geschmacks, Meditation XXI)*
Dieser Kanzler am Kassationsgericht träumt davon, Arzt zu werden. Und doch ist es die Kochkunst, die ihn unsterblich machen wird. Unser Papst »der Gourmandise« ist ein Cousin von Juliette Récamier, der er übrigens, wenn auch im stillen, unendliche Bewunderung zollt. Wegen seines majestätischen Bauches gibt ihm Balzac den Beinamen »Tambourmajor des Kassationsgerichts«. Dabei scheint der Autor der *Menschlichen Komödie* vergessen zu haben, daß auch sein Bauch alles andere als flach ist.
Erstaunlicherweise lieben die Männer, die Mitte des 19. Jahrhunderts oft korpulent sind, das Essen, zugleich jedoch grazile, melancholische Frauen mit romantischem Charme, wie es der Zeitgeist verlangt. Magerkeit ist wieder gefragt.
Dieses Jahrhundert ist aber auch das fanatischer Frauenfeindlichkeit. Man beschimpft die Frau gern als verschwenderisch, verschlagen, untreu, unverständlich und unbe-

zähmbar! Das »starke Geschlecht« macht dafür vor allem jene Frauen verantwortlich, die das Pech haben, unverheiratet, Künstlerinnen oder Schriftstellerinnen zu sein ... Dabei muß man sich fragen, ob die Romantik in ihrer vulgarisierten und mißverstandenen Form nicht dazu beiträgt, die Frau, indem sie sie kränklich, anämisch und hysterisch zeigt, in eine Situation der Abhängigkeit zu führen. Denn das Bild der »romantischen Frau«, wie es ersonnen und uns überliefert ist, ist trotz allem ein reines Produkt männlicher Phantasie. Und doch ist die Frau als Initiatorin und Ordnerin einer neuen, aus dem Chaos hervorgegangenen Welt sich ganz und gar der Bedeutung ihrer Rolle bewußt – ihrer Rolle in einer Gesellschaft, die ausschließlich eine der Männer ist.

Pathetische Dichtkunst

Napoleon betrachtet Madame de Staël zu Recht als eine gefährliche Rivalin. Denn die Romantik wird fortan auf der Asche des Empire Blüten treiben. Einer Woge gleich ergießt sie sich über Europa. Ihr Ideal, ihr Enthusiasmus, ihr Rausch, ihre Unvernunft werden fortan einen kompromißlosen Lebensstil kennzeichnen.

Die Romantiker, zunächst große Verteidiger der Revolution, sind zu heftigen Gegnern des Despotismus geworden. Ihre Kämpfe schließen sich denen der Massen an. Die französischen Emigranten, die vom Leben ihrer Vorfahren abgeschnitten, manche der Armut, viele der Melancholie, der Einsamkeit preisgegeben sind, haben alle Zeit der Welt, um über die Vergangenheit nachzugrübeln. Sie grübeln, wie Lamartine in seinem *Jocelyn*, wie Victor Hugo in seinem *Napoleon II* und schon vor ihnen Chateaubriand oder Madame de Staël ... über den Sinn der Revolutionen, über die Geschichte, über das Schicksal. Sie sind die aufmerksame

Leserschaft der romantischen Werke. Chateaubriand hat es bereits geahnt: »Der Wandel innerhalb der Literatur, dessen sich das 19. Jahrhundert rühmt, ist ein Produkt von Emigration und Exil.«

Adieu ihr Waffen, es lebe das Herz. Die Romantiker reisen weit. In ihren Träumen und ihrer Phantasie entwerfen sie neue Landschaften, in denen sich die Natur zum Mythos wandelt, in denen die Muse der Oktobernächte raunt, in denen die so teure Zeit – ohne Hoffnung auf Wiederkehr – schwindet. Die Romantik läßt sich nicht begreifen, nicht lehren: Sie genügt sich selbst, sie ist laut, für jeden vernehmbar. Vermählt mit der Kunst, teilen Männer und Frauen dieser Schule Literatur, Malerei, Musik, Architektur, Philosophie, Bildhauerei, kurz, die Fülle des Lebens.

Das Schicksal vereint sie in der Einsamkeit und der Qual. Ein faszinierendes, tragisches Schicksal, dessen Glückseligkeit mit dem Schmerz, dessen Liebe mit dem Drama verschmilzt. Und so kehren sie erschüttert, verändert von dieser Reise zurück. »Immer blau gekleidet… so war sie zerbrechlich wie die Pflanze, die den Namen Mimose trägt, und ihre Worte waren derart durchscheinend, derart rein, daß sie zu Gedichten wurden, wenn sie sie aneinanderreihte… ich traf sie immer mit einem Buch in der Hand an… Es war stets der *Ofterdingen* von Novalis. Immer und immer wieder las sie dieses Buch, hatte am Ende der Lektüre alle Schwindsucht, die es verströmte, in sich aufgesogen; sie selbst war nicht mehr als ein durchsichtiger Schatten.«

In jener Zeit, da die Medizin noch nichts von der Tuberkulose weiß, findet die Schwindsucht Eingang in die Salons. Sie erhält dort sogar einen mondänen Charme, unsterblich gemacht durch die erhabene Schönheit der Kameliendame. Das Wort »Schwindsucht« dient der Bezeichnung schöner romantischer Frauen, »um die Launen, Kapricen, die schwankenden Stimmungen zu beschreiben, das Schmollen, das Hüsteln, die Grimassen, die Eigentümlichkeiten, die Koketterien, die Ziereréien, zwischen denen die Frau stets hin- und hergerissen sein muß, um das zu sein, was man gemeinhin unter einer schönen Frau versteht.« Ohnmachts- und Schwächeanfälle, Abmagern, Migräne, Frösteln, Seufzen und Tränen – das Schicksal der schwind- und bleichsüchtigen verführerischen Frau endet leider nicht selten in der Tragödie.

All das hat gewiß nichts mit der Romantik an sich zu tun, sondern mit ihrem popularisierten Mythos, einer wertlosen, verstümmelten und deformierten »Romantik«. Mal *femme fatale*, mal kranke Frau, aber auch halb Lorelei, halb Elvire (A. d. Ü.: Lamartines Geliebte) – die Porträts der romantischen Frau zeugen von einem außergewöhnlichen Reichtum an Phantasie, der oft ans Wahnhafte grenzt.

Unvergeßliche Schönheit der Romantik! Zugleich unzufrieden und zerrissen zwischen dem Realen und seinem Schatten. Zwei Jahrhunderte später wird in der *Lorelei* von Maurice Genevoix (1978) noch immer das Wunder dieser unvergleichlichen Gestalt besungen: »Eine Frau ist vor ihnen erschienen; groß, majestätisch, etwas blaß, etwas abwesend. Julien hat sofort ihre wunderschönen, verletzten Augen wahrgenommen. Auch ihre Kleidung hat ihn stark beeindruckt: ein weißes Kleid, so eng an den Körper geschmiegt, daß der Stoff feucht schien. Unter der mächtigen Wölbung der Brüste schnürte ein breiter Gürtel, eine Art Goldgehänge, ihre Taille fest ein … Eine Lorelei von einst, hätte man meinen können, mit ihrem ›Goldgeschmeide‹, ihrem ›goldenen Kamm‹.«

Angesichts einer derart betörenden Phantasie mag der Versuch, diesen zarten Geschöpfen ihre eigene Dimension im entsprechenden sozio-kulturellen Kontext zurückzugeben, beinahe lächerlich erscheinen. Doch es ist vielleicht eine Möglichkeit, hinter diesen Heldinnen der Geschichte und der Literatur Frauen zu entdecken, deren Faszination

zwar intakt bleibt, aber auf eine Lebens- und Denkart zurückzuführen ist, die sie zugleich unerreichbar und begehrenswert macht.
»Ich halte beide Augen geschlossen, presse beide Hände, zu Fäusten geballt, auf meine Ohren, und ich wage den Sturz in den Abgrund – in deine Arme«, murmelt Sophie Mereau vor ihrem tragischen Ende.

»Die Frauen sind die Repräsentantinnen der Liebe«

Das Ideal der Romantik, jener wahren Romantik, so wie sie zu Beginn des 19. Jahrhunderts von den um die Gebrüder Schlegel gescharten Intellektuellen in Jena definiert wurde, predigt nicht Abkapselung und Zurückgezogenheit, sondern, im Gegenteil, den Austausch von Ideen, von Gefühlen, sogar von Personen. Ihre Originalität beruht auf einer Vision von der Welt, in der sich persönliche Erfahrung und Verinnerlichung vermengen. Und in diesen Denkweisen, in diesen erstaunlich modernen »Geistesfamilien« haben die Frauen natürlich einen Platz, ja eine wesentliche Rolle inne.
Das Gefühl, nach der Erklärung der Menschenrechte vollwertige Individuen zu sein, führt bei den Frauen zu einer gewissen Bewußtwerdung. Sie erreichen nach und nach eine echte, nie gekannte Selbständigkeit. Mit fliegenden Fahnen schließen sie sich sogar den Patrioten an, die sich seit 1806 um den Philosophen Fichte scharen. Ihre Gedichte begeistern das Volk für die Freiheitskriege. Sind diese Frauen, die man als Romantikerinnen definiert, von einer bestimmten Epoche der deutschen Kulturgeschichte geprägt, oder sind sie es, die die Epoche prägen, weil sie eine persönliche Wahl getroffen haben?
Nun, die große Mehrheit der Zeitgenossinnen folgt – weil es chic oder modern ist – einer Randbewegung, die von einer kleinen Minderheit ins Leben gerufen wurde. Nur diese

steht wirklich hinter einer philosophischen Richtung, einem Gefühl der Freiheit, einer weiblichen Identität. Sie ahnt freilich nicht, daß bald ganz Europa ihren Einfluß in einem solchen Maße verspüren wird, daß die Grundideen dieser Schule schließlich umgekehrt, ja verraten werden.
»Die Mode«, schreibt C. Garve, ein Zeuge des romantischen Jahrhunderts, »ist aus unserem Geselligkeitstrieb entstanden... eine Nation, die größtes Vergnügen an der Unterhaltung des Geistes und an der Beschäftigung des Leibes und der Sinne findet... eine solche Nation wird häufig Kleider und Alltagsgegenstände wechseln.«
Zahlreiche Zeitschriften für die Damenwelt spüren ständig intellektuelle und kulturelle Neuheiten auf. Sie propagieren die Mode »à la grecque«. Das ästhetische Empfinden hat im wesentlichen auf der Reinheit der Linien eines grazilen Körpers zu beruhen. Kein Putz, kein Geschmeide vermag die Schönheit zu erhöhen. Im Gegenteil, solche Zutaten überladen, deformieren die Proportionen, löschen die Persönlichkeit aus. Alles, was zur Garderobe gehört, wird schlichter, leichter, läßt die natürliche Flamme durchscheinen, die alles Irdische verschlingt. Die junge Königin Luise von Preußen ist die erste Adeptin dieser Mode und »in ein möglichst eng anliegendes Hemd und Gewand gekleidet, unter dem sich alle Formen abzeichnen.«
Es ist festzustellen, daß die männliche Phantasie dieser Bewegung lange Zeit ihre eigene Vision übergestülpt hat, in der die Frau, krank oder abgemagert, überspannt oder fatal, Muse oder Madonna, Verführerin oder Verführte, besser mit den Vorstellungen und Traditionen übereinstimmt. Sie gehorcht alles in allem der Weltordnung.
So auch jene blasse und zerbrechliche Madame de Mortsauf, die tragische Heldin der *Lilie im Tal*, die Balzac uns in ihrer langen Agonie beschreibt. Sie ist keine andere als Madame de Berny, die schwermütige und leidende Muse des Romanciers. Auf der Schwelle des Todes verlangt sie verzweifelt

nach seinem Besuch. Doch er ist bereits mit einer anderen Muse auf Reisen. Und die Angebetete haucht ihr Leben aus, ohne ihn noch einmal zu sehen.

Ein ähnliches Schicksal ereilt Flauberts Madame Bovary. »Sie trank Essig, um abzumagern, zog sich einen trockenen Husten zu und verlor vollends den Appetit.« Arme kleine Frau, die an der ewigen Monotonie der Leidenschaft zugrunde geht!

Was die reizende Manon Lescaut betrifft, so sieht der Abt Prévost auch sie »blaß und mager«, die Haare im Winde tanzend. Ist es wegen des Verlustes der romantischen Schönheit, daß Jules Michelet sie in *La Femme* so definiert: »Der Schmerz und das Elend magern ab, verwelken aber nicht wie die Exzesse und die Sinnenlust«?

Wenn die Romantiker die schlanken und sentimentalen Frauen lieben, warum setzen sie sie dann einem so verworrenen, ja schrecklichen Leben aus? Nur der Dichter scheint uns großherziger. Er bevorzugt es, die Reinheit ihrer zarten Brüste zu besingen, ohne das Problem zu komplizieren oder sich über das Unglück der Frauen herzumachen. In den *Blumen des Bösen* von Baudelaire heißt es:

Und doch, betrachtet man die elegante Magerkeit
der Schulter mit dem schroffen Umriß …

Etwas weiter präzisiert Baudelaire: »In der Magerkeit steckt eine Schamlosigkeit, die uns entzückt.« Soll man sich darüber beklagen?

Die Romantik hat gleichwohl eine bemerkenswerte künstlerische Entfaltung in Gang gesetzt. Indem sie den Frauen ermöglichte, ihr Schicksal selbst in die Hand zu nehmen, ihre eigene Geschichte zu formen, hat diese große Bewegung des Geistes und der Sensibilität die Herzen geweckt. Sie ist der Auftakt zur Befreiung der holden Weiblichkeit.

Gewiß haben viele diese Erschütterung der Gesellschaft und der Seele nicht in ihrer ganzen Tragweite und Tiefe wahrgenommen. Wenige konnten, wie Alfred de Musset, diese universelle Revolution erahnen, deren Wesen darin besteht, die Grenzen zu verneinen, die Fähigkeit zu entwickeln, sich ins Unendliche zu stürzen, sich als Kernstück der Natur zu begreifen.

Von allen europäischen Ländern erlebt Frankreich ganz unbestritten die tiefste, die dauerhafteste, ja die intensivste Romantik. Sie hat praktisch alle Bereiche der Kultur berührt. Weit davon entfernt, mit der Generation von Lamartine, Delacroix, Balzac, Berlioz, Rodin ... zu erlöschen, erneuert und wandelt sie sich stärker als anderswo – und das bis zum heutigen Tage.

Geburt der modernen Wissenschaft

Das 19. Jahrhundert erlebt eine gewaltige Entwicklung der Grundlagen- und der angewandten Wissenschaften. Jean-Baptiste de Lamarck, zugleich Botaniker und Zoologe, publiziert als erster eine Theorie zur Erklärung des Artenwandels. Seinen Lehren zufolge entwickeln sich die Lebewesen auf Druck der Umwelt von einfachen Formen zu immer komplexeren. Er schafft den Terminus »Biologie«, um eine Wissenschaft zu bezeichnen, die sich dem Studium des Lebens widmet. Die Arbeiten Lamarcks inspirieren Darwin, dessen Abstammungslehre sich vorwiegend auf das »Überleben des Stärkeren« gründet. Später wird der tschechische Abt Gregor Mendel die Vererbungsgesetze anhand von Beobachtungen der Farbvariabilität der Erbsenpflanzen begründen, die er in einem Eckchen seines Klostergartens gekreuzt hat.

Die Begegnung von Biologen und Chemikern eröffnet dem Wissen völlig neue Wege. Immense Forschungsgebiete bieten sich der Wissenschaft und ermöglichen ihr, mit Siebenmeilenstiefeln voranzuschreiten. »Die wissenschaftliche Medizin, die ich Sie lehren soll, existiert nicht«, verkündet Claude Bernard bei seiner Einführungsvorlesung am Collège de France. Er wird es sein, der sie aufbaut, indem er sie schrittweise mit den Erkenntnissen der Physiologie verbindet.

Seine *Einführung in die experimentelle Methode* definiert zunächst das fehlende Werkzeug. Er plädiert also für das Experiment als einzige notwendige Voraussetzung für eine Medizin, die sich ihres traditionellen Empirismus entledigen will. Das Genie Pasteur erledigt den Rest. Die Heilkunst wird in den Rang der Wissenschaft erhoben.

Noch Anfang des 19. Jahrhunderts weiß man praktisch nichts über den Vorgang der Verdauung. Was geschieht mit den Nährstoffen im Organismus? Eine der damaligen Theorien besagt, nur Pflanzen seien in der Lage, Glukose und Protein zu synthetisieren. Da die Konzentration von Zucker leichter zu messen ist, lenkt Claude Bernard seine Recherchen also auf diesen. Vier Jahre lang – von 1843 bis 1847 – entwickelt er Meßmethoden mit Hilfe neuer Reagenzien. Dann, nach gründlichen Versuchen, geht er den verschiedensten Hypothesen nach. Irrtümer und Hindernisse entmutigen ihn nicht. Ganz im Gegenteil. Jedesmal wenn sich »der Vater der Physiologie« klar wird, daß er den falschen Weg eingeschlagen hat, ändert er sogleich seine Taktik. Besser noch, er nutzt seine Fehler, um weiterzukommen, indem er sich die Erfahrung zunutze macht. Allmählich häufen sich Beweise und Gegenbeweise. Manchmal ist er auch entmutigt. »Wie soll man daraus nur klug werden?« notiert er in seinem Tagebuch angesichts der Komplexität des Lebenden. Trotzdem gelingt es ihm bald, das Organ zu umschreiben, in dem Zucker gebildet wird: die Leber.

Dabei helfen diesem unermüdlichen Arbeiter Glück und

Zufall. An einem Abend des Jahres 1855 vergißt der völlig übermüdete Claude Bernard, die Zuckermenge einer Kaninchenleber zu bestimmen. Am nächsten Morgen will er das laufende Experiment abschließen und stellt zu seinem Erstaunen fest, daß die Leber noch mehr Zucker enthält als am Vortag. Die Zeit muß in diesem Fall das ihre getan haben, denkt er, um das Organ mit einer neuen Form von Zucker zu bereichern. Und so nimmt er eine verspätete Dosierung vor, nachdem er die Leber durch Infusion ihrer Gefäße von ihrer Glukose »reingewaschen« hat. 1857 beweist er dann die Existenz einer wenig löslichen Substanz, des Glykogens, das aus konzentrierter Glukose gebildet wird. Für das Verständnis der Umwandlung und Speicherung aufgenommener Nährstoffe, insbesondere der einfachen und der komplexen Zucker (Getreide, Kartoffeln, Hülsenfrüchte), ist diese Entdeckung von enormer Tragweite.

Seine Arbeiten aber führen Claude Bernard zu einer noch wichtigeren Entdeckung, zu der des »inneren Milieus«, Vermittler zwischen den Organen und dem äußeren Milieu. Dieses innere Meer, das uns durchströmt, sichert lebenswichtige Schutz-, Nähr- und Regelungsprozesse. Aus der Konstanz der festgestellten Ergebnisse seiner Beobachtungen schließt er auf das Erfordernis des Organismus, dieses Gleichgewicht in eng abgesteckten Grenzen und in Übereinstimmung mit dem Leben aufrechtzuerhalten. So definiert er einen wichtigen Begriff: den der Homöostase, das meint die Eigenschaft, die physiologischen Größen dieses Milieus in bestimmten Grenzen konstant zu halten.

Fortan beruhen alle Nährstoffuntersuchungen auf dieser fundamentalen Erkenntnis – auf dem Mechanismus, dessen sich der Organismus bedient, um jeden Mangel oder Überschuß an Glukose, Fetten oder Proteinen auszugleichen …

Dieses Konzept des inneren Milieus ist zu Bernards Lebzeiten noch prophetisch und wird von seinen Kollegen mit Unverständnis und Skepsis aufgenommen. Der Herold der Wissenschaft wird erst von der Nachwelt besser verstanden werden, da immer präzisere Instrumente die Fakten zum Beweis der Richtigkeit seiner Lehren liefern.

Welcher Tee für den Fettleibigen?

Die Faulbaumrinde zählt zu den Heilmitteln, die in der Volksheilkunde seit Generationen gegen Verstopfung, Gallenbeschwerden, Fettleibigkeit, schwere Beine u. s. w. verabreicht werden. Dieses Strauchgewächs, auch Kreuzdorn genannt, ist angeblich in der Türkei und in Zentraleuropa beheimatet. In Wirklichkeit sind auch unsere heimischen Wälder voll davon. Das Trocknen der abgeschälten Rinde dauert mindestens ein Jahr. Vor allem in Form von Wein (zehn Gramm getrocknete Rinde auf einen Liter Rotwein oder Madeira) wurde Faulbaum früher jenen Fettleibigen verabreicht, die an Atemnot litten.

Die äußere Anwendung erfolgt in Form von Kompressen, die mit Pflanzenabsud getränkt sind, um Schwellungen zu lindern. Es wird strengstens davor gewarnt, frische Rinde zu verwenden, wobei der Grund für dieses Verbot lange im Dunkeln bleibt. Erst Ende des letzten Jahrhunderts bestätigen botanische Untersuchungen die Richtigkeit dieser überlieferten Empfehlung. In den Fasern der noch frischen Rinde konzentrieren sich nämlich unter anderem Chrysofansäuren und Emodine, vereint mit Harzen, Pflanzenschleimen und komplexen Zuckern. Diese Verbindung hat drastische Wirkungen, die den Magen-Darm-Trakt irritieren und zu heftigem Erbrechen führen kann. Nach dem ausgedehnten Trocknen schwächt die Oxidierung die abführenden Eigenschaften und macht aus dem Faulbaumwein ein

zugleich harn- und gallentreibendes Mittel. Die Arbeit der Nieren und der Leber wird also stark angeregt.
Nach demselben Prinzip entdeckt die Phytochemie nach und nach die Pflanzenschleime der Malvenblüten, die Valeriansäure und den Borneolester des Baldrian, die chininhaltige Säure der Schwarzen Johannisbeere, die Pinen-, Kampfer- und Cineolessenz des Rosmarin… all diese Substanzen besitzen ähnliche Wirkstoffe wie die Faulbaumrinde, was erklärt, weshalb sie oft mit ihr in Verbindung gebracht werden.
Die chemische Erforschung der Ringelblume, deren Blütenstände Olivier de Serres bereits dem guten König Heinrich IV. empfohlen hatte, um dessen Gichtbeschwerden und seine Wassersucht zu lindern, beweist, daß diese Pflanze Ester, Flavone und Sesquiterpene und geringe Mengen Salicylsäure enthält. Die traditionelle Pharmakopöe weiß die Eigenschaften ihrer alkoholischen Auszüge, die bei Hypertonie und Menstruationsbeschwerden angezeigt sind, schon lange zu schätzen. Sie ist sich der Toxizität dieser Pflanze bewußt und wendet sie nur äußerlich an.
Die Ringelblume liefert wirksame hydratisierende Umschläge, die die Haut jener Beine geschmeidig macht, die durch Erytheme und Krampfadern angeschwollen sind. Da die Extrakte der Wiesenkönigin dank ähnlicher Alkaloide die gleiche heilende Wirkung besitzen, nimmt man an, daß bereits die Völker der Antike sie verwendeten. Auch die Zusammensetzung des Saftes anderer Pflanzen, die bekannt sind für ihre schlankmachende Wirkung, wurde erforscht: Seifenkraut, Schachtelhalm, Esche, Schlehe, gemeiner Beifuß…
Die größte Begeisterung dieser Pioniere der Pflanzenchemie aber gilt der diätetischen Wirkung gewisser Gemüse. Die am gründlichsten erforschten sind Lauch, Artischocke und Spargel.
Obwohl Anatole France den Lauch auf den Rang des »Spargels der Armen« verweist, hat dieses Gemüse lange

Zeit den Körper unserer Großmütter gereinigt, die sich einer Diät unterzogen haben, ohne sich dessen bewußt zu sein. Der Lauch verdient ohne Übertreibung den Titel »gesündestes Nahrungsmittel gegen Fettleibigkeit«. Seine organischen Säuren aktivieren die Nieren- und Lebersekretion. Seine Blätter sind erstaunlich reich an Enzymen, darunter das Peroxid Dismutase, das als ein wichtiges der Antioxidantien unsere Zellen vor der Oxidierung schützt, die durch Oxidationsmittel wie die freien Radikale hervorgerufen wird. Andere Enzyme des Lauchs reinigen unsere Gefäße und verbessern somit die Blutzirkulation.
Auch die Artischocke ist eingehend erforscht worden. Diese einzigartige Blüte existiert im wilden Zustand nicht. Sie ist während der Kreuzzüge aus dem Nahen Osten zu uns gekommen. Daher ihr Name, der von dem arabischen *al-harsof* abgeleitet ist. In ihren dunkelgrünen Blütenblättern findet man Kaffeinsäure, Chinasäure, Apfel- und Bernsteinsäure. Die synergetische Wirkung dieser Moleküle senkt den Cholesterin- und Blutfettspiegel, indem die Gallensekretion angeregt wird. Die Artischocke ist also das wichtigste Heilmittel, mit dem unsere Ahnen gegen die Beschwerden der Fettleibigkeit vorgingen.

Bis ans Ende des Spargels

Die Geschichte zeigt, daß der Spargel in allen Zivilisationen, die ihn kennen, große Beachtung findet. Als Gabe an die Toten und die Götter erscheint er auf den Fresken Altägyptens, wo er vom Künstler in zartem Grün und zu Bünden geschnürt dargestellt wird. Es erübrigt sich zu erwähnen, daß Griechen wie Römer auf Spargel versessen sind – übrigens nicht nur wegen seines unvergleichlichen Geschmacks, sondern auch wegen seiner Form. Der Spargel wird also in den Rang der Aphrodisiaka aufgenommen. Das Mittelalter hingegen ver-

schmäht den Spargel, vielleicht aus Scham. In der Renaissance wird er wieder rehabilitiert und erlebt eine Glanzzeit, die bis heute andauert.
Laut Rabelais zählen zu den Lebensmitteln, die von den Essensfanatikern »ihrem dickbäuchigen Gott« geopfert wurden, die »Spargelsalate«. Welches auch immer die Kapricen der kulinarischen Mode sein mögen – alle Ärzte von Dioskurides bis Galen bleiben diesem geilen Gemüse treu.
Der Spargel erleichtert den Darmtransit, stimuliert die Ausscheidung von Harn und Gallenflüssigkeit, lindert Gelenkschmerzen. Und darüber hinaus steigert er die männliche Potenz und macht die Frauen sinnlich! Was will man mehr?!
Aufgrund seiner Aura in der einstigen und heutigen Männerwelt verwundert es nicht, daß die Wissenschaftler des 19. Jahrhunderts diesen jungen potenzfördernden Sprossen große Aufmerksamkeit widmen. Was findet sich denn nun wirklich in ihren Pflanzenfasern?
Diese Zellen sind durchtränkt mit einem speziellen Zucker, dem Fruktan, was der jungen Spargelstange einen süßlichen Geschmack verleiht. Das Fruktan setzt sich aus zwei Fruktosemolekülen zusammen, die an ein Glukosemolekül gekettet sind.
Je nach Aufbau und räumlicher Ausrichtung dieser Zucker ist in der Spargelwurzel mal Fruktan vom Inulin-Typ, mal vom Phlein-Typ vorhanden. Doch die jungen Pflanzen enthalten eher Fruktan, dessen Bestandteile eine verzweigte Struktur annehmen. Diese Neigung charakterisiert auch zwei andere komplexe Zucker des Spargel. Ihr Gehalt sinkt jedoch schon wenige Tage nach der Ernte.
Heute wissen wir, daß der Spargel neben seinen harntreibenden und gallenflußfördernden Eigenschaften auch gegen überschüssiges Fett schützt. Seine löslichen Fasern senken Cholesterin und Lipoproteine im Blut, während die unlöslichen Fasern die Triglyceride isolieren und ihre Aufnahme über den Darm eindämmen. Der Spargel fördert die

Ausscheidung von Schlacken und gibt dem Urin einen starken Geruch. Unsere Ahnen hatten schon recht, ihn als das gesündeste Nahrungsmittel für einen überlasteten Körper zu betrachten.

Das neue Jahrhundert in seiner ganzen Verrücktheit

Essen ist harte Arbeit

Während der Belle Époque wird die Gastronomie sicherlich weniger festlich zelebriert als in den vorhergehenden Epochen. Dennoch unterliegt sie den traditionellen Regeln. Ein gewisser Einfluß ist einem ganz bestimmten kulturellen Milieu zuzuschreiben, das jedoch von derart vielen Anekdoten umrankt ist, daß seine eigentliche Bedeutung darüber verkannt wird. Gemeint ist das Leben auf den großen Boulevards, das eine gewisse Tendenz zu Derbheiten und Volkstümlichkeit mit der traditionellen Küche teilt.
Hier geht es nicht mehr um die Kochkunst, sondern darum, mit Eloquenz über das zu parlieren, was man ißt. Mythos oder Wirklichkeit? Das spielt im Grunde keine Rolle. Charles Moncelet und Maurice-Edmond Sailland, genannt Curnonsky, sind die beiden berühmtesten Vertreter dieser Kunst. Diese beiden Schriftsteller finden in der kulinarischen Kunst ein angenehmes und lukratives Mittel, sich geistreich zu zeigen.
Die Autoren der *Récits de table* (Tischgeschichten) und von *La France gastronomique* (Das gastronomische Frankreich), ein Werk in vierundzwanzig Bänden, flößen natürlich durch ihr Renommee Respekt ein. Doch in den Augen der wahren Köche mangelt es ihnen an fachlicher Kompetenz und damit auch an Ernsthaftigkeit. Am Anfang des zwanzigsten Jahrhunderts ist die Kochkunst keine Berufung mehr, das heißt, der Koch gilt nicht mehr als begnadetes Wesen. Sie entwickelt sich jetzt glücklicherweise zu einem richtigen Beruf. »Von guter Küche kann man sprechen, wenn die Dinge ihren ursprünglichen Geschmack behalten.« Dieser Ausspruch von Curnonsky weist schon auf eine Rückkehr

zur ländlichen, leichten und natürlichen Küche, die den Eßgewohnheiten der langgliedrigen, von Toulouse-Lautrec verewigten Ballerinen entspricht.
Der männliche Geschmack bevorzugt noch immer magere Frauen mit üppigem Busen. »Unter der fülligen Brust zeigte sie eine Taille von außergewöhnlicher Schlankheit, die von ausdrucksvoller Lebenskraft zeugte.« Gegensätze solcher Art begeistern Edmond Goncourt.
Die Frauen ihrerseits lassen sich ganz auf dieses Spiel ein, wobei sie allerdings ihre persönliche Note behalten. »Und der Körper«, erklärt Colette in *Mitsou*, »schlank, wie sich's gehört, die Beine edel und lang, der Brustansatz tief, die Brüste klein. All das haben wir, nur ist der Schenkel oberhalb des Knies ein wenig zu mager.«
Wehe den Frauen, die in dieser vom Machismo regierten Gesellschaft nicht dem herrschenden Schönheitsideal entsprechen. Davon zeugen jene boshaften Verse von Arthur Rimbaud in *Vénus Anadyomène:*

Und der Hals fett und grau, die breiten Schultern,
Wie sie hervorspringen; der kurze Rücken,
der fällt und steigt;
Dann die Rundungen der Hüften, die zu wogen scheinen;
Die Masse von Fett unter der Haut; [...]
In die Lenden sind zwei Worte eingegraben:
Clara Venus;
Und dieser ganze Körper bewegt sich und streckt seinen Hintern empor
Scheußlich schön wegen eines Geschwürs am Anus.

Dabei ist die Küche während der Belle Époque sehr cremig, »sie trieft von Sahnesaucen«, ist reich an eher zu lang als zu kurz gekochten Beilagen. Doch am Horizont erkennt man schon die Anhänger einer neuen Küche, »nervös, männlich und sportlich« mit ihrem blutigen, flambierten und reichlich gepfefferten Fleisch, ihren trockenen Weinen, den stark gewürzten Gemüsen mit Biß.

Zunächst jedoch ist man der Überzeugung, daß es Leckereien sind, die den Mann stark, wohlgeformt, männlich und sinnlich machen. Kurz, ganz so, wie er zu sein hat, um sich einer teuflisch schönen Tänzerin würdig zu erweisen. »Dieser hochgewachsene, elegante Körper, der so feingliedrig, so gelenkig und so nervös ist, diese schmalhüftigen Frauengestalten mit den Brüsten eines kleinen Mädchens, die an eine Zypresse oder Ganymed erinnern, jene ›falschen Mageren‹, wie man sie in Paris nennt«, so beschreibt sie André Suarès.

Cézanne hingegen bezeugt eine offenkundige Vorliebe für die schwergewichtigen, korpulenten Badenden, deren betonte Üppigkeit in ihren runden Formen mit den Wellen verschmilzt. Im Gegensatz zum zarten Roséton der kleinen Gabrielle von Renoir wählt Cézanne Blautöne, um eine üppige Erotik zu symbolisieren.

Worauf sind diese extremen Tendenzen zurückzuführen? Sie bringen die Unsicherheit der Belle Époque auch in dieser neuen Kunst zum Ausdruck, in der die Figur der Frau als Krake, als umschlingende Liane, als Medusa mit ihrem weichen Fleisch jenes Bild der Femme Fatale endgültig zu bannen sucht – der Künstler strebt danach, ihren Körper mit den Voluten des Jugendstils definitiv zu fesseln und die Bedrohung zu vertreiben.

In diesem Bild, das vom männlichen Chauvinismus und Puritanismus des 19. Jahrhunderts geprägt ist, erscheint die Frau nach herrschender Auffassung unterlegen, aber gefährlich: die permanente Zwangsvorstellung des sogenannten starken Geschlechts. Trotz der ungeheuren kulturellen Vielfalt, die unsere moderne Zeit charakterisiert, sind wir bei all den Umwegen und Wirren der wechselnden Moden, der Diätwellen und auch der unvermeidlichen Protestbewegungen der Rebellen noch heute an diesem Punkt. Die

Gastronomie paßt sich an und verändert sich entsprechend den Strömungen der sozio-kulturellen Entwicklung.
Und auch die Köche profitieren trotz einiger Launen davon: Die Gastronomie ist, ebenso wie Jeanne d'Arc und der Champagner, ein Kleinod des kulturellen Erbes. In den Augen der asketischen Dogmatiker bleibt sie ein unabdingbares, notwendiges Übel, ohne das »die Dinge nur das wären, was sie sind«.

Die Wandlung des modernen Menschen

Die Körperstatur und das Schönheitsideal, die in der heutigen Gesellschaft propagiert werden, sind stark geprägt von Fortschritten im technischen, ökonomischen, kulturellen und sozialen Bereich. Innerhalb eines Jahrhunderts haben die Jugendlichen an Körpergröße gewonnen; sie sind im Alter von fünfundzwanzig Jahren etwa vierzehn Zentimeter größer als ihre Vorfahren. Heute würde kein Franzose von durchschnittlicher Größe mehr in Du Guesclins Rüstung oder Bonapartes Uniform passen. In allen reichen Ländern hat sich die Volksgesundheit merklich verbessert.
Der verschönerte, perfekte Körper ist im Spiegel zu bewundern ... und also auch kritisch zu betrachten. Das verstärkt nur all die Sorgen, Ansprüche und Bemühungen, sobald die Formen nicht dem aktuellen Schönheitskanon entsprechen. Volkstümlicher Aberglaube besagte Anfang des Jahrhunderts und auch später noch, von mageren Frauen gehe ein unwiderstehlicher Geruch aus. Das schlanke Wesen sei, sobald es verliebt ist, von einer unvergleichlichen lüsternen Glut. Darum ziehe eine solche Frau den Mann an, sobald sie unpäßlich ist. Ihr natürlicher Körpergeruch hingegen lasse den Wein zu Essig und die Milch sauer werden.
Die fülligere Frau hingegen bietet solche Nachteile nicht, sie hat jedoch dieselben Qualitäten aufzuweisen. In einem von

Deodorants beherrschten Jahrhundert sind solche Thesen schwer zu verifizieren.

Natürlich läßt sich der Wandel der weiblichen Ästhetik nicht auf einen einfachen Wechsel von Körperfülle zu Schlankheit reduzieren. In Italien bewunderte und imitierte man früher zum Beispiel die imposante Körperfülle der Aristokraten, die zum *populo grasso* gehörten, während man unter dem *populo magro* das niedere Volk verstand.

Natürlich gibt es auch heute noch die Tendenz, sich an den oberen Schichten zu orientieren. Doch das Vorbild, das die soziale Elite bietet, ist hochgewachsen und schlank. Die schmale Silhouette ist Element des äußeren Erscheinungsbildes und drückt den Wunsch aus, sich von den niederen Klassen, die in ihrer plumpen Derbheit grotesk wirken, abzugrenzen.

Das »magere Modell« setzt sich also, unterstützt von den Massenmedien und mit Absegnung der medizinischen Fakultäten, in der Gesellschaft von oben nach unten durch. Presse, Film und Werbung wiederholen ohne Unterlaß, jeder habe »den Körper, den er verdient«. Das impliziert Verantwortung, ja gar Schuldgefühle.

Eigenartigerweise ist das Fett in unserer Wohlstandsgesellschaft der erklärte Feind; Fettleibigkeit ist vulgär. Einige Soziologen deuten dies als subtile Form des Klassenkampfes, die das Ziel verfolgt, die Herrschaftsbedingungen aufzuheben und sich, zumindest dem Anschein nach, in die angestrebte Gesellschaftsklasse einzugliedern.

Dieser Körperkult verlangt natürlich Opfer, die zunächst materieller Art sind, da für die »Erhaltung« der Linie viel Geld ausgegeben wird. Denn paradoxerweise ist es teurer, wenig und naturbelassen zu essen, als zu schlemmen.

Auch den Besuch eines Sportstudios kann sich nicht jeder leisten. Im übrigen ist es eine Illusion, die Pfunde allein durch körperliche Anstrengung zum Schmelzen zu bringen: Um ein Kilo Fett abzubauen, muß ein Radfahrer 28 Stunden

und 39 Minuten in die Pedale treten, während der arme Marathonläufer 242 Stunden überstehen muß!
Das Ergebnis zeigt, daß eher die Muskeln ermüden, als daß man Fett verliert. Regelmäßige und wohldosierte körperliche Ertüchtigung baut hingegen unbestritten die Muskulatur auf.
Heutzutage ist Leibesfülle ein ernstzunehmendes Problem, das durch den dreifachen Druck von Kommerz, Medizin und Medien geschürt wird. Die Dicken haben praktisch keine Möglichkeit, so zu bleiben, wie sie sind: Diätspezialisten, Kardiologen, Sportlehrer, Hersteller von kurzlebigen Modeartikeln und Versicherungsagenten kümmern sich darum, ihren Körper in Form zu bringen.

Schlankheit – verzweifelt gesucht

Die gute Gesellschaft entwickelt Ende des 19. Jahrhunderts eine Vorliebe für Thermalbäder. Keine Sorge, nicht etwa, um Diät zu halten. Das zu festen Stunden vorgeschriebene Glas Wasser verhindert Gott sei Dank weder Gewichtszunahme noch Amüsement. Vom Zweiten Kaiserreich an bis zur Belle Époque fährt man aus den verschiedensten Gründen zur Kur: Gesundheit, Geschäfte, Mätressen, Spiel... Jeder gute Kurgast, ob wohlbeleibt oder mager, versteht es, das Angenehme mit dem Nützlichen zu verbinden.
Während der Belle Époque folgt der Mikrokosmos der Thermalbäder seinen eigenen Riten. Es handelt sich um ein abgeschlossenes, festliches und zugleich mitleiderregendes Milieu, das in übersteigerter Form alle Elemente der Gesellschaft widerspiegelt. Der besondere Reiz liegt in der gelungenen Verbindung von städtischem Komfort und ländlicher Umgebung. Unter anderem daher rührt der Erfolg dieser Orte.
Und sogar »patriotische« Gründe sind mit im Spiel! Ab 1875

gehört es für Franzosen zum guten Ton, die deutschen und österreichischen Thermalbäder trotz ihres ausgezeichneten Rufs zu meiden. Ärzte und Experten aller Art bringen in ihren Veröffentlichungen verstärkt die mitteleuropäischen Quellen in Verruf, den französischen hingegen werden alle erdenklichen Tugenden zugeschrieben. Doktor Lavielle bescheinigt:

»Die Deutschen haben ihre Quellen derart entweiht, daß die Hilfe, die diese den Kranken und Sterbenden bieten, in Verruf geraten ist. Und wenn sie auch ihre Heilquellen nicht vergiftet haben, so haben sie sie doch ungeheuerlich manipuliert.« Wir dürfen nicht vergessen, daß wir uns im Jahr 1916 befinden. Doch diese Kommentare vermögen die bessere Gesellschaft nicht zu beeindrucken. Marienbad, Kissingen, Karlsbad... Der größte Teil der Kurgäste sind noch immer Franzosen der gehobenen Schicht, die sich nicht mit den Kleinbürgern vermischen wollen.

Badekuren mit abmagernder Wirkung haben in wohlhabenden Kreisen ungeheuren Erfolg, so daß man gezwungen ist, die Kapazität der Badeorte zu erhöhen. In Frankreich wird durch den Erlaß vom 13. April 1910 die Eröffnung »mineralhaltiger Quellen« freigegeben. Mehr als 1376 Quellen werden registriert, von denen sich einige sogar in Paris befinden. Großer Beliebtheit erfreut sich die Quelle von Passy, die in dem Ruf steht, Fettpolster schmelzen zu lassen. 1891 werden in der Hauptstadt ein halbes Dutzend Quellen genutzt, eine von ihnen tritt sogar in Belleville auf dem Boulevard de la Villette aus.

Wer trinkt Heilwasser, um abzunehmen? Das gute Beispiel kommt von oben. Kaiser Napoleon III., einer der ersten großen Anhänger der französischen Thermalquellen, lanciert die Mode, die sowohl für das Vaterland als auch für seinen Fettbauch von Nutzen ist.

Dank dieses glänzenden Marketings hält sich die ebenso runde wie reizende Königin Viktoria zweimal hintereinander in Aix-les-Bains auf (1885-1887). Wenig später reisen Königin Wilhelmine und König Georg von Griechenland an. Der belgische König Leopold II. ist häufig in Luchon zu Gast, der Schah von Persien wechselt hingegen zwischen Contrexéville und Vichy.

Doch auch die Notablen der Republik wissen die abmagernden Qualitäten der Thermalquellen zu schätzen. Clemenceau schätzt zwar Vichy, doch seine heimliche Liebe gilt Karlsberg, wo der »Tiger« bösen Zungen zufolge galante Abenteuer haben soll. »Verrat!« ist auf den Titelseiten der satirischen Zeitschriften jener Zeit zu lesen.

Parks, Cafés, Brasserien und Casinos werden sowohl von der großen Welt als auch von denen, die sich dafür halten, besucht. Gekrönte Häupter, Notable und adlige Bürger – alle wohlbeleibt und fett – sind in trauter Eintracht um die nie versiegenden Quellen vereint. Ausgenommen natürlich die Kurtisanen, die noch als Halbwelt-Damen gelten. Sie bilden das reizvolle »Bataillon der Kythera«, das in Luchon, Vichy und La Bourboule einfällt. Denn an all diesen Orten tummelt sich ein Völkchen von hohen Beamten, zirrhosekranken Offizieren, ermüdeten Bankiers, und selbst rundliche Bischöfe sind einem Besuch nicht abgeneigt.

Doch wir wollen nicht übertreiben, denn trotz alledem unternimmt man etwas gegen das Übergewicht: Abführmittel, Einläufe, manchmal wird auch die Flüssigkeitszufuhr reduziert.

Zumeist bekommen die Badegäste, sobald sie das vom Thermalarzt verschriebene Glas Wasser getrunken haben, mehr oder weniger umfangreiche Behandlungen. Je nach Fall und Laune werden Bäder, Duschen, Gurgeln, Sauna, Gymnastik und Massagen angeboten.

Doch es gibt auch ernsthafte Kurgäste, einer davon war, trotz seines Rufs als Schürzenjäger, Verlaine: »Heute morgen zweite Dusche. Das geht in etwa so vor sich: Nackt wie ein Wurm betritt man das Bad, wo einen zwei kräftige Kerle

packen, auf einen Hocker setzen und mit je einem starken Wasserstrahl von 35 Grad bearbeiten ... Dann, oder besser währenddessen, wird man kräftig massiert. Das ist sehr angenehm, beinahe lustvoll.« So die positive Einschätzung des Dichters während seiner zweiten Kur in Aix-les-Bains.
Das wahre Geheimnis der Bäder liegt jedoch in ihrer »diätetischen« Gastronomie. Den Badegästen wird, selbst wenn sie wohlbeleibt sind, ein Menü mit durchschnittlich zehn Gängen geboten. Als Beispiel mag dieses »Diät-Rezept« gelten, das am 28. Juli 1895, keineswegs ein Festtag, im Grand Hotel von Vichy serviert wurde:

Suppe von grünen Erbsen
Languste à la Xavier
Rinderfilet mit Beilagen auf russische Art
Kalbsbries Montpensier
Mit Pilzen farcierte Artischocke im Speckmantel
Bress-Kapaun am Spieß
Türkischer Salat
Mokka-Eiscrème
Mehrstöckige Nougattorte und verschiedene Desserts

Sportliche Gemüter können sich zur besseren Verdauung in einer Kalesche oder einem Wagen mit Chauffeur spazierenfahren lassen. Es sei denn, sie nehmen lieber in charmanter Gesellschaft am Blumenkorso oder am Feuerwerk teil. Werden die Kurgäste bei diesen strengen Einschränkungen abspecken?
Nach dem ungeheuren Erfolg der Thermalbäder zu urteilen, muß man davon ausgehen, daß die Resultate denen unserer modernen Weight-Watcher-Institute in nichts nachstanden.
Doch trotz alledem hatten unsere Vorfahren wohl recht, als sie diesen deprimierenden Bädern den Rücken kehrten, wo »es weder Straßen noch Häuser noch Einheimische gibt ...

sondern nichts als Hotels ... riesige Bauten, die aneinandergereihten Kasernen und Irrenanstalten gleichen«, wie Octave Mirbeau in der *Vingt et un jours d'un neurasthénique* (Einundzwanzig Tage eines Nervenkranken) beschreibt.

»Bei den blühenden jungen Mädchen«

Strand und Gaumenfreuden, um sich in Form zu halten! Ende des 19. Jahrhunderts sind die Seebäder en vogue, die man sowohl der schlanken Linie als auch der Unterhaltung wegen besucht.

Meerwasser, Sand und Wind heilen so gut wie alles: Bei Hundebissen, »schwacher, empfindlicher und matter Konstitution«, chronischen Stauungen, Erschlaffung der Organe (was bedeutet des Geschlechts), Krampfadern, Blähungen, bleichsüchtiger Mattheit, Zellulitis und natürlich Sterilität sind die Wohltaten der Balneotherapie angezeigt.

Die Engländer sind in den Seebädern der Normandie am häufigsten zu Gast. Sie behaupten sogar, zahlreiche Menschen, die nach Dieppe kamen, um »dort zu sterben«, hätten Heilung gefunden.

Den englischen Gentlemen muß der Norden Frankreichs für diese Werbung heute noch dankbar sein. Pasteur, der nicht gerade schlank ist, bevorzugt den westlichen Teil der normannischen Küste. Die Bürgschaft einer so berühmten Kapazität trägt natürlich zum internationalen Renommee der Strände am Ärmelkanal bei.

Unsere Vorfahren, die selbst zur Zeit der Belle Époque noch recht prüde sind, baden natürlich nicht »oben ohne«. Im übrigen wachen die Moralapostel streng darüber, daß der Anstand überall gewahrt bleibt.

Zunächst untersteht das Reglement für die Badekleidung der Ärzteschaft und nicht den Herstellern von Bademoden. »Die Damen tragen Anzüge, die ihnen bis zu den Ohren reichen, die Herren Hosen bis an die Knöchel.« Die Ärzte raten zu wollener Badekleidung, die so weit geschnitten ist wie möglich. So ist weder die Bewegungsfreiheit eingeschränkt noch besteht die Gefahr einer Erkältung, für die man damals noch den geringsten frischen Luftzug verantwortlich macht.

Da es verboten ist, sich in der Öffentlichkeit umzukleiden, gibt es von Pferden gezogene Kabinen auf Rädern. Darin werden die Damen an die ausgewählte Stelle befördert, die normalerweise nicht mehr als einen Meter Wassertiefe hat. Man darf nicht vergessen, daß die meisten von ihnen nicht schwimmen können.

Die Damen, die zumeist elegante Hüte tragen, müssen in jedem Fall von einem öffentlich bestellten Bademeister begleitet werden. Er ist ihnen behilflich, ins Wasser zu steigen und stützt sie beim Eintauchen. Die Mutigsten wagen es, einige Züge zu schwimmen. Die Badedauer, die in jedem Fall vom Arzt vorgeschrieben ist, beträgt fünf bis zehn Minuten. Von den Seeleuten, die sich in Bademeister verwandelt haben, wird Zurückhaltung, Vorsicht, Diskretion und Moral verlangt.

Vollschlanken, sportlichen Damen erlauben die Ärzte bisweilen auch ein »Wellenbad«, das jedoch ebenfalls unter der strengen Aufsicht eines Bademeisters steht, der die ärztlichen Anordnungen auszuführen hat: Ein schneller Sprung ins Wasser, dann stehen Bewegung und bestimmte Übungen auf dem Programm. Nach dem Bad ist ein kleiner Marsch angezeigt.

Da die Zeit bis zur nächsten Mahlzeit zu lang wäre, muß der Badegast anschließend sofort eine kleine Stärkung zu sich nehmen: Wurst, Camembert, hartgekochte Eier, Kekse und dazu ein Gläschen Bordeaux oder besser noch Calvados, nur in seltenen Fällen spanischen Wein, der zu dieser Zeit ansonsten hoch im Kurs steht. Chauvinismus verpflichtet!

Doch es ist weniger das Meerwasser, das Heilung bringt, als die unvergeßlichen Vergnügungen, die die Sommerfrische bietet. Casinos, Pferderennen, Galadiners ... Jeder Badeort, der etwas auf sich hält, wird zur Hochburg solcher Unterhaltungen. Mehr als sonst irgendwo gerät der Kurgast hier in einen Strudel von Festlichkeiten, die zu seinem Wohlbefinden und für seine schlanke Linie organisiert werden ... Anläßlich der »Grande Semaine de Deauville« bietet der Badeort eine »geballte Anzahl von Festivitäten, die dem Kurgast nicht eine Minute Ruhe lassen, ihn anstacheln, übermäßig fordern, aufheitern und selbst in scheinbar unheilbaren Fällen von Niedergeschlagenheit oft Abhilfe schaffen«, so zumindest verspricht es eine Werbung. In der Tat bringt der Volksglaube häufig Korpulenz mit Schwerfälligkeit in Verbindung. Also ist es ratsam, sich zu bewegen und zu amüsieren, um sich von den lästigen Pfunden zu befreien. Genial, nicht wahr?

Besuchte Proust darum so häufig die Kabarets dieser Küstenstädte? Das Bad selbst wird zur Nebensache und vor allem zum Anlaß, »seine elegante Aufmachung« zu zeigen, wenn man aus dem Wasser steigt.

Unsicherheiten und Mangelerscheinungen

Die Befreiung des weiblichen Körpers in anatomischer Hinsicht setzt sich erst Anfang des 20. Jahrhunderts in allen sozialen Schichten durch.

Dies ist auf eine entscheidende Verbesserung der Ernährung zurückzuführen, auf die Entdeckung des Vitamins D und auf Vorbeugung und Impfungen gegen Tuberkulose.

Früher bekamen Mädchen erst im Alter von fünfzehn Jahren ihre erste Regel, in armen Familien sogar später. Ein deutsches Dokument aus dem 17. Jahrhundert berichtet, daß bei den jungen Bäuerinnen in Tirol »die erste Men-

struation wesentlich später eintritt als bei den Mädchen in der Stadt, das heißt selten vor dem 17. Lebensjahr… Der Grund dafür scheint zu sein, daß die Städterinnen mehr Fett und Getränke zu sich nehmen, und ihr Körper also weicher, zarter und fetter ist und eher zur Menstruation kommt.«
Das Ende dieses nahrungsbedingten Ungleichgewichts führt dazu, daß die Französinnen mit einer durchschnittlichen Größe von 1,67 Metern ihre Vorfahren aus der Zeit des Zweiten Kaiserreichs um rund acht Zentimeter überragen.
Lange vertrat man in ländlichen Gegenden traditionell die Auffassung, die Frau benötige weniger Nahrung als der Mann – und das nicht der schlanken Linie wegen. Daraus ergibt sich, daß sie ihren Teil erst bekommt, wenn Mann und Kinder versorgt sind. Und natürlich ist es der Ehemann, der sich den Löwenanteil der Proteine sichert. Im übrigen ist es eine Beleidigung, einer Frau zu sagen, sie esse wie ein Mann. In der Provence gibt es noch heute den Brauch, daß am Abend das Essen für die Männer, die gemeinsam speisen, vorab beiseite gestellt wird.
Die unzureichende Ernährung ist ein Grund dafür, daß Frauen häufiger an Rachitis erkranken, die durch Mangel an Vitamin D entsteht und zu Knochendeformationen führt. Diese verheerende Lage ist, vor allem in wenig sonnenreichen Gebieten, noch kurz vor Ausbruch des Zweiten Weltkriegs zu beobachten. In den unteren Schichten des Volkes sind Mädchen stärker betroffen als Jungen. Bei den Damen aus dem Bürgertum ist ein hochgewachsener, gerader Körper mit breitem Becken und normal geformtem Rücken häufiger. Die Gefahren, denen eine Schwangere mit flachem oder deformiertem Becken ausgesetzt ist, vermag man sich unschwer vorzustellen. Vitamin D gibt den Knochen die Möglichkeit, Kalzium und Phosphor zu binden, und ein gut gefestigtes Skelett hält sich gerade und wächst normal.
Seit sich jedoch die Nahrung qualitativ und quantitativ verbessert hat, steht dieses Privileg allen Bevölkerungsschich-

ten zu. Auch die Tatsache, daß die Babys nicht mehr fest gewickelt werden, trägt zu einer gesunden Entwicklung des Körpers bei.

Heute ist ein Korsett nicht nötig. Früher war das feste Schnüren der Taille für die Frauen ein Mittel, die Deformation der durch Tuberkulose abgemagerten Brust zu verbergen.

In dieser Hinsicht haben die Fortschritte im Bereich der Hygiene und Vorsorgemaßnahmen eine beachtliche Rolle für die Ästhetik des weiblichen Körpers gespielt. Die Brust gewinnt an Fülle, der Körper kann sich besser entfalten und ist harmonischer proportioniert.

Nachdem die Frauen in dieser Weise befreit sind, verzichten sie – und das trifft selbst auf die Damen der besseren Gesellschaft zu – mehr und mehr auf den »Wahnsinn des Korsetts«. Nachdem sie die Herrschaft über ihren Körper erlangt haben, entwickeln sie bald auch ihren persönlichen Stil – was für ein großartiger Triumph!

Mexikanischer Tee und Amiral-Seife

Schon zu jener Zeit häufen sich in den Zeitschriften Werbungen für »Wundermittel und -methoden« die garantierten, schnellen und gefahrlosen Gewichtsverlust versprechen.

Von 1905 an stehen lange Zeit Schilddrüsenextrakte an erster Stelle: »Gewichtszunahme ist hinderlich und vor allem gefährlich, das Jodhyrin von Doktor Deschamps läßt die Pfunde schmelzen, ohne der Gesundheit zu schaden oder Falten zu hinterlassen. Jodhyrin schenkt körperliches Wohlbefinden und Leichtigkeit, macht die Bewegungen ungezwungen, erleichtert die Atmung und schafft einen klaren Geist.«

Der talentierte Zeichner Gus-Bofa illustriert diese Werbung mit verschiedenen Szenen, die die Gefahren zeigen, denen der Fettleibige ausgesetzt ist: Beim Duell bietet er seinem Gegner eine zu große Angriffsfläche, als Gefangener der Kannibalen verschwindet er als erster im Suppentopf, an der Grenze wird er verdächtigt, unter seinem weiten Mantel Schmuggelware zu verbergen. Und jedes Mal bedauert er, nicht die einmonatige Jodhyrin-Kur gemacht zu haben, die »durch ihre wohltuende Wirkung zu einem schnellen Gewichtsverlust führt, Fett langsam über den Urin abbaut, den Muskeln ihre Geschmeidigkeit und Kraft zurückgibt. Falten verschwinden, die Brust wird fest, die Hüften schmal, der Bauch flach, und langsam verwandelt sich der schwerfällige Körper des Fettleibigen in eine anmutige Silhouette. Innerhalb weniger Wochen verjüngt er sich, ohne daß verräterische Spuren zurückbleiben«!

Der Kolumnist Emile Gautier stellt sein Talent in den Dienst dieses Wundermittels: »Ja, das Fett ist unser ärgster Feind! Es handelt sich nicht um ein Polster, sondern um weit Schlimmeres: Es ist eine Bedrohung oder, besser gesagt, ein Tod auf Raten, der Anfang vom Ende. Doch es bringt den Menschen nicht nur langsam um, sondern degeneriert die Nachkommenschaft, deren Kraft im voraus durch erbliche Fettsucht geschädigt wird. Ja, es ist eine Geißel der Menschheit, die man mit aller Beharrlichkeit und Energie bekämpfen muß. Aber wie? That is the question!

Man braucht nur Diät zu halten und sich sportlich zu betätigen, eine Frage des Willens, antwortet Doktor Heckel. Wir essen zuviel und zu schnell und bewegen uns nicht genug. Das ist das ganze Übel, dessen Erklärung auch schon die Abhilfe impliziert, die notwendigerweise darin besteht, genau das Gegenteil zu tun. Wir müssen die Nahrungsmittel also sorgfältig kauen, damit sie besser verdaulich sind und eine vorschriftsmäßige Nutzung der Nahrung gewährleistet ist. Keine Exzesse bei Tisch, keine Überernährung! Wir müssen uns nach unserem Appetit richten.

Außerdem sollte man, soweit es möglich ist, Gymnastik und Sport treiben, und seien es auch nur Wanderungen, um die Schlacken zu verbrennen.
Wenn diese Ratschläge auch nicht neu sind, so sind sie doch hervorragend. Vor etwa vier Jahren habe ich an dieser Stelle bereits dargelegt, daß ungenügendes, weil zu schnelles Kauen, viele Unannehmlichkeiten nach sich zieht, von denen die Fettleibigkeit nicht die schlimmste ist. Was den bedeutenden Stellenwert der Diät angeht, bei der die Qualität ebenso wichtig ist wie die Quantität, oder die körperliche Ertüchtigung, so würde dem niemand widersprechen wollen.
Leider stellt das Leben seine Anforderungen, und es ist sicher nicht zu ihrem Vergnügen, wenn viele Menschen in der Tretmühle der Bürokratie gefangen und zu sitzenden Tätigkeiten verdammt sind. Man verdient sein Brot, wie man kann. Auch für die vielen Geschäftsleute ist es kein Vergnügen, nie zu Fuß zu gehen. Leider sind die Entfernungen weit, und die Zeit ist knapp bemessen. Zeit ist Geld: Und in der heutigen Gesellschaft, wo der struggle of life immer gnadenloser wird, hat man nie genug davon.
Um Sport zu treiben, die Muskulatur geschmeidig zu halten und das hinterhältige, heuchlerische Fett zum Schmelzen zu bringen, braucht man Zeit.
Zurückhaltung ist nicht allen möglich. Ich kenne Menschen aller sozialen Schichten, die durch die Widrigkeiten ihres Berufs am Einhalten einer Diät gehindert werden, entweder, weil sie ihre Kontakte pflegen und häufig in der Stadt essen, oder weil sie sich voll und ganz dem Beruf widmen und beim Essen mit gutem Beispiel vorangehen müssen, um den Kunden zu halten. Sind nun all jene, für die die körperliche Ertüchtigung oder die Askese nicht nur ein Zwang oder ein Luxus, sondern ganz und gar unmöglich ist, dazu verdammt, nachdem sie degenerierten Nachwuchs in die Welt gesetzt haben, an ihrem Fett zu sterben?

Ist die Polypharmazie, die so viele Lorbeeren errungen hat, nicht in der Lage, ihnen dieses Schicksal zu ersparen?
Ich höre schon die Proteste: Oh, nein! Keine Medikamente! Die ungefährlichen wirken nicht, und die anderen sind noch schlimmer als das Übel selbst. Es ist unmöglich, daß es ein Medikament zum Abnehmen gibt, das sowohl unschädlich als auch wirksam ist!
Stimmt das auch wirklich? Für all jene, die ihre schlanke Linie zurückgewinnen wollen, ohne dabei um ihre Gesundheit fürchten zu müssen, gibt es einen einfachen, preiswerten und sicheren Weg. Man schlucke zweimal täglich eine Kapsel des einzigartigen Jodhyrin, und innerhalb eines Monats ist man um drei bis vier Kilo erleichtert, ohne daß die Haut welkt oder die Gesundheit Schaden nimmt! Es gibt also heute eine neue, ausgesprochen wirksame Waffe gegen diesen Feind ...«
Hier ein weiteres Textbeispiel, das in dieselbe Richtung geht; die heroisch-komische Vorlesung des (Möchtegern-?) Professors A. B.:
»Ich will hier über Fettleibigkeit sprechen. Einige Menschen fühlen sich von diesem Thema nicht angesprochen, da sie der Auffassung sind, daß sie immer schlank bleiben werden. Statt auf der Hut zu sein, dämmern sie arglos vor sich hin. Dabei lauert das Fett überall. Es beobachtet sein Opfer und wartet auf seine große Stunde – einen kritischen Augenblick –, um sich einzunisten. O nein, es verschwindet nicht von selbst, keine Sorge, es verschwindet nicht! Es arbeitet sich vor, breitet sich aus, setzt sich fest, fühlt sich ganz zu Hause. Es braucht Platz, also geht das Opfer in die Breite, sein Gewicht steigt an, und bald ist es fettleibig. Dann sind Sie der Herr mit Bauch oder die Dame, die etwas zu stark gebaut ist für ihr Alter und ihre Schneiderin zur Verzweiflung treibt, weil sie heute in den engen Kleidern, die einst ihre schlanke Linie so bezaubernd unterstrichen, lächerlich wirkt. Der Herr mit Schmerbauch gibt vor, es mit Humor zu

nehmen. Doch im Grunde ist er verärgert, denn Fett macht alt. Nun hat die Fettsucht die Oberhand gewonnen, und zwar auf Kosten des körperlichen und moralischen Wohlbefindens des armen Opfers. O ja, auch des moralischen Wohlbefindens! Denn Fettleibigkeit macht schlapp und schwerfällig. Der Geist des Menschen verfettet ebenso wie der Körper, das Gehirn wird ebenso teigig wie die Züge. Wahrlich eine ideale Ausgangsposition für den alltäglichen Lebenskampf. Da kann man nur froh sein, wenn man sein Dasein als Rentier fristen kann. Dick werden heißt verfallen, und insofern sind Sie sicherlich meiner Meinung: Wir wollen nicht dick werden! Und wenn wir es schon sind, müssen wir uns zwingen abzunehmen.

Aber da wird es schwierig. Wie soll man abnehmen? Ich höre Sie schon sagen: Auf natürliche Weise! Sehr gut. Machen Sie Leibesübungen und Sport. Ich kann Ihnen nur aus tiefstem Herzen zuraten. Bitte sehr, der Herr … Um wieviel Uhr? … Aber wann Sie wollen! Am Morgen zum Beispiel! Stehen Sie einfach eine Stunde früher auf … Ah, Sie möchten lieber schlafen. Nun, das verstehe ich! Also, fangen Sie um neun Uhr an … Ah! Dann gehen Sie ins Büro? Zum Teufel! Ach, bis zum Mittagessen haben Sie zu tun? Nach dem Essen werden Sie sich nicht in der prallen Sonne anstrengen, das wäre unvorsichtig. Also? Gegen fünf oder sechs Uhr? Sie hören nicht immer so früh auf, und wenn es mal der Fall ist, dann möchten Sie sich lieber in Ihrem schönen Sessel ausruhen. Nun, genau das habe ich befürchtet, Sie finden den ganzen lieben langen Tag nicht eine Stunde Zeit, um Sport zu treiben. Der Fechtboden langweilt Sie. Und wie wäre es mit einem kleinen Ausritt zu Pferde? Richtig, das ist sehr teuer. Was das Fahrrad angeht, so wollen wir ganz still sein, das ist nicht mehr in Mode. Aber vielleicht ein kleiner Fußmarsch. Wäre das nicht ideal? Ein Sport, den man überall betreiben kann und der nichts kostet! Nur zu, warum gehen Sie nicht zu Fuß ins Büro? Ich weiß, ganz in Ihrer Nähe gibt es eine Metrostation, der Bus hält an der Straßenecke, und jeden Morgen steht ein alter Kutscher vor Ihrem Haus ... Nun, Sie fahren natürlich mit dem Taxi. Aber morgen, morgen, nicht wahr? Morgen gehen Sie zu Fuß, mein Herr, morgen fangen Sie mit der Schlankheitskur an.

Sie lächeln, meine Verehrteste? Sie verfügen über ein besseres Mittel zum Abnehmen als den Sport: Sie halten Diät. Da haben Sie recht, Sie haben meine vollste Zustimmung. Wer Diät hält, fällt am Tisch auf. Und welche Diät machen Sie bitte? Sie trinken nicht! Sehr gut! Da haben Sie beste Aussichten abzunehmen – und sich eine Darmentzündung einzufangen. Es gibt natürlich bessere Diäten. Wenn Sie die richtige auswählen, und sie so lange wie nötig regelmäßig einhalten, ist es möglich, ja sogar wahrscheinlich, daß Sie im Laufe einiger Jahre Erfolg erzielen. Ausgenommen natürlich, Ihr Organismus gewöhnt sich an die Einschränkungen und verhält sich ganz so, als würden Sie ihm die schlimmsten Exzesse auferlegen ... Doch das ist nicht immer der Fall. Vor allem, Verehrteste, umgeben Sie sich nicht mit Menschen, die das gute Essen lieben. Es stimmt schon, davon gibt es nicht mehr viele! Sie könnten sich verleiten lassen, ihre Diät zu vergessen, oder Ihr Verhalten könnte übertrieben und schrullig wirken ...

Ich will hier nicht über die verschiedenen Schlankheitsmittel sprechen, ohne einige Worte über eine Behandlungsmethode zu verlieren, die ich besonders reizvoll finde: nämlich die externe Medikation, all jene Mittel, die man auf die Stellen aufträgt, an denen sich Fettpölsterchen gebildet haben. Auf den ersten Blick scheint das ganz einfach, und in gewisser Weise ist man sofort von dem Wunder begeistert. Die Hüften haben sich ein wenig gerundet? Massieren Sie sie mit der phantastischen Lotion X***, mit der wundervollen Seife Z***! Sie werden zwar die Haut ein wenig ruinieren, aber ansonsten sind diese Mittel wirklich unschädlich.

Aber wundern Sie sich nicht, wenn ihre Wirkung nicht einmal bis zur nächsten Behandlung anhält. Wie könnte es auch sein, da diese Mittel das Übel nicht bei der Wurzel packen. Wo liegt nun die Ursache der Fettleibigkeit? Ein Fehler bei der Ernährung des Organismus. Also muß man die Ernährung umstellen. Ist das möglich? Ja! Ist es schnell, ohne Nebenwirkungen und Gefahren möglich? Ja! Fettleibige Männer und Frauen werden auf die Frage: Aber wer wird uns retten? wie im Märchen eine Stimme hören: Ich, die Fee Jodhyrin. Es handelt sich um einfaches Jod, aber um Jod, das so aufbereitet ist, daß es regelmäßig und doch mäßig da wirkt, wo es nötig ist, das heißt gegen das Fett. Nach einem Monat sagt man sich: Wie leicht ich mich fühle! Was ist nur geschehen? Ganz einfach, man hat drei, vier Kilo Fett verloren. Und Sie können sich wohlgefällig im Spiegel bewundern: Der Herr hat wieder denselben Schick wie früher, und die Dame ist wieder die ganze Freude ihrer Schneiderin, die sie zu ihrer Begeisterung sogleich in ein hautenges Kleid zwängt. Kurzum, nehmen Sie einen Monat lang Jodhyrin, und Sie fühlen sich zehn Jahre jünger. Das, meine lieben Zuhörer, war die Geschichte von der guten Fee, die die Menschheit von einem weitverbreiteten Übel befreit.«

Statt Jod zu nehmen, kann man sich auch für die Galton-Pillen entscheiden. In der Werbung versichert man uns: »Übergewicht ist wie ein kleiner Tod. Es bedeutet Verzicht auf Eleganz, Vergnügen, Schönheit und Jugend. Einen Verlust an Anmut und Schlankheit, ja selbst an Gesundheit. Übergewicht bedeutet den Verzicht auf alle Freuden, es macht häßlich und vor der Zeit alt. Gewichtsverlust bedeutet Verjüngung, man findet die schlanke Linie und die alte Lebensfreude wieder. Die Galton-Pillen aus unschädlichen Pflanzenextrakten haben eine sofortige entfettende Wirkung und sind völlig ungefährlich.«

Einer der großen Klassiker, der über dreißig Jahre lang im

Handel ist, ist Doktor Jawas' Mexikanischer Tee, eine Pflanzenkur, die »das Gewebe zusammenzieht, das Fleisch festigt, Hals, Bauch und Hüften wieder in Form bringt und die Taille schlank macht. »Die Warnungen vor Übergewicht sind dramatisch und eindeutig: »Aufgepaßt, schöne Frau, du gehst in die Breite und verlierst deine schlanke Linie. Dann ist es vorbei mit Schmeicheleien und Komplimenten. Wer nicht altern und ewig jung wirken will, muß vor allem schlank bleiben und gegen Übergewicht kämpfen, das die Anmut des Körpers und seine Schönheit zerstört. Trinken Sie regelmäßig den rein pflanzlichen Mexikanischen Tee, und durch seine entschlackende und fettabbauende Wirkung geht dieser Traum in Erfüllung. Es bedarf keiner weiteren Diät, und er ist für jede Konstitution geeignet.«
Man kann es auch mit dem »Blutreinigungsmittel *Camus Water*« versuchen, »das aus unschädlichen Pflanzen besteht und das Fett nur an den gewünschten Stellen abbaut, das Fleisch kräftigt und keine Falten zurückläßt.« Die Schauspielerin Madame Camus zeugt mit ihrem Foto von der Wirksamkeit dieses Mittels, das »wie eine Fee die schönste Gabe schenkt, die eine Frau sich wünschen kann: Schönheit und eine gute Figur.«
Schließlich wollen wir noch das berühmte Urodonal erwähnen, ein Wundermittel, das gegen Übergewicht, Rheuma, Gicht, Steine, Neuralgien, Migräne, Arteriosklerose und Magensäure wirkt... In der Werbung ergeht sich Doktor de Dreuil in medizinischen Ausführungen über die Gefahren der Fettsucht:
»Es gibt Menschen, die können essen, soviel sie wollen, ohne dabei zuzunehmen, denn der Körper nimmt nichts von dem auf, was sie verschlingen. Man könnte sie mit einem Kamin vergleichen, der allzu gut zieht. Bei den meisten Menschen hingegen ist es so, daß sie, obwohl sie keine großen Esser sind, Tendenz zur Rundlichkeit haben und leicht am Bauch ansetzen, was der Ästhetik, die eine schlanke

Linie statt Aufgedunsenheit vorschreibt, nicht gerade zuträglich ist. Diese Menschen könnte man mit einem Kamin vergleichen, der nicht gut genug zieht, und in dem sich der ungenügend verbrannte Brennstoff als Asche und Ruß in der Feuerstelle und den Rohren ablagert. Solche Menschen bezeichnet man als fettleibig.

Als Rückstand einer unzureichenden oder fehlerhaften Verbrennung lagert sich Fett im Gewebe ab und degeneriert es, dadurch geht der Mensch in die Breite und wird schwerfällig. Die Unglücklichen, die diese störenden und unnützen Substanzen mit sich herumschleppen, verlieren ihre Beweglichkeit, und die wichtigsten Organe wie Herz, Lunge, Leber, Magen funktionieren, durch das Fett zurückgedrängt, zerdrückt und gequetscht, nicht mehr richtig.

Übergewicht führt also nicht nur zu der von allen Frauen zu Recht so gefürchteten Häßlichkeit – hier bilden nur die Türkinnen, deren Reize vom Gewicht abhängen, eine Ausnahme –, sondern es ist ein Gebrechen, ja eine wahre Krankheit.

Da die Fettleibigkeit aus einer unzureichenden Oxidation, das heißt einer Verlangsamung des Nahrungstransportes resultiert, kommt es zwangsläufig zu einer Ansammlung ungenutzter Stoffe im Blut. Viele dieser Schlacken verwandeln sich in Fett und bilden Reserven für den Körper, doch andererseits auch schädliche Ablagerungen. Sie sind pures Gift. Die klassische Form ist Harnsäure, und in dieser Hinsicht kommt Fettleibigkeit einer Selbstvergiftung gleich. Nun kann man die Kalorienzufuhr durch eine Diät vermindern und die Verbrennung durch Bewegung anregen, durch einen Aufenthalt auf dem Land in reiner Luft, ein Sonnenbad oder elektrische Einwirkung, was zuweilen zu ausgezeichneten Ergebnissen führt. Doch diese Mittel stehen nicht jedermann zur Verfügung, und ein jedes hat seine Nachteile und Gefahren. Und allen, auch dem allerbesten, ist eine Begleiterscheinung gemeinsam: Sie setzen Harn-

säure und Unrat frei, und die verfluchten Salze, ein gefährliches Gift, nutzen diese Freiheit sogleich, um sich in Herz, Nieren, Gelenken und Gewebe abzulagern. Daher rühren die vielen unangenehmen Zwischenfälle, die Übergewichtigen drohen, die unbedacht abnehmen.
Besser ist also eine Kur mit Urodonal, das desinfizierend wirkt und die Harnsäure löst, ganz so, wie sich Zucker in warmem Wasser auflöst. Mit Urodonal ist man sicher, mehr Wasser zu lassen, als man während seiner Diät zu sich nimmt. Und woher soll dieses Wasser kommen, wenn nicht aus den aufgelösten Fettzellen? Damit ist das größte Problem geregelt, und man hat gewonnen!«
All diejenigen, die trotzdem Angst haben, diese Mittel, die sich alle der Unschädlichkeit rühmen, einzunehmen, können sie durch äußerliche Anwendungen ersetzen oder unterstützen, zum Beispiel durch Ixennol, ein fettabbauendes Gelee. Es dringt »durch Massage der betroffenen Stellen in die Haut ein, baut überflüssiges Fett ab, bringt aufgedunsene Taillen und Knöchel in Form und pflegt die Haut, ohne zu fetten.«
Andere geben der Amiral-Seife den Vorzug, die sich dreißig Jahre lang unveränderter Beliebtheit erfreut: »Jede elegante Frau erlangt und behält dank dieser aus einem speziellen Gallstoff hergestellten Seife ihre schlanke Linie; in der eingeseiften Partie wird Fett abgebaut, ohne daß dadurch die Gesundheit oder die Haut geschädigt werden.«
Diese Wirkung kann man durch ein Bad in titanhaltigem »Clarks Badesalz« oder »Ma Mousse« unterstützen, »deren Wirkung erst nach einer kompletten Kuranwendung von mindestens zwei Monaten sichtbar wird.«
In den Bereich der Kunstgriffe gehört Doktor Clarens Trikot-Hüftgürtel, »jene neue, phantastische Erfindung, die von wahrhaft eleganten Damen begeistert aufgenommen wird, da sie sich wunderbar dem Körper anpaßt und dessen Geschmeidigkeit und Anmut bewahrt. Der große Erfolg des

Gürtels rührt vor allem aus der einmaligen Präzision, mit der er den Körper modelliert. Trotz der streng anatomischen Stützwirkung respektiert er die Körperformen und erleichtert, vor allem bei Tanz und Sport, die Bewegung. Und er bietet einen weiteren außergewöhnlichen Vorteil: In jedem Alter ist er das ideale Mittel gegen Fettleibigkeit. Dank der speziellen und gesundheitsfördernden Zusammensetzung des Materials und des permanenten, wohlverteilten – und deshalb nie unangenehmen – Drucks eliminiert er die Fettzellen und bekämpft die Korpulenz.«

Die berühmte Chansonette Mistinguett hingegen rät zum »Stanco«, »jenem magischen Gürtel, der eine perfekte Figur schafft, durch leichte Massage überflüssige Leibesfülle verschwinden läßt und zu einer schlanken Silhouette verhilft.«

Madame Guillot, der die Damenwelt kunstvolle Wäsche und das Negligé zu verdanken hat, schuf in ähnlichem Stil das Korsett »Mythe«, das »fabelhaft schlank macht und jene modische Figur erzeugt, für die man heute einen geschmeidigen Körper und köstliche Üppigkeit braucht. Eine seiner Besonderheiten liegt darin, daß es im Gegensatz zu anderen Trikot-Korsetts keine Bügel an den Hüften hat. Es macht einen flachen Bauch, einen geraden Rücken und stützt, obwohl es nicht hoch geschnitten ist, die Brust, wie man es sich wünscht.«

Und wenn Sie, gnädige Frau, trotz Hüftgürtel und Korsett, ihre Traumfigur noch nicht erlangt haben, sollten sie es mit »Madame X' Schlankheitsgürtel« probieren, »zu dem nicht nur Schneiderinnen, sondern auch Ärzte raten. Denn medizinische Kapazitäten sind der Auffassung, daß es nur ein wirksames und unschädliches Mittel zur Gewichtsabnahme gibt, nämlich eine vernünftige Massage.

Wenn Sie zu beschäftigt sind, um sich jeden Tag den Händen eines erfahrenen Masseurs anzuvertrauen, wählen Sie den nach wissenschaftlichen Gesichtspunkten hergestellten Hüftgürtel, der bei jeder Bewegung unmerklich massiert.

Dadurch finden Sie zu einer neuen Linie, einer jugendlich schlanken Figur, die der aktuellen Mode entspricht.«
Zum Schluß wollen wir noch einen wesentlich ausgefalleneren Artikel erwähnen, nämlich die »mit einem speziellen Wirkstoff getränkten Schönheitsgummis aus dem Laboratorium Clarks, die morgens oder abends eine halbe bis eine Stunde auf das Gesicht gelegt werden und ihm feste Konturen verleihen, ästhetische Unzulänglichkeiten, Falten und Hängebacken verschwinden lassen.«
Noch eigentümlicher mutet der »Ismael-Gürtel« an, der »aus Gewürzpflanzen besteht, die innerhalb kürzester Zeit der Leibesfülle zu Leibe rücken« oder der »Elektrische Adipose-Gürtel, der unter dem Namen SGDG patentiert und ganz mit Magneten unterlegt ist, die die Taille schlank, die Hüften schmal und den Bauch flach machen und die Fettzellen schnell schmelzen lassen.«
Man kann also feststellen, daß die Werbung früherer Zeiten den heutigen irreführenden, ja fast an Scharlatanerie grenzenden Anzeigen in unseren Zeitschriften in nichts nachstand. Sie haben sogar heute noch eine gewisse Aussagekraft, selbst wenn die »kurvenreiche Linie« und »köstliche Üppigkeit« nicht mehr gefragt sind …

Nieder mit dem Cholesterin!

Diskriminierung der Fettleibigen

Die sozio-kulturelle Entwicklung unserer modernen Gesellschaft hat dazu geführt, daß Fettleibigkeit nicht mehr allein eine ästhetische Frage ist. Längst wurde sie von Epidemiologen und Statistikern aufgegriffen und zu einem medizinischen Problem gemacht.
Die Zeiten, da Körperfülle Eindruck machte, sind vorbei. Heute beeindruckt oder betört sie niemanden mehr. Ganz im Gegenteil – sie macht Angst, löst Mitleid, ja Abneigung aus.
In den Rang der Krankheit erhoben, muß die Fettleibigkeit bekämpft werden. Leider aber gibt es kein Medikament zu ihrer Heilung. Da es nicht gelingt, das Geheimnis des Fettgewebes zu lüften, sinnt man ständig auf Neuerungen und greift auf häufig empirische Methoden zurück.
Tatsächlich nimmt die Zahl der Dickleibigen mit jedem Jahr zu. Die Alarmglocken läuteten zunächst in den Vereinigten Staaten, wo das Übergewicht bereits den Durchschnittsbürger erreicht hat. Das Übel überquert den Atlantik und breitet sich rasch in Europa aus.
Statistischen Erhebungen zufolge scheint der Unterschied innerhalb der Länder der EU unerheblich. In Frankreich sind 29,8% der Männer und 30,2% der Frauen mehr oder weniger übergewichtig. Dieser Prozentsatz liegt in Deutschland bei jeweils 30,8% und 31,5%. Die anderen europäischen Länder weisen in etwa die gleichen Zahlen auf. Kein Wunder, zeigen doch Ernährungsfehler überall vergleichbare Wirkung.
In Frankreich sind die Bürger des Nordens dicker als die des Südens – 22% der Männer und 23% der Frauen im Departement Bas-Rhin gegen 9% der Männer und 10% der Frauen im Departement Haute-Garonne. Fast könnte man glauben,

der Bordeaux-Wein rette die Linie, Bier hingegen mache dick. In Wirklichkeit ist das Problem viel komplexer.

Merkwürdigerweise spielen auch soziale Verhältnisse eine Rolle. In den reichen Ländern ist Fettleibigkeit eher in den Schichten mit niedrigem Einkommen anzutreffen. Die schlemmenden Reichen sind dort dagegen weniger dick. Umgekehrt ist es in den armen Ländern, wo die Betuchten sich auf Kosten der spindeldürren Hungerleider den Wanst vollschlagen.

Würde die Dickleibigkeit nicht das gesellschaftliche und ästhetische Gleichgewicht stören, hätte sie die Medizin sicher nicht interessiert.

Epidemiologische Erhebungen und statistische Studien amerikanischer Versicherungsgesellschaften in den fünfziger Jahren haben ergeben, daß Übergewicht auf signifikante Weise mit mehreren schweren Krankheiten einhergeht.

Zum Beispiel mit arterieller Hypertonie, mit Angina pectoris, die durch Verengung der Herzkranzgefäße hervorgerufen wird, mit Diabetes, Gallensteinen, Gicht, mit erhöhten Blutfetten, Atemschwäche, Gelenkabnutzung, sogar mit dem erhöhten Risiko der Disposition zu gewissen Krebsarten... Daraus zu schließen, daß diese Krankheiten direkt von der Fettleibigkeit herrühren, fehlt nur noch ein kleiner Schritt.

Die Erhebungen haben zwar gezeigt, daß Menschen, die ab dem 45. Lebensjahr dick zu werden beginnen, dreimal infarktgefährdeter sind als schlanke. Man vergißt aber, daß diese Krankheit sehr viel häufiger normalgewichtige Raucher trifft als übergewichtige Nichtraucher.

Paradoxerweise liegt die Sterblichkeitsrate einer mageren Person, die täglich eine Schachtel Zigaretten raucht, 30% über dem Durchschnitt. Stellt sie das Rauchen ein und nimmt zehn Kilo zu, verringert sich das Risiko auf 15%.

Mit Sicherheit ist Nikotin schädlicher als Fett. Trotzdem haben alle Frauen Angst davor, Fettes zu essen, und nur we-

nige geben das Rauchen auf. Diese Tatsache ist mehr als bedauerlich. Denn wer sich in seinem Feind täuscht, trifft mit seinen Maßnahmen ins Leere.
Da man quasi nichts über das Intimleben der Fettzellen weiß, versucht man sie von allen Seiten einzukreisen, sie mit allen vorhandenen Mitteln zu jagen, und das mit absurdesten Methoden. Was nicht heißt, daß es gelingt. Warum?
Zunächst einmal waren die amerikanischen Spezialisten im Irrtum, als sie vor vierzig Jahren glaubten, verantwortlich sei das Cholesterin. Die Fehleinschätzung hat diesem Molekül zu universeller Berühmtheit verholfen. Von heute auf morgen wurde das Cholesterin zum öffentlichen Feind Nummer eins. Die kollektive Hysterie, die es nach wie vor heraufbeschwört, läßt unsere Schönen schon fast ein halbes Jahrhundert zittern!
Seit den sechziger Jahren träumt ein Großteil der Frauen davon, mit einer überschlanken, wenn nicht gar schmächtigen Figur dem Bild der Mädchenfrau zu entsprechen. Damals begann die Jagd auf das Cholesterin, die bis heute andauert.

Die Fetthysterie

Die Angst vor dem Fett hat geradezu irrationale Züge angenommen, verschlimmert noch durch eine oft übertriebene medizinische Begleitung des Themas. Die Ausbeutung dieser von den Medien generalisierten und geschickt geschürten Phobie hat der Vermarktung zahlreicher Produkte und Rezepturen gedient, die dieses Cholesterin – die Wurzel allen Übels – zum Schmelzen bringen. Die schlecht »verdaute« medizinische Botschaft wird oft pauschalisiert, karikiert, aufgefaßt wie ein Credo, dessen Wirkung auf die Gläubigen beängstigende Ausmaße annehmen kann.

Ist es da verwunderlich, daß sich eine Mentalität herausbildet, die den dicken Menschen als minderwertig, unattraktiv, faul und wenig kompetent betrachtet? Diese abwertende Haltung hat Vorurteile, Diskriminierung, erniedrigende Anspielungen, sogar Abscheu zur Folge.
Sehr häufig stellt sich Übergewicht bei der Arbeitssuche als hinderlich heraus. Es kann sich auch negativ auf den beruflichen Werdegang auswirken. Seltsamerweise rühren diese Schwierigkeiten vom medizinischen Personal her – rein physiologisch gesehen hat das Übergewicht oft nicht den geringsten Einfluß auf die Befähigung für die angestrebte berufliche Tätigkeit.
So entscheiden die erleuchteten Herren Mediziner völlig willkürlich, daß eine Mathematikerin keine Lehrerlaubnis erhält – nicht weil sie inkompetent, sondern weil sie ein bißchen zu üppig ist... Viele glauben, daß es den Fettleibigen an Mut und Dynamik fehle, daß sie an psychischen Störungen leiden müßten, die sie durch übermäßiges Essen zu kompensieren suchen...
Die medizinische Literatur wimmelt nur so von Studien über ihre Triebhaftigkeit, ihre Gefräßigkeit, ihr emotionsgesteuertes Verhalten. Sehr wenige Publikationen beschäftigen sich mit der Tätigkeit der Enzyme, der Hormone, der Fettzellen, der Funktion der Energiekontrollzentren... deren mangelndes Gleichgewicht oft für die Körperfülle verantwortlich ist.
Eine Umfrage eines großen Frauenmagazins, *Glamour*, hat ergeben, daß sich 76% der Leserinnen für dick halten – und zwar unabhängig von ihrem tatsächlichen Gewicht. Nicht selten führt das »Schlankheitsideal« zu beängstigenden Störungen im Eßverhalten. Manche Frauen erlegen sich strengste Einschränkungen auf, die paradoxerweise oft eine gegenteilige Wirkung nach sich ziehen: die Gewichtszunahme!
Trotz energischer Maßnahmen breitet sich die Epidemie

weiter aus. Die fixe Idee vom schlanken Körper hat jetzt auch den Mann erfaßt. Die Angst, dick zu sein, ist zu einem gesellschaftlichen Phänomen geworden.

Nach über dreißig Jahren Abstand zeigen Erfahrungen und retrospektive Analysen, daß in der Vergangenheit viele Fehler bei den verschiedenen Therapien gegen Fettleibigkeit gemacht worden sind. Im Licht der jüngsten Erkenntnisse zur Biologie der Fettzellen ist eine Infragestellung der einstigen Methoden also dringend erforderlich.

In praktischer Hinsicht muß das erste Ziel der Behandlung sein, das oft so negative Selbstbild des Fettsüchtigen nicht noch zu verschlimmern. Sie muß den nur in seiner Vorstellung Dicken davon abhalten, sich ungerechtfertigten Maßnahmen zu unterziehen und statt dessen den wirklich Dicken durch diätetische und hygienische Erziehung zu einer vernünftigen, regelmäßigen und bewußten Ernährung und gesunden Lebensweise zu verhelfen.

Therapeutische Verbissenheit

Sobald sich die Medizin der potentiellen Risiken des Übergewichts bewußt wurde, reagierte sie mit einer Heftigkeit, die in keinem Verhältnis zu der tatsächlichen Bedrohung stand. Man hätte meinen können, sie wolle die Gefahr bannen, indem sie das Fett mit einer Härte verfolgte, die abschreckend wirken sollte. Fast ein halbes Jahrhundert lang wurde die Fettleibigkeit mit Medikamenten behandelt, die nicht nur wirkungslos waren, sondern auch schädlich, sogar gefährlich. Manche der verabreichten Präparate vermitteln den Eindruck des Abnehmens, doch das Gewicht steigt, sobald das Medikament abgesetzt wird, gleich wieder an, oft sogar noch rapider als vorher.

Die daraus erwachsenden Enttäuschungen erklären, weshalb zahlreiche pharmazeutische Präparate nach kurzer

Zeit wieder vom Markt genommen werden. Bisher hat die Wissenschaft noch kein Wundermittel entdeckt.
Und doch finden in der Stille der Laboratorien immer intensivere Forschungen statt – sorgfältig gehütet wie Militärgeheimnisse. Denn was auf dem Spiel steht, ist von weltumfassender Bedeutung, nicht für die Gesundheit oder das Ansehen der Übergewichtigen, sondern für die Industrie, die mit einem erfolgreichen Produkt unermeßliche Profite verbuchen könnte.
Zur Zeit arbeitet eine ganze Armee von Chemikern, Biologen, Pharmakologen und Medizinern unermüdlich und unter strengster Geheimhaltung an den Antienzymen, die die Bauchspeicheldrüsenlipase, die Alphaglukosidase u. s. w. bremsen sollen.
Man hofft, so die Fettabsorption bei der Verdauung einzudämmen. Andere sogenannte »thermogenetische« Projekte haben zum Ziel, Moleküle zu synthetisieren, die in der Lage sind, Fettreserven in Wärme umzuwandeln. Die Zukunft der Übergewichtstherapie ist voller Versprechungen!
Um es noch einmal zu sagen – die Geschichte hat die Körperform verändert, und sie wird es auch weiterhin tun. Wo ist die gute alte Zeit, da die Prinzessin Palatine die Herzen erfreute mit, wie uns E. Chouin sagt, »den größten Brüsten, die man je erblickt hat ... und das entzückte Monseigneur, denn er schlug darauf wie auf Pauken«?
Da sie das Übergewicht nicht mit einem Zaubertrick beseitigen können, sehen die Strategen eine langfristige Behandlung vor, wobei therapeutische Verbissenheit in vielen Fällen Nebenwirkungen hervorruft, die letzten Endes gravierender sind als die Fettleibigkeit selbst.
Gewisse Medikamente wirken wie Drogen. Bei längerer Einnahme entsteht eine echte Abhängigkeit.
Amphetamine zum Beispiel zügeln auf brutale Weise die Lust am Essen, indem sie im Gehirn eine enorme Ausschüttung chemischer Substanzen auslösen. Dopamin, Noradre-

nalin und andere Katecholamine blockieren somit die Hungerzentren. Darüber hinaus verbrennen diese Substanzen einen Teil der Fettreserven und wandeln sie in Wärme um. In den meisten sogenannten »anorexigenen« Medikamenten sind Amphetamine der Hauptbestandteil.

Das so hervorgerufene Abmagern ist das Ergebnis der Peitschenhiebe, die den Nervenzellen verabreicht werden. Die Nebenwirkungen aber sind gefährlich. Überreizung, Schlaflosigkeit, Herzrasen, Euphorie, Angstzustände, Verhaltensstörungen sind die Folgen dieser medikamentösen Vergiftung.

Schlimmer noch kommt es, wenn die Amphetamine abgesetzt werden, denn dann treten regelrechte Entzugserscheinungen auf. Der Betroffene verfällt in tiefe Mattigkeit, unterbrochen von Wahnvorstellungen und Erregungszuständen. Die Suchtschäden sind dabei gravierender als die Fettleibigkeit.

Die weiteren verwendeten Präparate zeigen nicht weniger bedenkliche Nebenwirkungen und stehen trotzdem seit Jahrzehnten hoch im Kurs. So zum Beispiel Schilddrüsenhormone, die dem Herzen schaden, weil sie die Muskeln angreifen und nicht das Fett, und harntreibende Mittel, die einen Verlust an Flüssigkeit und somit auch an Mineralsalzen bewirken. Die Folge ist ein schweres Ungleichgewicht von Natrium und Kalium, was Schwellungen und heftige Müdigkeitsattacken nach sich zieht.

Da man nicht auf die Hungerzentren im Gehirn einwirken kann, versucht man es bei den Sättigungszentren. Es existiert ein Typus von Molekülen, die das Serotonin imitieren, ein Molekül, das auch vom Gehirn produziert wird. Die Einnahme eines solch nachahmenden Präparates vermittelt den Eindruck, einen vollen Bauch zu haben. Doch die Nebenwirkungen sind Schlaflosigkeit, Durchfall, Mundtrockenheit… Und wehe, man setzt die Behandlung ab – die erneute Gewichtszunahme beginnt schon nach wenigen Tagen!

Um dem verfluchten Cholesterin zu Leibe zu rücken, mobilisieren die Labors ihre Chemiefabriken. Colestyramin, Colestipol, Clofibrat, Probucol, Gemfibrozil, Nikotinsäuren, Antienzyme (Lovastatin, Simvastatin), Hormone (Choriongonadotropin), sogar Antifett-Impfungen ... empfangen und verbreiten die Botschaft, den Feind zu vernichten, der sich in jeder unserer Zellen verbirgt.
Dieses ganze Arsenal hat keinerlei Wirkung, es schützt auch die Arterien nicht, wenn der Betreffende weiter raucht oder sich unausgewogen ernährt.
Andererseits führt eine lang andauernde Behandlung schließlich zu funktionellen Störungen, die auf die Nebenwirkungen dieser Medikamente zurückzuführen sind. Kopfschmerzen, Schwindelanfälle, Schwächezustände, Muskelerkrankungen, Leberschäden ... sind gewöhnlich der Preis für die unverträgliche Behandlung.
Doch die Therapieformen wurden immer kühner. Schlafkuren mit Beruhigungs- und Schlafmitteln wurden konzipiert. Der abrupte Entzug hat sogar Todesopfer gefordert. Und was das strenge Fasten betrifft, so fallen ihm eher die Muskeln als das Fett zum Opfer, was die Schwäche des geplagten Fettsüchtigen noch verschlimmert.

Das Fett unter dem Skalpell

Da man den Körper für eine Maschine hält, hat man also eine Reihe von mechanischen Methoden ersonnen, um dem Fett endlich den Garaus zu machen. Der Magenballon und die Abdominalschnur sind zwei Erfindungen, die aus Amerika, wo sie mit dieser großartigen Begeisterung aufgenommen wurden, zu uns gekommen sind.
Die Abdominalschnur zwängt den Bauch ein wie ein Gürtel. Dadurch würde man, heißt es, weniger essen.
Das Einsetzen eines Magenballons ist dagegen weit kompli-

zierter. Der Arzt führt ihn zusammengerollt, wie eine Sonde, durch den Nasengang ein. Anschließend wird er mit einer Pumpe aufgeblasen. Mit Hilfe dieser Luftkammer erstickt die Füllung der Magenhöhle wie durch ein Wunder das Hungergefühl. Den Fettleibigen mit Luft zu füttern, ist eine geniale Idee des New Yorker Zentrums zur Untersuchung der Dickleibigkeit, autorisiert von der FDA (Food and Drug Administration).

Trotz dieses Gütesiegels leistet das Gewicht weiter Widerstand. Also beschließt man, auf ein heroischeres Mittel zurückzugreifen – das Skalpell.

Der zum Bildhauer am lebenden Material gewordene Chirurg entfernt die Fettschürze des Bauches, die Massen um Lenden und Gesäß und, wenn nötig, die um Oberarme und -schenkel. Der Vorgang ist alles andere als harmlos, denn trotz seiner beeindruckenden Korpulenz ist der Fettleibige ein zerbrechliches Wesen. Das große Herz, die Atemnot, das biologische und psychische Ungleichgewicht, der Operationsschock – all das sind gefährliche Fallen.

Für gewöhnlich wird diese Art von Operation nur Patienten angeraten, die mehr als 100% Übergewicht haben und auf keine andere Weise abnehmen können. Doch trotz der enormen entfernten Fettmengen meldet sich das rebellische Gewicht erneut zurück. Es muß also nach anderen, zuverlässigeren Operationsarten gesucht werden.

Warum bestraft man nicht die Verdauungsorgane selbst, da sie es sind, die die Nahrung aufnehmen, verdauen und absorbieren?

Man verursacht also eine chronische Absorptionshemmung, indem man den Dünndarm auf dem Weg zum Dickdarm umgeht. Ein wahres Wunder! Ganz gleich, mit welcher Technik sie vorgenommen werden – diese Eingriffe bringen den Körper zur großen Freude der Ex-Dicken innerhalb weniger Monate in Form.

Nach einem Jahr stabilisiert sich der Gewichtsverlust bei ungefähr 50% des ursprünglichen Gewichtsüberschusses. Für eine Person, die normalerweise 75 Kilo wiegen müßte, aber 75 Kilo Übergewicht hatte, liegt das Endresultat also bei 112 Kilo.

Doch die Folgen lassen nicht auf sich warten. Der gekränkte Verdauungsapparat rächt sich. Der schlecht ernährten Leber fehlt es an Aminosäuren und Proteinen. Sie bringt die Arbeit der Zellen durcheinander. Schlimmer noch, sie produziert sogar giftige Substanzen (Oxalsäure und andere schädliche Derivate), die Zirrhose hervorrufen, und das, ohne daß der Betroffene auch nur einen Tropfen Alkohol getrunken hat!

In seiner Not rebelliert der gesamte Organismus. Die Knochen mobilisieren ihre Reserven an Mineralien (Kalzium, Magnesium, Kalium, Phosphor ...). Sie leeren sich, zerfressen von Osteoporose. Das Durcheinander hat Polyarthritis und einen heftigen Gelenkverschleiß zur Folge. Die Bildung von Steinen droht Nieren und Gallenblase. Magengeschwüre und Verhaltensstörungen können auftreten ...

Monate-, wenn nicht gar jahrelang kommt es zu heftigem Durchfall, weil die Verdauung nicht mehr normal funktioniert. Kein Wunder also, daß der Organismus geschwächt wird, daß der Körper abnimmt.

Als ein paar allzu neugierige Epidemiologen nachforschen, was fünf Jahre später aus den Operierten geworden ist, registrieren sie zu ihrem Erstaunen eine auffallend hohe Sterblichkeitsrate bei den Abspeck-Kandidaten!

Obwohl der zu zahlende Preis unverhältnismäßig hoch bleibt, geben sich die Chirurgen noch lange nicht geschlagen. Sie entwickeln andere, nicht weniger aggressive Operationstechniken.

Jetzt geht es darum, das Volumen des Magens zu reduzieren. Mit ihrer mechanistischen Weltanschauung betrachten sie dieses arme Organ noch immer als Hauptschuldigen.

Man muß also die Hälfte des Magens entfernen oder ihn umgehen, indem man seinen Inhalt rasch zum Darm hin umleitet.
Da sich die Resultate im ganzen als erbärmlich erweisen, werden andere technische Varianten erfunden, darunter die berühmte »vertikal angebrachte Gastroplastik«. Mit einer Reihe von Klammern verengt man den Magen zu einer Röhre. Diese Verformung nötigt das Organ, weniger zu verdauen. Die so erreichte Reduzierung der Verdauungskapazität vermittelt das Gefühl, der Bauch sei gleich nach Beginn einer Mahlzeit gefüllt. Das rasch auftretende Völlegefühl hält vom weiteren Essen ab, weil der Eindruck des Erstickens entsteht... An die 10% der so Behandelten müssen infolge schwerer Komplikationen erneut operiert werden.
All diese zunächst so vielversprechend erscheinenden Eingriffe sind mit einer beängstigenden Anzahl von physiologischen Störungen verbunden. So lautet das traurige Ergebnis einer Studie des *New England Journal of Medicine*. Und so mußte die amerikanische Akademie für Ernährungswissenschaften zur Mäßigung mahnen. Zum Glück hat die Wunder-Chirurgie diesseits des großen Teiches weniger Chirurgen inspiriert, obwohl auch in Europa die Fettleibigkeit grassiert.
Dickleibige der Welt – vereinigt euch! Die stärker Gebauten müssen zusammenhalten.
Und so kommt unseren amerikanischen Freunden eine französische Technik mit dem Namen »Liposuktion« zu Hilfe. Bei dieser Methode handelt es sich um einen Eingriff, der bei weitem nicht so radikal ist. Ein kleines Röhrchen, durch simple Punktion unter die Haut geführt, saugt die Fettzellen ab. Dabei ist nur eine Lokalanästhesie vonnöten.
Die Liposuktion hat den großen Vorteil, daß sie ganz gezielt die Problemzonen anvisieren kann, vor allem die »Reiterhose«, die »Bauchschürze«, die »Ballonarme«. Sie entfernt die überquellenden Fettmassen an der Innenseite der

Schenkel, die die Biomechanik beim Gehen behindern, so daß der Betroffene nur mit gespreizten Beinen laufen, ja sogar stehen kann.

Zum besseren Verständnis der Fettleibigkeit

All diese Schwierigkeiten zu erkennen, bedeutet noch lange nicht, daß man eine defätistische Haltung vor dem Problem Übergewicht einnehmen muß. Die zahlreichen Hindernisse und die Vielzahl der Heilungsmethoden beweisen indes, daß es nicht eine einzige, sondern viele verschiedene Formen der Fettleibigkeit gibt, von denen jede einzelne ein spezifisches Problem darstellt.

Das Zeitalter der Molekularbiologie kann erhebliche Fortschritte in der Fettzellenforschung verzeichnen. Die modernen Untersuchungen eröffnen uns ungeahnte neue Dimensionen. Diese jüngsten Errungenschaften der Wissenschaft erlauben uns bereits einen besseren Einblick in die Privatsphäre des Fettgewebes und seine Wechselbeziehungen mit dem gesamten Körper.

Wir können diese Zellen heute im Labor kultivieren, um Reaktionen auf die unterschiedlichsten Einflüsse zu analysieren. Zytologen und Biochemiker zerlegen sie bis in ihre Atome, so daß uns das Fett peu à peu seine Geheimnisse preisgibt, uns Schritt für Schritt durch das Räderwerk seiner lebenden Fabrik führt.

Diese neuen Erkenntnisse verändern unser Bild von der Fettsucht. Vor allem öffnen sie uns die Augen, machen uns bescheidener, toleranter.

Wir entdecken auch, daß Fettleibigkeit, wie Magerkeit, aus einer Kombination verschiedener Faktoren resultiert, die genetischer, biologischer, sozio-kultureller Art sein können. Keiner davon ist für sich allein ausschlaggebend.

Ein Mensch kann die Neigung zu Korpulenz erben, zu Enzy-

men, die Fettreserven ungern in Wärme umwandeln, zu Zellen, die gerne speichern und ungern verbrennen. All das reicht freilich nicht aus, um ihn rundlich zu machen.
Der Einfluß der Umwelt zählt genauso, wenn nicht gar mehr. Unter dem Druck der Werbung zum Beispiel konsumieren unsere Kinder immer mehr Süßigkeiten und gezuckerte Getränke. Wir selbst produzieren also von der Wiege an die zukünftigen Fettleibigen unserer Gesellschaft.
Damit kommen wir zum Thema Fettsucht-Vorbeugung. Denn die Korpulenz ist kein unausweichliches Schicksal, das in unseren Genen festgelegt ist. Mit dem Wissen um unsere Irrtümer und der Unterstützung der modernen Biologie verfügen wir fortan über die geeigneten Präventivmaßnahmen und Therapien, die effektiver, weniger ambitiös und frei von den Fehlern der Vergangenheit sind.
Zur allgemeinen Überraschung stellt die Medizin fest, daß sie sich im Feind geirrt hat. Denn das lange verteufelte Cholesterin stellt sich letztendlich als Freund heraus, als echter, unentbehrlicher, lebenswichtiger Freund! Dieses Molekül, das unsere Enzyme unter so großen Mühen synthetisieren, ist ein wesentlicher Baustein unserer Zellmembran.
Dasselbe gilt für die Fettsäuren. Im Innern unserer Drüsen (Nebennieren, Keimdrüsen) wird zur Bildung der Hormone Cholesterin als Rohstoff benötigt. Auch die Leber kann zur Produktion der Gallensalze nicht auf Cholesterin verzichten. Und – noch unglaublicher – die Menschen, die an Cholesterinmangel leiden, laufen sogar Gefahr, an Krebs zu erkranken.
Die wirklichen Übeltäter sind weder das Cholesterin noch die Fettsäuren, noch die Lipide, noch die Zucker, sondern deren Übermaß, ihr Mißverhältnis, ihre Anhäufung im Organismus, der außerstande ist, sie abzubauen. Andererseits ist festzustellen, daß Nikotin und Alkohol die Gefäße stärker verändern als Fett, daß gewisse unbekömmliche Medi-

kamente auch dick machen können (die Pille, Beruhigungsmittel ...), daß auch Bewegungsmangel keine unwesentliche Rolle spielt.

Die Erfahrung zeigt, daß strenge Abmagerungskuren in Wirklichkeit mehr schaden als nutzen. Das Ergebnis ist eine Gewichtsinstabilität. Das Gefühl der Ungerechtigkeit, der Frustration führt häufig zu tiefer Verbitterung. Mangelerscheinungen als Folge von unvernünftigen Diäten führen beim ausgehungerten und angewiderten Fettleibigen zu ernsthaften biologischen Störungen.

Die Bemühungen müssen darauf ausgerichtet sein, ihm zu erklären, daß die einzige vernünftige Lösung eine ausgeglichene und, vor allem, schmackhafte Ernährung ist. Denn niemand, der von salzlosem Zwieback und Mineralwasser lebt, nimmt ab! Die Gastronomie hat nicht ihr letztes Wort gesprochen.

Fettsucht-Spezialisten aus verschiedenen wissenschaftlichen Disziplinen sind heute am Werk. Biologen, Diätetiker, Ärzte, Chirurgen, Soziologen, Sportlehrer aus zahlreichen Ländern treffen sich alljährlich in Chicago zum Internationalen Obesitäts-Kongreß unter der Schirmherrschaft der äußerst seriösen American Medical Association.

Fettleibigkeit ist nicht als ein kleiner Schönheitsfehler zu betrachten, vielmehr gehört sie zu den Übeln des Jahrhunderts, die die Menschheit dezimieren.

Wie bei der Charta der Vereinten Nationen erarbeiten die Delegierten der Wissenschaftsgemeinschaft ein gemeinsames Programm mit Empfehlungen an alle Zentren, die sich mit Gewichtsproblemen beschäftigen. Glücklich die Fettleibigen, denn die ganze Welt befaßt sich mit ihnen und niemand mit den Mageren.

Aus der internationalen Vereinbarung geht hervor, daß die besten Mittel im Kampf gegen die Fettleibigkeit noch immer Diät, körperliche Betätigung und Verhaltensänderungen sind. Ergänzung und gegenseitige Stärkung dieser drei

Faktoren sind die einzigen Voraussetzungen, die eine gute und langfristige Kontrolle gewährleisten.
Expertenteams in den Spezialzentren überprüfen die Behandlungsresultate, registrieren Gewichtsverlust, Nebenwirkungen, Langzeitergebnisse, Rückfälle. All diese Ergebnisse werden festgehalten, im Computer gespeichert, in Forschungszentren von Statistikern und Epidemiologen ausgewertet. Die Korpulenz ist den Künstlern entglitten, um in die Hände der Weisen zu fallen. Da sie als Krankheit betrachtet wird, löst sie Mitleid aus und muß behandelt werden wie eine Geißel der Menschheit.

Das Martyrium der Dicken

Der Spott der Mageren

Le Martyre de l'obèse au quotidien (Das Martyrium der Dicken im Alltag). Ist es ein Zufall, daß Henri Béraud, der Autor dieses Werks, in der Feinschmeckerstadt Lyon geboren ist, die für ihre sahnige, reichhaltige Küche bekannt ist? »Dick, ich war schon dick, als ich das Licht der Welt erblickte, und seither hat man nicht aufgehört, mich mit den verschiedensten Gegenständen – einem Tabaksbeutel, einer Nackenrolle – oder aber mit Balzac zu vergleichen.«

Zum ersten Mal enthüllt ein Übergewichtiger, schamhaft hinter Humor verborgen, seine intimsten Gefühle. Im Augenblick höchster Lust hörte er seine Geliebte leise flüstern: »Sei glücklich, mein Dicker!«

»Dieser kleine, nichtige Satz hat im Handumdrehen die Glut eines Mannes ausgelöscht, der beachtliche und streng kontrollierte einhundertsieben Kilo und achthundert Gramm auf die Waage bringt.«

Die Darstellung dieses Martyriums ist so fesselnd, weil sie völlig unerwartet ist. Wer würde hinter einem so robusten Äußeren eine solche Sensibilität vermuten? Die »Seele eines Romeo« im »Körper eines Falstaff«. Dies mag als Symbol des dramatischen und ungleichen Kampfes gelten, den der Übergewichtige in der modernen Gesellschaft zu führen hat, die unisono dem Schlankheitswahn verfallen ist. Ein Hoch den wabbelnden Fettmassen und den Dickbäuchigen!

Der Korpulente nimmt sich selbst, seine Umgebung und die Angriffe, deren Opfer er ist, wie durch ein Vergrößerungsglas wahr. Solche Sensibilität scheint eigenartig für einen Riesen, der die Liliputaner um sich problemlos zerquetschen könnte. Unzählig sind die Spötteleien in Gesprächen und Liedern; dafür mögen diese Worte von Jacques Brel ein Beispiel geben:

Das idiotischste Alter sind sechzig Lenze
Wenn der Bauch wabbelt
Wenn der Bauch schwabbelt
Und das Herz verschlungen hat …

Man behauptet, Fettleibigkeit schade der Männlichkeit. Davon ist Georges Brassens so überzeugt, daß er uns das folgende Geständnis macht:

Wenn ich einen dicken Bauch, Pausbäckigkeit,
Fettleibigkeit vermieden habe,
Dann, weil ich bumse, weil ich bumse, weil ich bumse.
Wie ein Bock, wie ein Widder, wie ein Tier, wie eine Bestie.
Ich bin besessen: die Brunft, die Brunft, die Brunft,
die Brunft!

Den Spott hinzunehmen, ist die Geheimwaffe der Dicken, »deren heimliche Tränen ihrem Gewicht in Gold entsprechen«, wie uns der Fernsehmoderator Jacques Martin erklärt, der doch offenbar nicht über seine Linie zu klagen hat. Das Äußere nährt Mißverständnisse: Eine üppige Linie zeugt von sozialem Wohlstand und läßt eine blühende Gesundheit vermuten, runde Formen versprechen Sinnlichkeit, und lachende Pausbacken verströmen gute Laune … Es stimmt, der Panzer ist hart und fest.
»Wenn ich eines Tages diese Welt verlassen werde, werden sich die Freunde über meine sterblichen Überreste beugen und einer nach dem anderen sagen: ›Er sieht prächtig aus – ganz so, als würden die Übergewichtigen dem Mysterium des Todes entrinnen.‹ Ein Buckliger macht Angst, ein Dicker bringt die Leute zum Lachen, das ist zu einer Gewohnheit geworden.«

Doch versuchen wir, die undurchlässigen Schutzwälle zu durchdringen und zum Kern der Wirklichkeit zu gelangen.
Nein, den Dicken geht es nicht gut. Ihre »Fleischmassen« schränken die Beweglichkeit ein. Sie sind auffällig, geraten schnell außer Atem, die Verdauung ist erschwert, und sie haben Mühe, andere und sich selbst zu lieben, da sie sich ihres Schmerbauchs unglaublich schämen.
Manchmal geraten sie in Panik und geben auf. Ständig sind sie durch die Blutfettwerte bedroht, und die Statistiken prophezeien ihnen einen frühzeitigen Tod. Doch entgegen dem Volksglauben gibt es durchaus übergewichtige Hundertjährige, und sie zählen in dieser Kategorie nicht zu den großen Ausnahmen.
Doch das ist nicht das Hauptproblem. Das für übergewichtige Menschen am schwersten Erträgliche sind die schiefen Blicke, denen sie am Strand mit Sicherheit nicht entgehen. Heutzutage werden die Dicken mit Verachtung gestraft.
Also zwingen sie sich zu einer oder gar zu verschiedenen Diäten. Oft schrumpft dabei leider nicht das Gewicht, sondern nur der Geldbeutel der Kandidaten, um den anderer Leute zu füllen.
Man versteht ihre Enttäuschung, ihre Niedergeschlagenheit und Deprimiertheit. Denn Menschen mit eindrucksvoller Körperfülle sind im Grunde empfindlich und verletzlich. Nein, ihre Mutter hat sie nicht ganz in das Wasser des Styx getaucht, um sie vor ungerechtfertigter Verfemung zu schützen. Allein ihr Körpergewicht steht schon der Vorstellung entgegen, daß man sie dabei an einer Ferse festhalten könnte.
In einer Welt von fleischlosen Mannequins verloren, senden die vollschlanken Frauen einen Hilferuf aus.
Ob sie krank oder selbst an ihrer Misere schuld sind, die Dicken sind unglücklich. Denn natürlich ist das Gewicht nicht nur eine Frage der Maße. Das Problem liegt wesentlich tiefer, als man annimmt.

Es gibt durchaus »eingebildete« Dicke, und dafür gibt es verschiedene Erklärungen. Eine davon ist physiologischer Art. Der Körper speichert die Erinnerung an sein Gewicht. Instinktiv versucht er, bei der geringsten Ernährungsabweichung, die verlorenen Pfunde wieder aufzuholen. Im Gehirn bleibt das Bild der Leibesfülle auch dann noch erhalten, wenn sie schon besiegt ist.
Hinzu kommt ein biologischer Faktor. Der weibliche Körper verändert sich im Laufe des Lebens beständig. Entsprechend dem Zyklus schwillt er an, um dann seine normale Form wiederzufinden. Diese unablässigen Veränderungen führen schließlich zu einem Gefühl der Fremdheit gegenüber dem eigenen Bild.

Formen, die das Auge täuschen

In unserer modernen Gesellschaft liegen uns überflüssige Pfunde schwer auf der Seele. Da hatten es unsere Großmütter eigentlich leichter. Es gab keine Ernährungslehre, und die »Nouvelle Cuisine« war noch unbekannt. Um verführerische Rundungen zu erzeugen, legten sie einfach eine Tournüre an.
Heute ist alles komplizierter. Wenn die Frauen der Schlankheit zuliebe auf so viele Gaumenfreuden verzichten, dann anscheinend nicht nur, um sich dem Modediktat zu unterwerfen. Und sicherlich auch nicht nur in der Hoffnung zu gefallen, denn in Wirklichkeit ziehen die Männer mollige Frauen vor.
Die heißbeneideten »Spindeldürren«, die heute die Mode bestimmen, verkörpern in der Tat ganz bestimmte physische und psychische Vorteile.
Schlankheit bedeutet für die Frauen, daß sie in ihren Bewegungen frei und in ihrem Denken vital sind. Sie reagieren anpassungsfähiger auf Veränderungen und sind dadurch unabhängiger von ihrem Partner.

Es sieht ganz so aus, als wolle die emanzipierte Frau ihrem Körper einen neuen Stil geben, der ihre Persönlichkeit, Kultur und Natur zum Ausdruck bringt. Sie, die so lange den Phantasievorstellungen der Männer unterworfen war, schreibt diesen jetzt ein Schönheitsideal vor, das sie selbst geschaffen hat und das ihren eigenen Wünschen entspricht. Andererseits ist das Ende des 20. Jahrhunderts von beruflicher und emotionaler Unsicherheit geprägt, und die Tatsache, sein Gewicht zu kontrollieren und einen schlanken, wendigen Körper zu behalten, bedeutet in diesem Zusammenhang Anpassungsfähigkeit und eine schnelle Reaktion auf die Veränderungen des sozio-kulturellen Umfelds.
Darum ist die Waage zu unserem ständigen Richter geworden, der uns allwöchentlich, manche auch täglich, in Angst und Schrecken versetzt. Die Angst vor Mangel, die unsere Vorfahren bedrückte, ist durch die Phobie vor dem Überfluß ersetzt worden. Bedeutet das also, daß die soziale Ungerechtigkeit hinsichtlich der Ernährung beendet ist?
Die »Nouvelle Cuisine«, die von einer Elite für eine Elite geschaffen wurde, predigt leichte, dampfgegarte Lebensmittel, den Gebrauch von Crème fraîche statt Butter und die Erhaltung des »natürlichen Geschmacks«. Breite Schichten der Bevölkerung hingegen bleiben der traditionellen, fetten und gut gewürzten Küche treu.
Zucker und Butter gelten als Volksfeind Nummer eins. Sie werden für Übergewicht, Diabetes, Bluthochdruck, Herzinfarkt und viele andere Krankheiten verantwortlich gemacht. Dabei wird allzuoft vergessen, daß diese Nahrungsmittel nicht an sich schädlich sind, sondern nur ihr exzessiver Genuß.
Wir verschmähen auch Brot, Hülsenfrüchte und Kartoffeln unter dem Vorwand, daß diese Lebensmittel dick machen. Hingegen stürzt man sich auf gegrilltes Fleisch, Joghurt, Honig, Gemüse und frisches Obst. Milchprodukte mit null Prozent Fettgehalt sind in Mode, dabei handelt es sich im

Grunde um dieselben, die man zu Kriegszeiten »ohne Lebensmittelmarken« kaufen konnte!
Und um die Verwirrung zu vervollständigen, ändern auch noch die Ärzte ihre Meinung. Nachdem man jahrzehntelang die Bekämpfung des Cholesterins predigte, entdeckt man jetzt, daß der Feind ein Doppelagent ist. Es gibt also gutes und schlechtes Cholesterin, gesunde und ungesunde Fette, langsam und schnell verbrennende Zuckerarten.
Man stellt fest, daß das ach so verpönte Brot trotz alledem unser Hauptnahrungsmittel bleibt, die Kartoffel voller Vitamin C steckt, das verschriene Salz ein biologisch notwendiges Element ist und ein gutes Glas Wein – wohlgemerkt ein Glas! – die Arterien schützt.
Es ist nicht zu leugnen, daß die Medizin, was gesunde oder schädliche Nahrungsmittel angeht, alle fünf oder sechs Jahre, manchmal sogar jeden Monat, ihre Überzeugung und ihr Glaubensbekenntnis ändert. »Setzen wir also diesem Leiden ein Ende«, sagen sich die, die hungern, auf das Essen verzichten und trotzdem zunehmen.
Paradoxerweise geben die neuen medizinischen Erkenntnisse denjenigen recht, die sich instinktiv vor der Diktatur der Diätspezialisten hüten. Was die Ernährung angeht, gibt es keine allgemeingültige Wahrheit, denn die Molekularbiologie strebt mit Riesenschritten voran. Und was heute als neue Entdeckung gilt, wird einige Jahre später in Frage gestellt werden.
Letztendlich arbeiten die Verfechter der Abmagerungskuren mit zweifelhaften Hypothesen.

Cholesterin – eine Frage der Überzeugung

Nachdem sich Frankreich von den Schrecken der Unterernährung während der Besatzung erholt hatte, kam der flache Bauch unerwartet schnell wieder in Mode. Korpulenz ist das Feindbild, Fettleibigkeit absolut grauenvoll. Es gibt unzählige Wunderdiäten, und täglich werden neue erfunden. Doch je mehr sie versprechen, desto verdrehter sind sie und bringen im allgemeinen keine langfristigen Erfolge.
Fast alle Schlankheitskuren, die in den letzten zwanzig Jahren gerühmt wurden, basieren auf mittlerweile überholten Verboten. Man könnte meinen, diese wissenschaftlich zum Teil unhaltbaren Verbote übten eine magische Anziehungskraft auf all jene aus, die sich an die schwierige Aufgabe machen, ihren Körper in Form zu bringen.
Woher rührt dieses zwanghafte Verlangen nach Verboten? Vielleicht ist es einfacher, ein Lebensmittel für alles verantwortlich zu machen und zum Sündenbock abzustempeln, denn so ist man aller weiteren Überlegungen enthoben: über die Notwendigkeit körperlicher Aktivität, die Ernährungsgewohnheiten, die durch den Lebensstil auferlegten Zwänge, die Erbfaktoren, die möglichen Ursachen der Angst …
Jeder ernstzunehmende Diätspezialist wird zugeben, daß es nur zwanzig Prozent der Übergewichtigen gelingt, ihr neues Gewicht länger als fünf Jahre zu halten. Und das wahrscheinlich auch nur, weil sie sich selbst um ihre Diät kümmern.
Ideal ist es, wenn man seinem eigenen Rhythmus und den persönlichen Umständen entsprechend abnimmt, und zwar ohne in der einen oder anderen Richtung zu übertreiben. Der Versuch, die Ernährungsgewohnheiten allzusehr zu verändern, richtet unter Umständen nur Schaden an. Jeder hat seine ganz individuelle Eß- und Verdauungskapazität.

Übergewichtige, die zu lebenslanger Reduktionskost verurteilt sind, vermuten schon seit langem, daß die Ärzte sich auf »Ernährungsabwege« begeben. Und heute gibt ihnen die Biologie recht. Erbanlage, Enzymhaushalt, Erziehung und Lebensweise führen dazu, daß wir nicht gleich auf Nahrung reagieren, das heißt, daß für jeden Menschen andere Parameter gelten, um zu- oder abzunehmen.

Im übrigen ist ein Mangel an Cholesterin ebenso gefährlich wie ein Überschuß. Denn eine Zelle kann nur leben, wenn ihre Membran sie vor Angriffen von außen schützt. Diese lebenswichtige Aufgabe erfordert, daß die Schutzmembran widerstandsfähig genug ist. Und wie man festgestellt hat, sind es gerade die Cholesterinmoleküle, die die Zellmembranen stabilisieren. Cholesterin ist also nicht nur schädlich, sondern durchaus ganz natürlich in unseren Zellen enthalten, um die Membranstruktur zu verstärken. Ansonsten würde das »Zellgebäude« wegen mangelnder Verankerungspunkte in sich zusammenfallen.

»Zur Zeit kennt man rund dreihundert Risikofaktoren für durchblutungsbedingte Herzleiden, und diese Liste wird immer länger«, stellen die berühmten amerikanischen Kardiologen P. Skrabanek und J. McCormick fest. Was also für den einen gefährlich ist, ist es nicht zwangsläufig auch für den anderen. Ist es da weiter verwunderlich, daß auch schlanke Raucher an Herzinfarkt sterben, daß die Übergewichtigen über ihre unwirksamen Diäten schimpfen und daß das Recht auf Genuß immer mehr an Gewicht gewinnt? Insgesamt essen zum Beispiel die Franzosen zu fett, der Fettanteil an der Nahrung beträgt 40%, während der Idealwert bei 30% liegt. Dennoch ist ihre Lebenserwartung im weltweiten Vergleich eine der höchsten. Bei den Japanern hat sich der Fettanteil innerhalb von zwanzig Jahren verdoppelt, die Infarktquote ist jedoch aufgrund der guten medizinischen Früherkennung um die Hälfte gesunken.

Die Franzosen essen ebenso fett wie die Amerikaner, die

hingegen viermal stärker gefährdet sind. Der Wein bietet, in Maßen konsumiert, sicherlich einen gewissen Schutz. Dasselbe gilt auch für das Cholesterin, denn durch die Nahrung nehmen wir täglich höchstens ein Drittel Gramm zu uns, während der Rest von der Leber selbst produziert wird.

Schwer zu tragen und zu ertragen

Beim gesunden Menschen wird überschüssiges Fett nicht vom Körper aufgenommen, sondern zum Teil mit dem Stuhl ausgeschieden. Die Cholesterinablagerungen in den Arterien entstehen also durch eine Störung des Enzymhaushalts und werden durch eine ungesunde Lebensweise lediglich unterstützt. Man schätzt, daß jeder fünfhundertste Mensch mit einer solchen erblichen Enzymdysfunktion belastet ist. Erhöhte Blutfettwerte resultieren also nicht nur aus falschen Ernährungsgewohnheiten, die eine allgemeine Buße durch eine Diät mit fettarmen Lebensmitteln rechtfertigen würden, sondern aus einer biologischen Schwäche, die bereits in der Kindheit festgestellt und entsprechend behandelt werden muß.
Normalerweise ist die Oberfläche der Leberzellen mit Tausenden von Rezeptoren ausgerüstet, die Fettmoleküle aufspüren und dann mit Hilfe der Enzyme abbauen.
Aufgrund einer genetisch bedingten Störung verfügen manche Menschen nicht über genügend Rezeptoren. Ihr Blut weist bis zu zehnmal mehr Cholesterin auf als das eines »normalen« Menschen. Ablagerungen in den Arterien machen sie anfälliger für Herzinfarkte.
Kürzlich ist es Wissenschaftlern gelungen, diesen Kranken, denen sie Zellen aus ihrer Leber entnommen hatten, das fehlende Gen einzupflanzen *(Nature Genetics 6, 335, 94)*. Durch diesen Versuch sind die Blutfettwerte erheblich gesunken.

Solche Forschungen belegen, daß die Ernährungsweise nicht der einzige Grund ist, sondern daß auch die Erbanlage eine Rolle spielt. Das bedeutet auch, daß Fettleibigkeit bei einem Kind mit zwei übergewichtigen Elternteilen so früh wie möglich erkannt werden muß.

Diejenigen, deren Blutfettwerte nicht in der Gefahrenzone liegen, haben ganz recht, die Köstlichkeiten unserer Küche zu genießen, jedoch sollten sie nicht die goldene Küchenregel vergessen, die Ausgeglichenheit, Vielfalt und Zurückhaltung fordert.

Zugleich wird sich die moderne Medizin bewußt, daß das Opfer einer trockenen, salz- und freudlosen Diät nicht nur unnütz ist, sondern auch negative Auswirkungen auf Psyche und Gesundheit hat.

Infolgedessen sind die Diätempfehlungen heute individueller gestaltet und berücksichtigen, dank eines besseren Verständnisses der psychischen und emotionalen Reaktionen, die Gewohnheiten und Bedürfnisse der Menschen.

All diese Fortschritte haben sich aus der engen Zusammenarbeit zwischen Diätspezialisten und Patienten ergeben. Denn durch das neueste Rezept von einer Freundin oder aus einer Modezeitschrift wird niemand ernsthaft abnehmen.

Eine fundamentale Erkenntnis lautet: Verachte oder mißhandele deinen Körper nie. Die empfindsame »Hülle«, die uns vor der Umwelt schützt, reagiert auf alles: sowohl auf Zuwendung als auch auf Verletzungen, unausgewogene Diäten, eine Anarchie der Lebensmittel, Entzug und Demütigung.

Man sollte sich dem Körper gegenüber milde zeigen, ihn nicht wie einen störenden, unwürdigen und unförmigen Fettsack behandeln, sondern ihn verwöhnen und schmackhaft ernähren.

Eine bewußte Wahrnehmung des Körpers ist Voraussetzung für eine bessere Analyse der Beziehung zu den anderen und

zu sich selbst. Sie liefert die geistige Kraft, die zur Unterstützung der Aktion notwendig ist.
Unter dem permanenten Druck der Medien fühlt sich der Übergewichtige pausenlos angegriffen. Diese Situation kann, vor allem für Frauen, zu Streß führen.
Denn was bedeutet das gesellschaftlich vorgeschriebene Modell? Daß Schlankheit, ja gar Magerkeit moralisch gutgeheißen wird, weil sie Leichtigkeit, Jugend, Reinheit und Intelligenz verheißt… Im Gegensatz dazu steht die Schwergewichtigkeit, mit der Langsamkeit, Häßlichkeit, Nachlässigkeit und faules Fleisch assoziiert werden. Solche falschen Vorstellungen verinnerlicht auch, mehr oder weniger unbewußt, der Übergewichtige.
Es ist nur normal, daß man unter diesen Bedingungen versucht, sich dem Stereotyp anzupassen, das unsere Beziehung zur Umwelt bestimmt. Es ist auch normal, daß man den vermeintlich überflüssigen Pfunden mehr Gewicht beimißt, als sie in Wahrheit haben.
Kommt es zu Konflikten, welcher Art auch immer, so schiebt man bisweilen dem eigenen Äußeren die Schuld zu, weil man unzufrieden ist. Plötzlich wird einem bewußt, daß der Körper übergewichtig ist. Ohne die tatsächlichen Ursachen des Problems anzugehen, erlegt man sich eine strenge Diät auf oder sucht bei einem Schönheitschirurgen Hilfe.
Dabei wäre es angebracht, einen objektiven Blick auf den eigenen Körper zu werfen, ehe man irgendwelche Schritte zur Abmagerung unternimmt.
Sobald sich die Gesellschaft in einer ökonomischen Krise befindet, ist alles unausweichlich auf Rentabilität, Funktionalität und erbitterte Konkurrenz ausgerichtet. Also unterwerfen sich alle der »Normalität«, denn sobald man abweicht, nimmt man enorme Risiken auf sich. Das geht so weit, daß viele Menschen auf eine ganze Dimension des Lebens verzichten und allen Freuden einer natürlichen Empfindung entsagen.

Man muß sich also um jeden Preis der allgemeinen Banalität unterwerfen, der kodifizierten und uniformisierten Mode, die Sicherheit vermittelt, und dem vorgestanzten Schema standardisierter Schlankheit. Jeder ist bemüht, seinen Lebenssinn in der Konformität zur Norm zu finden.
Wagt in diesen schwierigen Zeiten noch irgend jemand, die Stimme zu erheben, um zu verkünden, daß Dicksein schön ist? Dabei wäre es so wichtig, dem Übergewichtigen zu helfen, sich von der normierten Mode zu distanzieren, ihm klarzumachen, daß man sich das Bild des idealen Körpers im Alltag selbst schafft und sich dadurch um Vorstellungskraft und Kreativität, jenen kleinen individuellen Freiraum, bereichert. Denn durch diesen Freiraum wird die Persönlichkeit gestärkt, und genau deshalb ist es so wichtig, den eigenen Weg zu finden.

Der Aufstand der Dicken

Nachdem sie so lange ins Abseits gedrängt wurden, beginnen die Pausbäckigen im Stillen zu murren. Die Stunde des Aufbegehrens ist gekommen.
Vollschlanke, Fettleibige und Aufgedunsene, Rundliche und Korpulente, auf Eure Posten! Komplexbeladene, Ungeliebte, Ausgeschlossene, Stigmatisierte und lächerlich Gemachte… erhebt Euch!
Dicke, Mehlsäcke, alte Mädchen und Mamis, Pummel, Dickerchen, Freß- und Fettsäcke, greift zu den Lanzen und Schilden! Auf zum Sieg im Krieg der Pfunde. Verwandelt Wohlbeleibtheit in Wohlsein!
In unserer Konsumgesellschaft regiert wider Erwarten die Diktatur der Schlankheit. Schlimmer noch! Sie ist zum unwidersprochenen Kult geworden, hat sich – manchmal, ohne daß es uns bewußt wird – in Worte, Körper und Herzen eingeschlichen.

Hat nicht selbst das Telefon in der Werbung eine »schlanke Form«, ist nicht das Auto »stromlinienförmig«? Heute wird in den Firmen nicht mehr entlassen, sondern »abgespeckt«.
Einige Wegbereiter bilden ein Widerstandsnetz gegen diese Diktatur der Form und gewöhnen unser Auge an die Reize des »Imposanten«. Der zu Beginn unseres Jahrhunderts tätige französische Bildhauer Antoine Bourdelle schuf gigantische Skulpturen, und auch die *Drei Grazien* von Aristide Maillol sind wohlgerundet. Henry Moore nimmt sich bezüglich der Anatomie einige Freiheiten, indem er diese oder jene Form verzerrt und aufgebläht darstellt. Fernando Boteros Riesentorsi sind in allen Hauptstädten zu sehen, ebenso wie seine »Eva«-Statuen mit ihren üppigen Formen, bei denen sich, wie man sagt, das Reinigungspersonal besonders wohlfühlt.
Andere setzen sich in Szene und verstehen es bestens, von ihren Formen zu profitieren. Nach Laurel und Hardy auf der Leinwand bietet uns jetzt das Fernsehen Benny Hill.
Würde uns die Feinsinnigkeit von Raymond Devos' Wortspielen ebenso berühren, wenn seine Gestalt schlank und feingliedrig wäre?
Demis Roussos, Luciano Pavarotti, Jessye Norman und viele andere stellen majestätische Körperformen zur Schau, die der Größe ihrer unvergleichlichen Kunst entsprechen.
Und Carlos »der Prächtige« (Sänger und Sohn von Françoise Dolto) versichert, daß »die Dicken Schwung haben. Die sympathischsten Persönlichkeiten sind – sei es in der Bibel, in der Geschichte oder im Theater – fast immer die Dicken.«
Dem stimmen auch die Schrifteller zu. François Coupry singt mit *L'Éloge du gros dans un monde sans consistance* eine Eloge auf die Dicken in einer wesenlosen Welt. Anne Zamberlan steht zu ihrem Körper, auch wenn er nicht dem Modeideal entspricht. Sie hat die Welt der Medien durch ihre Schönheit erobert, nicht durch ironische Spötteleien oder gastronomische Ratschläge, und hat ihr Übergewicht

für Virgin Megastore in die Waagschale geworfen. Die gedrunge Carole Laure macht einen Videoclip über pummelige Frauen. Und man muß zugeben, daß im allgemeinen »die Männer mollige Frauen lieben«.
Da sie dieselben Rechte wie die Mageren haben, verlangen auch die Übergewichtigen einen bequemen Platz im Zug, im Flugzeug, im Bus oder im Kino.
Die Zeitschrift *Elle* fordert für die Dicken das Recht, sich in romantische Spitzen zu hüllen – eine Idee, die sogleich auf mehreren Seiten in den Katalogen der Versandhäuser aufgenommen wurde. Ein unvorstellbarer, ja fast unwirklicher Traum: Die füllige, prächtige Silhouette hält ihren triumphalen Einzug sogar in den Modeschauen einiger großer Couturiers – die Modissima.
Wer hätte das gedacht? Das Heiligtum der fleischlosen Mädchen, jene scheinbar uneinnehmbare Bastion der Schönheiten ohne Hintern und Busen fällt in die Hand der Pummeligen – welch ein glänzender Triumph für die frustrierten Anhänger lebenslanger Diäten!
Üppige Feinschmeckerinnen füllen auch mit ihren runden Formen den Bildschirm, genießerisch, appetitanregend, einfach zum Anbeißen.
Wird sich die Mode endlich ändern? Die Antirassismus-Vereinigungen sollten sich auch für diese nicht zu übersehenden Menschen, die um ihr Recht kämpfen müssen, einsetzen. Deren Zahl steigt von Jahr zu Jahr, die schweigende Mehrheit erhebt nun zu Recht die Stimme. Auch sie verlangt ihren Platz an der Sonne.
Jacques Fricker kritisiert das Unwesen des aktuellen Schlankheitswahns und berichtet von sechsjährigen Kindern, die Übergewichtige als »faul«, »dumm«, »schmutzig«, »entsetzlich« beschreiben ... Solche Vorurteile können nur dem sozialen und familiären Umfeld der Kinder entstammen. In dieser Hinsicht ist äußerste Wachsamkeit gefordert. Durch ihre biologische Veranlagung und ihre Sensibilität

sind Frauen von Gewichtsproblemen besonders betroffen. Denn der moderne Machismo erlegt ihnen, in Ermangelung anderer Konzepte, nun als besondere Einschränkung den Schlankheitskanon auf und beschneidet so die hart erkämpfte Freiheit. Da die Frau von Natur aus gerne verführt, läßt sie sich auf das Spiel ein und unterwirft sich wieder einmal den männlichen Forderungen.

Doch Gott sei Dank hat die Sache auch einen Bumerangeffekt. Nehmen wir zum Beispiel das Geständnis von Jean Calverie, der in der Zeitschrift *Lyon Madame* über sein Frauenideal sagt: »Ich blättere in den Zeitschriften in der Hoffnung, dort mein Glück zu finden. Doch zumeist sind die ärmsten dort Abgebildeten entsetzlich mager. Ende der achtziger Jahre hatte ich leise Hoffnungen. Doch sie sind zerstört.

Also habe ich mich auf den Weg ins Museum gemacht, um dort Lucretia zu bewundern, ebenso wie die Madonnen mit ihrer unnachahmlichen Kopfhaltung, Helena, Rubens' Frauen (die sich nicht um ›leichte Kost‹ scherten), die Frauen aus dem Volk, die wir dem unvergessenen Toulouse-Lautrec zu verdanken haben, die weichen Formen eines Boucher, ganz zu schweigen von den naiven Pin-Up-Girls, zu denen Fragonard sich hinreißen ließ, als er La Fontaines lose Reden illustrierte ...«

Das sind gewichtige Argumente, um den Krieg gegen die Magerkeit zu gewinnen, die Jean Auvray im 17. Jahrhundert, jenem goldenen Zeitalter prächtiger Rundlichkeit, folgendermaßen beschrieb:

Schöne, sagte ich (während ich die Haut ihrer Brust liebkoste),
Wenn Ihr mich nicht mit Eurer Umarmung verletzen wollt,
Solltet Ihr Eure Glieder mit Baumwolle umwickeln
Oder ich müßte meinen Körper mit einem Harnisch schützen.

Nach so vielen Jahren der Ungerechtigkeit ist es an der Zeit, die Fett-Therapie zugunsten strahlender Verführungskraft zu rehabilitieren. Dick! Na und?
All jenen, die sich trotzdem über allzu sichtbare Fettpölsterchen beklagen, sei geraten, sie unter einem schwarzen Body zu verbergen, der die geraden Schultern, die weiße Haut und die stromlinienförmigen Schenkel betont. Welch geniale Erfindung! Die Bodies aus Baumwolljacquard oder Seidensatin stellen endlich die Frauen, die sich eine schmale Taille wünschen, ebenso zufrieden wie die Männer, die von der schlanken Dietrich in ihren jungen Jahren träumen.
Erinnern wir uns an jenen Ausspruch des Dichters Baudelaire, der besagt, daß »das Schöne immer eigentümlich ist«. »Die üppige Schönheit bewundert die schmächtige Schönheit«, das ist die Aussöhnung der Natur in der Harmonie der Antithese. Die unendliche Vielfalt ästhetischer Formen, die sie uns bietet, gehört zu den schönsten Dingen, die es gibt. Das muß man unumwunden zugeben. Der Körper einer Frau, egal, wie sie auch gebaut sein mag, entzückt uns durch seine weich fließenden Linien.
Man sollte endlich die Vorzüge der Wohlbeleibten anerkennen und ihnen den Weg zum Glück öffnen!

Große Liebe – großes Leid

Auf dieser außergewöhnlichen Reise durch Zeit und Raum wurde das seltsame Völkchen der »Kugelrunden« in den verschiedenen Epochen der Geschichte gezeigt. Die lebendige Darstellung führt den Leser in die »fleischige Fülle« ein, um schlußendlich das Unaussprechliche und Wunderbare zu entdecken.

Die Schönheit des Menschen – sei sie erheiternd oder abscheulich, demütig oder kraftvoll, massig oder dürr – ist vielfältig. Im Gegensatz zum Tier ist der Mensch sich seiner Fähigkeit bewußt, mit den Variationen zu einem zentralen Thema zu spielen. Den Körper zu formen, ist ein sich seit dem Altertum ständig wiederholender, magischer Vorgang, der den unterschiedlichsten Zivilisationen gemeinsam ist.

Die Daseinsberechtigung des Menschen war bald physiologischer, bald religiöser, ethnischer, ästhetischer, erotischer oder medizinischer Natur … Also unterwarf er sich allen nur erdenklichen Zwängen, um – entsprechend dem vorherrschenden Diktat seiner sozio-kulturellen Umwelt – zu- oder abzunehmen. Das Bild, das er von sich selbst hat, beziehungsweise das seine Mitmenschen von ihm haben, beeinflußt sein Verhalten. Üppige, ausladende Formen entgehen nicht seiner Aufmerksamkeit. Ganz im Gegenteil, sie beeinflussen seine Einstellung und die Vorstellung, die er von sich selbst hat. Denn dieser »nackte Affe« war schon immer vom Reiz seines eigenen Körpers fasziniert.

Glücklich können sich die begüterten Dickleibigen schätzen, denn sie sehen in diesen Blicken den Neid der Ausgehungerten … Unglücklich sind hingegen die Dicken, die mit dem Mitleid der Top-Models und den finsteren Vorhersagen medizinischer Statistiken überschüttet werden. Man sollte den Verboten und den Absurditäten Einhalt gebieten und

der »Fettphobie« den Krieg erklären. Wir appellieren an den gesunden Menschenverstand.
Natürlich wäre es gefährlich, ja gar selbstmörderisch, zum Übergewicht aufzurufen.
Bei Hippokrates finden wir eine treffende Synthese, die die Vorzüge einer auf jeden Menschen individuell zugeschnittenen Ernährung unterstreicht: »Man muß die richtigen Proportionen von Quantität und Qualität der Nahrung dem jeweiligen Individuum entsprechend festlegen. Das gilt sowohl für die Nahrungsmittel als auch für die Getränke, denn so vermeidet man Exzesse und Irrtümer bei der Auswahl der Nahrung. Denn die Ausgeglichenheit aller Bestandteile führt zu vollkommener Gesundheit.«
Früher wie heute ist der gesunde Menschenverstand der beste Führer. Jeder Mensch hat seine individuellen Proportionen, die – wie auch immer sie sein mögen – äußerst verführerisch sind.
»Das, was beim Menschen an ein Tier erinnert, stößt mit Sicherheit ab. Vor allem der Anblick eines Menschenaffen ist abscheulich«, erklärt Georges Bataille. »Der Vorzug der weiblichen Formen geht, so scheint mir, mit der Aufhebung der natürlichen Schwerfälligkeit einher, die die primäre Funktion der Gliedmaßen und des Skeletts deutlich macht: je feiner die Formen sind, desto weniger Ähnlichkeit haben sie mit einem Tier oder der physiologischen Grundlage des menschlichen Körpers, im Gegenteil, sie entsprechen in diesem Fall dem allgemeinen Bild einer begehrenswerten Frau.«
Wenn wir alle gleich aussehen würden, wäre das abscheulich. Das Stereotyp zu vermeiden ist eine Herausforderung, um der Monotonie zu entgehen, die in unserer heutigen Zeit überall lauert.
Nach dem göttlichen Ebenbild geschaffen, hat der Körper, bis hin zur kleinsten Regung, etwas Unbeschreibliches, eine sogar mystische Dimension, die zu einem Idealbild stilisiert werden kann.

Mögen sich die »üppigen Formen«, denen das Licht schmeichelt, an ihre Geschichte erinnern: Denn gerade die Verschiedenartigkeit der Figur, mit ihren veränderlichen Formen und ihrer tiefen Sinnbildlichkeit, sind Ausdruck von Ästhetik, Charme und melodischen Klängen, die uns berühren.

Titel der Originalausgabe: Mince ou grosse

Die Deutsche Bibliothek – CIP-Einheitsaufnahme
Didou-Manent, Michèle: Dick oder dünn : Körperkult im Wandel der Zeit /
Michèle Didou-Manent ; Tran Ky ; Hervé Robert.
Aus dem Franz. von Eliane Hagedorn und Barbara Reitz. Kollektiv Druck-Reif. –
Dt. Erstausg. – München : Knesebeck, 1998
Einheitssacht.: Mince ou grosse <dt.>
ISBN 3-89660-031-1

Umschlag: Zembsch' Werkstatt, München
Umschlagabbildungen:
M. Caravaggio: Johannes der Täufer, 1597/98
F. Vallotton: Badende im Wasser, 1910
L. Corinth: Heimkehrende Bacchanten, 1898
A. Modigliani: Mädchenakt, 1918
Herstellung: Jakob Buxeder, München
Satz: satz & repro Grieb, München
Druck und Bindung: Clausen & Bosse, Leck
Printed in Germany

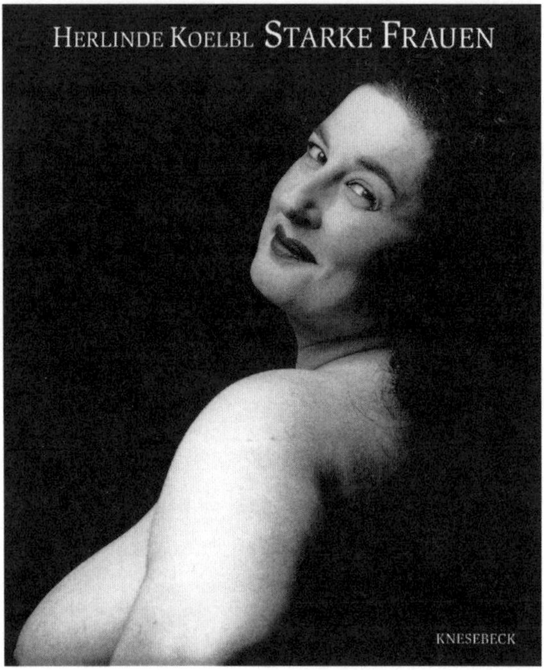

180 Seiten, gebunden
ISBN 3-89660-005-2

»Schöne Menschen gibt es in allen Größen«

STERN

»Ein schönes, ermutigendes
Buch voller Selbstbewußtsein und Vitalität«

BRIGITTE

»archaisch, kultisch, theatralisch, frech und erotisch«

DEUTSCHLANDRADIO

»Maßlos stark«

PROFIL

240 Seiten, gebunden
ISBN 3-89660-001-1

»... von der ersten bis zur letzten Seite spannend.
Man möchte das Buch gar nicht mehr
aus der Hand legen.«

Ostthüringer Zeitung

Pillen fürs Bewußtsein
Was Medikamente im Gehirn bewirken
Wie wirken sie? Was wissen wir wirklich über unser Gehirn?
Können wir psychische Krankheiten mit Medikamenten »heilen«?
Wie verändern wir dadurch die Persönlichkeit?
Was ist möglich? Wo sind die Grenzen?
Scott K. Veggeberg
Nachwort von
Thomas Metzinger
KNESEBECK